O Amor da Alma

DESPERTE OS CHAKRAS DO CORAÇÃO

Sanaya Roman

O Amor da Alma

DESPERTE OS CHAKRAS DO CORAÇÃO

Tradução
PAULO CESAR DE OLIVEIRA

EDITORA PENSAMENTO
São Paulo

Título do original:
Soul Love
Awakening Your Heart Centers

Publicado originalmente nos EUA por H. J. Kramer Inc.,
P. O. Box 1082, Tiburon, CA 94920.

Edição	Ano
1-2-3-4-5-6-7-8-9	99-00-01-02-03

Impresso em nossas oficinas gráficas.

A Jornada se Inicia

Ao ler este livro, você estará empreendendo uma jornada de descoberta, de aventura e de crescimento. Estabelecer contato com a alma e despertar os chakras do coração pode ser uma das jornadas mais importantes e transformadoras que você jamais empreendeu. Despertando os chakras do coração, você pode receber todas as dádivas de sua alma, tais como serenidade, força, lucidez, alegria, poder, luz e visão. Você pode aprender a amar e a aceitar a si mesmo incondicionalmente, da mesma forma como a sua alma o ama e o aceita.

Quando desperta os seus chakras do coração, você dá uma importante contribuição à humanidade. Você aumenta a vibração do amor, que ajudará outras pessoas a despertar os seus próprios chakras do coração. Todos os problemas com os quais a humanidade se defronta – fome, guerra, pobreza, criminalidade, falta de moradia e danos ambientais – serão solucionados quando um número suficientemente grande de pessoas tiver feito contato com a alma e despertado o chakra do coração. Então as pessoas irão cooperar, compartilhar e trabalhar juntas para o bem de todos, e as soluções serão encontradas.

Eu lhe ofereço as informações contidas neste livro para ajudá-lo, como um guia em sua jornada, na qual você vai poder sentir todo o amor que há dentro de você, esperando para se manifestar. Como em muitas outras jornadas, talvez só depois de retornar é que você venha a perceber o quanto realizou e como está diferente do que era quando partiu. Essa jornada começa e termina com amor, pois o amor é a energia mais poderosa do universo.

– Orin

Dedicatória

Este livro é dedicado a todos vocês que estão estabelecendo contato com a alma e despertando os chakras do coração, pela contribuição que estão prestando à humanidade.

– Orin e Sanaya

Aos Nossos Leitores

Os livros que publicamos são a nossa contribuição para um novo mundo, baseado na cooperação em vez de na competição, no fortalecimento do espírito humano em vez de na falta de confiança em sua capacidade, e na certeza de que toda a humanidade está interligada. A nossa meta é levar ao maior número possível de vidas uma mensagem de esperança num mundo melhor.

– Hal e Linda Kramer

Sumário

Agradecimentos

Quero agradecer a todos vocês que têm lido os livros de Orin, ouvido suas fitas e participado de seus seminários, pelo apoio que têm dado à obra de Orin e por disseminar suas mensagens de amor e de esperança. Além disso, quero agradecer a todos vocês que se juntaram a mim no nível da alma, conforme Orin explica neste livro. Tenho sentido o amor e o apoio de vocês muitas vezes.

Faço um agradecimento especial a Duane Packer e a seu guia, DaBen, pelos preciosos ensinamentos que deles tenho recebido sobre como despertar o meu corpo de luz, e por todas as contribuições que fizeram para este livro.

Meus sinceros agradecimentos a Edward Alpern, pelas muitas horas que ele passou trabalhando neste livro com Orin e comigo, dando opiniões, tomando notas e ajudando-nos de diversas maneiras.

Quero agradecer a Hal e Linda Kramer por sua visão, flexibilidade e apoio aos livros de Orin. Além de ser maravilhoso trabalhar com eles, a vida dessas pessoas serve-me de inspiração e sua amizade é para mim uma dádiva preciosa. Agradeço também a Jan Phillips e Mick Laugs, membros de sua equipe, por suas inúmeras contribuições para a publicação deste livro.

Agradeço à minha irmã Debra pelo desenho maravilhoso e inspirado da capa [do original], que representa a energia do chakra do coração. Ela é uma artista talentosa, cuja arte toca o nosso espírito e eleva-nos até um plano superior, por meio da simples contemplação.

Sinto-me grata a Nancy Carleton, por suas proveitosas sugestões e pelo paciente trabalho de edição, a Linda Merrill, por ter auxiliado na edição, e a David Duty, pela digitação.

Quero agradecer a JoAnn Johnson e a Gloria Dozier, pelas várias contribuições que fizeram para a *LuminEssence*. Ambas trouxeram muita luz para a minha vida e para a vida de outras pessoas, e deixaram-me livre para escrever este livro.

Faço um caloroso agradecimento a minha família e amigos, por todas as oportunidades que eles me têm proporcionado para aprender o amor da alma. O falecimento de minha mãe durante a elaboração deste livro ensinou-me que o amor é a dádiva mais importante que damos aos outros. Agradeço a meu pai, Court Smith, e a todos os meus irmãos e irmãs, sobrinhos e sobrinhas pelas contribuições que fizeram para a minha vida.

Quero agradecer a Neera Paine, de Mt. Shasta, Califórnia, por seu excelente trabalho corporal e energético, o qual me ajudou enquanto eu estava escrevendo este livro, e a Carol Erickson, por seus sábios conselhos. Um agradecimento especial a LaUna Huffines, pelas brincadeiras que fizemos juntas nos domínios superiores e que me abriram muitas portas.

Muitas vezes, sob a orientação de Orin, fui levada a abrir certos livros que iriam confirmar informações que ele havia me dado ou esclarecer idéias sutis que ele queria comunicar. Os livros de Alice A. Bailey foram muito úteis e quero agradecer a Lucis Trust por colocá-los à minha disposição. Eu os recomendo a todos.

Com profunda gratidão, agradeço a todos os distribuidores e às suas equipes, bem como a todos os dedicados livreiros e seus funcionários, cujos préstimos permitem que esses livros cheguem até você.

Por fim, agradeço a todos os meus familiares, amigos, alunos e colegas; vocês são meus mestres e minha fonte de inspiração. Envio luz e bênçãos a todos vocês.

Prefácio por Sanaya

Sanaya: Dou as boas-vindas a todos vocês que estão lendo este livro. Se este for o primeiro livro de Orin que você lê, fico feliz por estar se juntando a nós, para despertar os seus chakras do coração e aprender mais acerca do amor da alma. Se você já leu outros livros de Orin, é um prazer para mim ter esta oportunidade de juntar-me a você novamente, agora que está dando um outro passo em seu caminho rumo ao crescimento espiritual.

Este livro foi "dado" a mim por um guia não-físico que chama a si mesmo de Orin. As pessoas muitas vezes perguntam quem é Orin. Quando pergunto a Orin, ele responde que não importa quem ele é; o importante é a mensagem que ele traz e o quanto essa mensagem pode ser útil para você. Ele quer concentrar-se em você e no seu crescimento e não nele mesmo.

Sinto que Orin é um ser de grande amor, sabedoria e compaixão. Ele nunca diz às pessoas o que fazer ou como elas devem viver a vida delas. Quando solicitado, Orin oferece sugestões e idéias para ajudar as pessoas a encontrar mais alternativas. Ele tem uma mensagem constante: o universo é amigável, ilimitado em sua abundância, que tudo está acontecendo para o nosso bem – embora nem sempre possamos compreender por quê – e que podemos optar por crescer por meio da alegria e não do sofrimento. Ele sugere que você aceite apenas as idéias aqui apresentadas que parecerem verdadeiras para a parte mais profunda do seu ser, deixando de lado as demais.

Orin me contou que ele é um Ser de Luz. Diz que agora está trabalhando conosco porque a humanidade está passando por uma grande transição e despertando. Orin já viveu na Terra e está consciente dos inúmeros desafios de viver no plano terreno. Ele diz que agora "vive" no plano da alma e em domínios ainda mais elevados. Um de seus propósitos é servir à humanidade. Parte de suas funções é oferecer às pessoas um caminho de crescimento espiritual e ajudá-las a entrar em contato com a alma delas e com o seu eu superior. Neste livro, ele nos oferece um caminho para despertar os nossos chakras do coração e para vivermos no ritmo de amor, de serenidade e de unicidade da nossa alma.

Quando recebo as mensagens de Orin, estou num estado de consciência relaxado, porém alerta. Estou plenamente presente e tenho consciência tanto dos meus pensamentos quanto dos dele. Quando Orin está comigo, não me sinto como se estivesse num estado de transe; minha voz não muda e não perco a consciência. Orin diz que se comunica comigo por meio de uma forma avançada de telepatia. Ele envia mensagens para minha alma e para minha mente superior, e elas são recebidas pela minha consciência. Orin diz que, embora sua energia e luz estejam disponíveis para quem quer que o chame, ele não irá transmitir mensagens por intermédio de outros canais enquanto eu estiver nesta vida.

As palavras de Orin expressam apenas uma fração das experiências pelas quais estou passando. Junto com elas há também uma indescritível riqueza de sentimentos, de imagens e de iluminação. Sinto o seu contato como se eu tivesse me expandido para um mundo de luz e de alegria. É como se, por meio de Orin, eu pudesse conhecer um mundo onde existe mais compreensão, mais consciência, mais compaixão e mais amor. A capacidade de alcançar esse estado de consciência está presente em todas as pessoas. É uma questão de ouvir, assumir uma atitude receptiva e deixar que nossa consciência se expanda para além do "eu" que conhecemos como a nossa consciência normal. Isso significa deixar a nossa identidade expandir-se e transformar-se numa outra cuja perspectiva é muito mais abrangente. Muitos de vocês passam por isso quando estão fazendo um trabalho de que gostam e se sentem mais inspirados, mais lúcidos e mais sagazes do que quando estão no estado normal de consciência. Alguns chamam a esse estado expandido de canalização, inspiração, pensamento criativo, lampejo intuitivo ou consciência expandida.

Há vários anos, depois de terminar o livro *Spiritual Growth: Being Your Higher Self*, Orin me disse que queria escrever um livro chamado *O Amor da Alma*. Esse seria o primeiro de uma série de livros que ensinariam às pessoas a viver de acordo com a alma. *O Amor da Alma* iria ensinar às pessoas a amar com o amor da alma, a despertar seus chakras do coração e a cultivar relacionamentos no nível da alma. O amor da alma parecia ser um tema maravilhoso, e eu estava ansiosa por começar.

Todavia, pareceu-me que Orin tinha outras coisas em mente. Eu estava dando cursos sobre prosperidade juntamente com um colega chamado Duane Packer. Estávamos ensinando às pessoas a se ligarem a um guia. As informações que ensinávamos nos cursos tinham sido divulgadas para o público por meio dos livros *Creating Money: Keys to Abundance* e *Opening to Channel: How to Connect with Your Guide*. Após a publicação do livro *Spiritual Growth*, Orin e DaBen, o guia de Duane, queriam que começássemos a oferecer um novo curso de transformação espiritual sobre o despertar do corpo de luz. Esse curso ensinaria às pessoas a expandir a consciência para conhecer as dimensões superiores da luz. Depois disso elas aprenderiam a trazer para a sua vida cotidiana a luz das dimensões superiores e a usá-la para transformar o corpo físico, as emoções, a mente e a realidade diária.

Continuei sem saber quando Orin iria dizer-me que era hora de começar a escrever o livro sobre o amor da alma. Quando lhe fiz essa pergunta, Orin disse-me para continuar expandindo a minha consciência, despertando meu corpo de luz. O despertar do meu corpo de luz aumentou minha sensibilidade para as energias sutis da minha alma, para as dimensões superiores e para os Seres de Luz. Por fim, vários anos depois, Orin me disse que era hora de começar *O Amor da Alma*.

Tive várias centenas de sessões com Orin para receber as informações contidas neste livro. Algumas informações também provêm de meditações, de conversas e de ensinamentos ministrados ao longo de um período de dez anos. Enquanto Orin e eu trabalhávamos neste livro, passamos muitas horas em meditação. Nós nos ligamos com as almas de todos vocês que estariam despertando os seus chakras do coração e que desejavam estabelecer essa ligação anímica com Orin e comigo. Senti a alegria dessa ligação enquanto canalizava e escrevia. No plano da alma, vocês passaram a ser como uma família para mim. Já conheci alguns de vocês; todavia, existem muitos outros que ainda não me conhecem pessoalmente. Embora eu não conheça o rosto ou o nome de vocês, eu de fato conheço a beleza e a luz de suas almas.

Enquanto eu entrava em contato com minha alma e despertava os meus chakras do coração, por meio dos processos que você irá aprender, minha vida mudou de diversas maneiras. Embora eu achasse a vida muito boa antes de começar, passei a perceber que ela poderia ser ainda melhor do que eu havia imaginado. Enquanto eu sentia a força, a presença e o amor da minha alma, passei a ter mais segurança e mais confiança em mim mesma e no universo. O despertar dos meus chakras do coração me ensinou novas maneiras de amar os outros, que eram muito mais libertadoras do que as antigas. À medida que eu me ligava com a alma das outras pessoas, os meus relacionamentos iam mudando para melhor.

Estou ansiosa para juntar-me a você no plano da alma enquanto estiver lendo este livro. A minha alma fará parte do grupo de almas com o qual você será levado a estabelecer contato à medida que prosseguir na leitura. Juntos iremos nos reunir a outros para nos encontrarmos e fundirmos nossas almas, para despertar os nossos chakras do coração e para convocar os Grandes para que eles despertem os chakras do coração da humanidade. O meu amor estará com você durante a leitura deste livro e enquanto você trilhar nessa maravilhosa jornada para despertar os seus chakras do coração.

Introdução por Orin

Saudações de Orin! Ao prosseguir, você estará fazendo mais do que ler um livro; você estará empreendendo uma jornada de transformação. Você estará embarcando numa maravilhosa aventura para encontrar sua alma e aprender a amar da mesma forma como a sua alma ama. Muitas mudanças maravilhosas podem acontecer enquanto você lê este livro e se dispõe a receber o amor e a sabedoria de sua alma. Você estará plantando sementes de crescimento e de expansão que irão se desenvolver durante semanas e meses. Algumas sementes poderão germinar de imediato, e outras poderão medrar com o tempo.

Na Seção I, Como se Unir à Sua Alma, você irá viajar até o plano da alma, onde sua alma vive. Transmissões enviadas pelos Seres de Luz chegarão até você para ajudá-lo a encontrar sua alma e a unir-se a ela. Ao tomar consciência da beleza de sua alma, você saberá o quanto você é especial, único e perfeito. Você descobrirá como evocar o amor, a luz, a vontade, a força e a presença de sua alma para criar mudanças maravilhosas e poderosas na sua vida.

Na Seção II, Como Despertar os Chakras do Coração, você irá unir-se à sua alma para despertar os seus três chakras do coração. O primeiro está localizado numa área em torno do coração físico. Eu o chamo de *chakra primário do coração* ou *chakra do coração* (no singular). O segundo é o coração do centro da cabeça, localizado numa área próxima à região central do topo da cabeça. Eu o chamo de *chakra coronário.* O último centro do coração é o *chakra do plexo solar*, localizado numa região perto do umbigo. Eu o chamo de *chakra do plexo solar*. Quando todos esses três chakras do coração estão funcionando juntos, você pode expressar um amor sábio e expandido chamado *amor da alma*.

O amor da alma é uma irradiação estável e constante da Presença Universal do Amor, que é a própria essência do universo. O amor da alma é um estado em que o indivíduo se torna parte da unicidade – onde você é aceito e onde você aceita, onde você é amado e onde você ama, e onde você se sente ligado ao todo maior do qual você sempre é parte.

Desenvolva e expanda o seu amor pelo contato entre almas.

Ao despertar os chakras do coração, você pode usar o seu amor expandido para melhorar os seus relacionamentos. Você pode amar com um coração sábio, que liberta e fortalece as outras pessoas. Você pode agir com a calma, a compaixão e a serenidade afetuosa de sua alma. Você passa a querer amar e abre mão de pensamentos, sentimentos e comportamentos que representam obstáculos para o amor. Você deixa de lado as lutas pelo poder, elimina as barreiras ao amor e expressa de forma mais consistente o amor da alma.

Na Seção III, Como Criar Relacionamentos Entre Almas, você irá aprender a amar como a sua alma ama e a cultivar relacionamentos entre almas. Você vai descobrir como usar o amor magnético de sua alma para atrair uma alma companheira. Você irá buscar, encontrar e realizar os mais elevados propósitos dos seus relacionamentos. Você vai aprender a lidar com as leis universais dos relacionamentos para conseguir o que você quer nos seus relacionamentos. Você vai descobrir novas maneiras de amar a si mesmo e aos outros. Você vai se unir à sua alma para mudar aspectos do seu relacionamento que não lhe servem mais. Você poderá optar por eliminar ou reduzir o seu envolvimento com pessoas que não correspondem ao seu amor e por trazer para perto de si aquelas que o fazem. Todos os seus relacionamentos poderão ser solidários e cheios de amor; todos eles poderão nutrir e enriquecer você.

Na Seção IV, Como Receber e Irradiar Amor, você irá invocar o auxílio dos Grandes, numa celebração do amor. Você irá atrair o amor deles para o chakra do seu coração e transformar-se num feixe de amor para a humanidade. Você irá fazer círculos de amor para ficar em harmonia com os seus familiares, amigos e grupos de pessoas. Você vai aprender a trabalhar com os Mestres, com os Seres de Luz e com os Iluminados, para irradiar amor para a humanidade. Você irá juntar-se a eles para irradiar amor para as pessoas necessitadas, para as crianças e para os outros reinos, como as plantas, os animais e a própria Terra.

Antes de continuar, seria uma ótima idéia reservar alguns momentos para fechar os olhos e fazer um contato interior comigo. Eu lhe enviarei uma transmissão especial de luz e de amor para prepará-lo para despertar os seus chakras do coração. Tudo que você precisa fazer é pedir e, então, abrir-se para receber a minha transmissão de amor. Enquanto estiver recebendo essa transmissão, afirme que você está disposto a conhecer a sua alma e a amar como ama a sua alma.

Se você quiser receber minhas transmissões de luz, de energia e de amor ou as transmissões de outro Ser de Luz, tudo que você precisa fazer é pedir. Em nosso domínio, não existe tempo nem espaço, e temos consciência de todos aqueles que entram em contato conosco. Sempre que quiser receber as nossas transmissões de luz, dê-nos mentalmente o seu consentimento. Nessas ocasiões, você tanto poderá sentir a nossa energia como não ter nenhum tipo de percepção consciente. Sob a sua orientação e com a sua permissão, nós enviaremos luz para a sua alma.

Reconheça que a sua alma é uma parte de você.

A sua alma vive no plano da alma, uma dimensão de luz e de vibração que está mais próxima da Unicidade, da Fonte, de Deus, da Deusa ou de Tudo-que-Existe, do que o plano terreno. A sua alma está impregnada de Espírito. O Espírito é a consciência que permeia e dá vida à sua alma, assim como a sua alma permeia e dá vida a você. A sua alma proporciona um meio pelo qual o Espírito pode chegar até você. Ela é o elo entre o Espírito e a sua personalidade.

A sua alma é mais do que uma combinação de seus corpos mental, emocional e físico. Ela é a inteligência responsável pela formação desses corpos. Ela contém a sua essência entre as várias existências e conserva os padrões que fizeram de você o que é, nesta sua vida. Ela tem atributos mentais e de consciência mental; ela é inteligente e criativa. Ela pode atrair matéria para si, com o propósito de criar formas no mundo físico. Ela vive em dimensões superiores e traz até você a luz e a energia dessas dimensões.

Sempre que eu me referir à sua alma, entenda que ela não está separada de você; ela é parte de você. Ao fazer contato com a alma, você está passando a conhecer a si mesmo como uma alma. Você está expandindo a sua consciência para conhecer a luz, a sabedoria e o amor de sua alma.

A sua alma é feita de luz e é a personificação do amor. Ela é um mestre em seu próprio plano, o plano da alma. Para crescer e cumprir o seu propósito mais elevado, a sua alma precisa tornar-se um mestre do plano físico em que você vive. Parte do propósito dela é aprender a enviar a luz que tem para a personalidade, para a mente e para as emoções, a fim de estabelecer em todos elas sua luz e seu ritmo superiores. A personalidade que você tem é a sua alma tal como ela existe no plano terreno, no mundo da forma e da matéria. O seu nível de evolução espiritual é determinado pelo domínio que a sua alma adquiriu no plano terreno. O domínio de sua alma no plano terreno deriva da capacidade que você tem de unir-se a ela e de conhecer e de realizar suas metas e propósitos.

Em outros livros tenho usado indiferentemente os termos *eu superior* e *alma*. Neste livro, irei definir o eu superior como o eu que conhece e leva a cabo as metas da sua alma. Quando a sua personalidade está plenamente desenvolvida, integrada e evoluída, ela torna-se um instrumento por meio do qual a sua alma pode atingir suas metas. Ela torna-se mais do que uma personalidade; ela evolui e transforma-se em seu eu superior. Todavia, fundir sua mente, suas emoções e seu corpo — ser o seu eu superior – não é o mesmo que ser a sua alma. O seu eu superior é um instrumento perfeito pelo qual a sua alma pode expressar-se no plano terreno. Na condição de seu eu superior, você executa os propósitos de sua alma em vez de seguir os desejos de sua personalidade. Você está sendo o seu eu superior sempre que se aliar à sua alma e realizar as metas dela.

Para alcançar a iluminação, você não pode ficar sentado e esperar até que a sua alma entre em contato com você e faça todo o trabalho. A sua alma está num estado de meditação profunda. A maior parte da atenção dela está voltada para cima, para os domínios do Espírito e da pura luz divina, até que você esteja pronto para fazer com que ela volte a atenção para você. Conquanto ela sempre esteja transmitindo ondas de energia da alma até você, a relação que ela tem com você se altera quando você passa a ter consciência dela. Depois que isso acontece, você pode passar a usar as energias estimulantes, purificadoras e transformadoras de sua alma para crescer espiritualmente.

Você é que precisa atrair para si a atenção de sua alma. Você pode fazer isso expandindo a sua consciência, procurando ser o seu eu superior, crescendo espiritualmente e despertando o seu corpo de luz. Você atrai a sua alma para si pela vontade e pela intenção de transformar em realidade a sua vida interior. Quando você se une conscientemente à sua alma e a leva continuamente a participar da sua vida, ela começa a prestar mais atenção em você e a lhe enviar mais energia. Quando isso acontece, o seu crescimento espiritual se acelera rapidamente. Você trabalha do plano terreno para o plano espiritual e a sua alma trabalha do plano da alma para o plano terreno. Ao fundir-se com a sua alma, você pode absorver o conhecimento espiritual que existe dentro e em torno de seu corpo, e isto vai melhorar a sua vida cotidiana. A sua alma conhece o plano divino para a humanidade e para todas as formas de vida e também o papel que você vai desempenhar nesse plano.

Ao mesmo tempo que sua alma envia sua luz para baixo, ela conhece a si mesma por meio da consciência terrena que você tem. Ela consegue expressar-se por intermédio de você, quando a sua personalidade torna-se mais sensível a ela. A sua alma pode cumprir o seu elevado propósito de obter domínio no plano terreno e trazer sua luz para o mundo da forma e da matéria, no qual você vive. Ao fundir-se com a sua alma e ao irradiar a energia dela em sua vida cotidiana, você presta um valioso serviço à humanidade. Você passa a propagar a energia da alma. Pelo contato com a alma, você pode irradiar amor, luz, beleza e alegria para as outras pessoas.

Entre em contato com a sua alma e com os Iluminados para acelerar o seu crescimento espiritual.

Ao continuar a leitura e entrar em contato com a sua alma, você será orientado a evocar os Seres de Luz para que eles o ajudem. Esses seres são os Mestres, os Seres de Amor, os anjos e os Iluminados. Todos os Seres de Luz com os quais você irá trabalhar são extremamente evoluídos. Eles poderão aparecer para você como homens ou mulheres e em muitas outras formas. Você poderá senti-los como uma irradiação de luz ou como seres de aparência angelical. Eles poderão assumir a forma de uma pessoa ou de um rosto conhecidos. Eles alcançaram tamanho grau de perfeição que não precisam mais encarnar num corpo terreno.

Os Seres de Luz podem viver no mundo das almas, pois não há nada que os prenda ao mundo físico. Parte do propósito deles é ajudar a humanidade em sua evolução. Eles não querem a sua devoção mas, em vez disso, preferem que você os ajude amando e sendo útil para a humanidade. Os Seres de Luz trabalham apenas para as forças da luz e do bem. Eles envolvem a humanidade com sua aura protetora.

Em várias ocasiões, vou sugerir que você os convoque para ajudá-lo, como, por exemplo, quando você evoca a sua alma, funde-se com ela e desperta os seus chakras do coração. Assim como você tem auxiliares e professores no plano terreno, existem professores e auxiliares em nosso plano. Embora você possa tomar todas as providências para fazer contato com a alma e despertar os seus chakras do coração sem invocar esses Seres superiores, trabalhar com eles pode fazer com que o caminho que conduz ao despertar torne-se mais fácil e mais alegre.

Os Seres de Luz usam a telepatia para entrar em contato com aqueles com quem trabalham. Eles nunca desrespeitam o seu livre-arbítrio, nem interferem na sua vida e não exigem obediência cega. Eles orientam e dão sugestões. Eles apenas entrarão em contato com você quando solicitar a ajuda deles e estiver pronto para recebê-la. Eles fazem com que certos pensamentos e idéias estejam acessíveis à mente daqueles que estão prontos para estabelecer contato, para aqueles que estão se concentrando para receber essa informação, essa energia ou conhecimento. Embora esses seres estejam aqui para ajudá-lo, eles não irão poupá-lo da necessidade de aprender por si mesmo as suas lições. Eles lhe darão apoio e orientação se você solicitar e estarão sempre à disposição para oferecer-lhe amor.

Como Usar Este Livro

Existem muitas maneiras de ler este livro. Deixe a sua alma mostrar-lhe — pelos seus sentimentos e sua vontade — quais são os métodos apropriados para você. Você pode usar este livro para encontrar-se com sua alma e fundir-se com ela, tornando-se assim capaz de fazer um grande progresso espiritual. Você pode usar estas informações para mudar o seu jeito de amar e para melhorar os seus relacionamentos com todas as pessoas que você conhece. O proveito que você venha a ter com a leitura deste livro depende do propósito que você tem, de seu empenho e do tempo e da energia que forem gastos, aprendendo e praticando os processos que você irá aprender.

Você pode ler todo este livro ou parte dele. Como ele oferece um método passo a passo para fazer contato com a alma e despertar os chakras do coração, você irá aproveitar mais se ler as informações na ordem em que são apresentadas. Cada seção do livro ensina-lhe novas habilidades, ampliando aquelas que você aprendeu nos capítulos anteriores. Você pode se deter em cada seção pelo tempo que quiser, demorando-se dias, semanas ou meses antes de seguir em frente. Ou, então, você talvez queira ler este livro até o fim e, então, voltar e estudar os tópicos específicos que forem do seu interesse.

As citações em destaque o conduzem pela maioria das etapas fundamentais deste livro. Você pode usá-las durante a leitura e sentir a expansão e o crescimento que elas lhe proporcionam. Você pode lê-las depois de terminar o livro, para sentir novamente a transformação que esses passos podem provocar na sua vida.

Os processos fundamentais de cada capítulo são revistos nas páginas da seção Contato com a Alma, depois do final de cada capítulo. Pôr em prática esses passos depois da leitura do capítulo pode ajudá-lo a desenvolver e a aperfeiçoar as habilidades que você acabou de aprender. Escolha um ou mais desses passos para praticar a cada dia, ou escolha aqueles que lhe parecerem mais atraentes. Eles podem ajudá-lo a fortalecer sua ligação com a alma, expressando o amor característico da alma e melhorando os seus relacionamentos.

Criei as sentenças deste livro para colocar ritmo e pausas em sua leitura. Isso pode ajudá-lo a sentir as energias sutis da sua alma, enquanto você lê as sentenças, e a respirar de forma mais cadenciada, no ritmo da alma. Deixe-se levar pelos pensamentos e sentimentos que lhe inspiram cada palavra e encare-os como maneiras de desenvolver uma consciência maior da sua alma.

Considere as idéias que chamam sua atenção como mensagens provenientes de sua alma.

Quando você se dispõe a entrar em contato com a sua alma, ela encontra maneiras de conversar com você. Depois que você tiver lido este livro e trabalhado com ele, você pode, se quiser, abri-lo ao acaso. Considere a informação dessa página como uma mensagem de sua alma para você refletir nesse dia.

Deixe esse processo de leitura ensinar-lhe algo a respeito de como apreender e integrar novos conhecimentos e experiências. Assuma que tudo o que você fizer, enquanto lê este livro, é a coisa certa a fazer. Respeite o modo como você aprende e cresce. Fique atento a qualquer crítica e julgamento que fizer acerca de si mesmo e substitua-os por um pensamento positivo a respeito do quanto você está se saindo bem. Parte do amor da alma consiste em amar e respeitar a si mesmo. Quer você tenha experiências dramáticas e positivas, lampejos ligeiros e sutis ou, mesmo, nenhuma mudança perceptível, procure considerar todas as suas experiências como as mais apropriadas e perfeitas para você.

Enquanto estiver lendo, use a sua imaginação para ver, representar, imaginar ou sentir as imagens. Não se preocupe se você não conseguir visualizar ou representar essas imagens exatamente do modo como são descritas. Não existe maneira certa ou errada de visualizar, de sentir, de imaginar ou de observar sua alma ou os seus chakras do coração. Não é preciso sentir o que está acontecendo para que você colha os benefícios das energias que irá receber de sua alma e dos Seres superiores. Use sua imaginação e aproveite o tempo para visualizar, para sentir e para descobrir tudo o que você puder. A sua imaginação é uma força criativa que pode atuar sobre a matéria e criar resultados em seu mundo físico.

À medida que continua a leitura, você irá aprender como encontrar sua alma e fundir-se com ela, como despertar os seus chakras do coração e como fazer a ligação com a alma. Fazer representações mentais durante a leitura pode ajudá-lo a sentir sua alma e a despertar os seus chakras do coração. Além disso, você pode ouvir as minhas fitas cassete que o conduzirão pelos diversos processos deste livro. Elas contêm as minhas transmissões e as de outros Seres de Luz que se juntaram a mim para ajudar você.

Existem mais coisas para você descobrir, acerca do amor da alma e do despertar dos chakras do coração, do que aquelas que foram apresentadas neste livro. Use este livro para estimular a sua capacidade intuitiva e para ajudá-lo a descobrir as suas próprias verdades. Aceite a verdade destas idéias com base na utilidade delas e no modo como elas se aplicam à sua vida.

Aquilo que num determinado período da história pode ser apresentado como a verdade mais plena talvez acabe sendo visto como um fragmento de uma verdade mais ampla quando novas revelações forem feitas. As informações deste livro são completas para a época atual. Todavia, quando o tempo e o grau de preparação da humanidade permitirem o surgimento de um quadro mais elevado e mais amplo, as informações deste livro irão ocupar o seu lugar dentro de um todo ainda maior. Durante a leitura, vá além das palavras e procure sentir diretamente a energia que estou transmitindo. Isso o ajudará a compreender agora algumas partes dessa verdade mais ampla.

SEÇÃO I

Como se Unir à Sua Alma

A sua personalidade embarca em uma jornada.
A Luz Solar é o guia;
o plano da alma é o destino.
No Templo dos Iluminados,
você chama por sua alma e ela vem.
Os Seres de Luz o ajudam a
unir-se à sua alma.
Você está impregnado com o
amor, a vontade e a luz de sua alma.
A presença de sua alma
torna-se uma parte de sua vida diária.

Capítulo 1

Prepare a Sua Personalidade

O seu eu superior faz contato com as suas subpersonalidades,
prepara-as para o contato com a alma,
e lhes dá uma nova visão.
A cooperação impera.

Você está pronto para embarcar numa maravilhosa jornada de descoberta para aprender mais a respeito de si mesmo e de sua alma. Como em qualquer jornada que você faça, é importante preparar a sua personalidade para essa aventura. Se estivesse viajando para um outro país, você providenciaria as roupas e os objetos adequados, trocaria o seu dinheiro pela moeda local, preparar-se-ia para conseguir um meio de se comunicar num lugar onde você talvez não conheça a língua, reservaria um tempo para a viagem e se prepararia mentalmente para os desafios e alegrias que o destino lhe reservasse.

A aventura para a qual você está se preparando é uma jornada ao plano da alma, onde você vai encontrar sua alma e unir-se a ela. Você vai conhecer um mundo feito de luz, vai aprender uma linguagem que é constituída por imagens e transmitida telepaticamente, e vai usar a moeda do amor. Você precisará interromper as suas atividades rotineiras e arranjar tempo para estar nesse país chamado plano da alma. Tal como em muitas jornadas, é possível que só ao voltar você venha a perceber o quanto você fez e como você está diferente do que era quando partiu. Realizar essa viagem ao plano da alma e encontrar a sua alma pode causar muitas mudanças positivas na sua vida. No início talvez não ocorra nenhuma mudança aparente. Todavia, a ligação com a sua alma vai expandir a sua consciência e, mais cedo ou mais tarde, acabará mudando sua maneira de pensar, de sentir, de viver e de se relacionar com os outros. Antes de ligar-se à sua alma é importante reservar algum tempo para examinar qualquer medo, dúvida ou preocupação que você possa ter com relação a isso.

Para acabar com qualquer dúvida ou preocupação, você pode encontrar-se com a sua personalidade e desenvolver os seus muitos aspectos. A sua personalidade é constituída de muitas partes. Por exemplo: pode haver um eu obediente, um eu rebelde, um eu paternal ou maternal, um eu infantil, um eu confiante, um eu cheio de medo e assim por diante. Vou chamar a esses eus de *subpersonalidades* ou partes da sua personalidade.

Você desenvolveu a maioria das suas subpersonalidades quando era jovem. Elas decidiram o que era melhor para você com base em quem você era quando criança, no ambiente em que você vivia e nas metas que você tinha nessa época. As imagens que as suas subpersonalidades têm de você e do que você quer criar podem estar defasadas em vários anos! Você precisa atualizar as suas subpersonalidades sempre que cria novas metas, de modo que elas possam cooperar com você para que essas metas sejam atingidas. Essas subpersonalidades talvez pareçam estar trabalhando contra as suas novas metas simplesmente porque ainda o estão ajudando a alcançar metas antigas, às quais você talvez tenha renunciado.

Para toda mudança que você quiser fazer existem provavelmente uma ou mais subpersonalidades com as quais você precisará conversar, colocando-as a par de seus planos e pedindo que elas se juntem a você na consecução dessa meta. Sempre que você sentir que está resistindo a entrar em contato com a alma ou a alcançar qualquer uma de suas metas, reserve algum tempo para descobrir se há algumas subpersonalidades cujos medos, dúvidas e preocupações precisem ser ouvidos e resolvidos. Dessa maneira, você poderá conquistar a cooperação delas. Elas podem deixar de resistir àquilo que você quer e passar a ajudá-lo ativamente a realizar os seus desejos.

Para entrar em contato com as suas subpersonalidades e desenvolvê-las, comece relaxando o corpo. Respire fundo. Acalme suas emoções e silencie a mente. Imagine-se numa linda campina. Você é o seu eu superior – sábio, ponderado, compassivo, calmo e centrado. Esse é o eu que está cooperando com a sua alma para trazer a sabedoria de sua alma para todas as partes da sua personalidade. Não importa se você estiver apenas fingindo ser o seu eu superior; é usando a sua imaginação que você pode conhecer melhor o seu eu superior e transformar-se nele. Imagine-se pensando, sentindo e agindo como se você fosse o seu eu superior.

Deixe a paz e a harmonia da campina envolverem você. Sinta a fragrância das flores no ar e a suave brisa. Quando você estiver pronto, evoque a parte de sua personalidade que precisa de atenção para ficar pronta para encontrar-se com sua alma. Pode se tratar de uma subpersonalidade que talvez esteja resistindo ao contato com a alma, por estar se empenhando em alcançar outras metas. Pense nessa subpersonalidade ou convoque imediatamente qualquer outra subpersonalidade que queira ser ouvida. Veja essa subpersonalidade a distância, aproximando-se de você. Feche os olhos e preste atenção na aparência dela. Como ela é? Masculina ou feminina? Que idade tem? O que está vestindo? Como ela se movimenta? Observe tudo o que você puder a respeito dela.

Deixe essa parte aproximar-se o suficiente para conversar com você. Ela estava querendo falar com você e está feliz porque agora você está disposto a conversar. Pergunte-lhe se ela tem um nome. O que ela quer contar a você? Passe algum tempo ouvindo o que ela tem a dizer. Largue este livro, feche os olhos e descubra tudo o que for possível sobre essa subpersonalidade. Sinta o amor incondicional que o seu eu superior sente por ela e a envolva com o seu amor.

Diga a essa parte que você irá levá-la para o topo de uma montanha e mostrar-lhe uma visão mais ampla de sua vida. Tome-a pela mão e leve-a até o topo dessa montanha. Você poderá caminhar, dançar ou voar até o topo. Um lindo sol brilha acima de você. Os raios de luz desse sol de transformação começam a mudar a sua subpersonalidade. Observe como ela se torna mais bonita à medida que sobe a montanha.

Essa subpersonalidade já está começando a se desenvolver e a mudar, ao escalar a montanha e receber a luz do sol que está acima de vocês. Quando vocês chegarem ao topo, mostre a ela a visão panorâmica do horizonte – toda extensão do vale situado abaixo. Deixe essa subpersonalidade ver que existe muito mais em sua vida do que ela pôde enxergar até esse momento.

Peça que as suas subpersonalidades o ajudem a alcançar as suas metas.

Na condição de seu eu superior, volte-se e olhe diretamente para a sua subpersonalidade. Pergunte-lhe quais são as coisas boas que ela está tentando fazer por você. Todas as suas subpersonalidades estão tentando ajudá-lo, mesmo se derem a impressão de estar se opondo a você. Elas talvez estejam tentando fazer coisas boas para você, com base em velhas metas ou em imagens que refletem quem você era no passado. Agradeça a essa subpersonalidade por todas as boas coisas que ela está tentando fazer por você. Ela quer ser ouvida e apreciada. Sinta que ela está ficando mais bonita simplesmente por causa de seu reconhecimento e apreciação.

Mostre a essa subpersonalidade os seus planos e metas atuais, tais como unir-se à sua alma, despertar os chakras do coração e expandir a sua capacidade de amar. Pergunte a essa subpersonalidade se ela tem algum receio com relação aos seus planos e sonhos. Converse com essa parte de seu ser e tranqüilize-a. Diga-lhe que ela ainda terá um papel importante na sua vida e peça que ela o ajude na criação de seus novos planos e sonhos. Observe como essa parte abranda-se, desenvolve-se e modifica-se, à medida que adquire uma nova visão acerca de quem você quer ser.

Diga a essa subpersonalidade que, se ela quiser, você irá chamar um Ser de Luz para ajudá-la a evoluir. Esse Ser de Luz poderia ser um Mestre, um anjo ou um guia. Esse Ser sabe exatamente o que fazer para promover o desenvolvimento da sua subpersonalidade. Quando a subpersonalidade concordar, um Ser de Luz se juntará a você. Esse Ser está extremamente feliz por estar aqui. Saúde esse Ser e agradeça a ele por ter vindo. Na condição de seu eu superior, peça que esse Ser o ajude. Ele se aproxima da sua subpersonalidade e os dois se afastam um pouco de você. Então, ele envia a ela uma energia de cura especial. Esse Ser oferece amor à sua subpersonalidade para dissipar os medos dela, para fazer com que ela possa colaborar com você na consecução das suas metas. Você pode observar as mudanças neste eu, à medida que ele evolui e se torna mais bonito e mais maduro. Deixe que ele fique com esse Ser de Luz pelo tempo que for necessário. Quando terminar, o Ser de Luz trará a sua subpersonalidade de volta até você. Agradeça a esse lindo Ser – a esse anjo, Mestre ou guia – pela ajuda prestada. Esse Ser aceita o seu agradecimento e vai embora.

Descubra em que tipo de pessoa a sua subpersonalidade se transformou. Qual é a idade dela agora? Em que ela está diferente? Converse mentalmente com ela. Pergunte a essa parte de você se ela agora irá contribuir para a consecução de suas atuais metas, visões e sonhos. Esse é um passo importante; continue a comunicar-se com a sua subpersonalidade até que ela tenha concordado em cooperar com você. Peça que ela seja criativa e que imagine pelo menos três maneiras de ajudá-lo a atingir as suas novas metas. Você não precisa saber quais são essas maneiras. Você simplesmente irá descobrir que se tornou mais fácil concretizar seus planos e sonhos. Agradeça a sua subpersonalidade pela cooperação dela. Vocês dois estão agora trabalhando juntos para criar a sua nova vida.

Imagine a subpersonalidade em pé, diante de você. Ela se transforma num símbolo de luz. Leve esse símbolo para o seu coração e una-se a ele. Você e a sua subpersonalidade tornaram-se uma coisa só. Sinta a nova luz dentro de você enquanto você e a sua subpersonalidade se juntam para fazer contato com a alma, para despertar os chakras do coração e transformar em realidade as suas visões, esperanças e sonhos.

Prepare a Sua Personalidade

Contato com a Alma

Prepare a sua personalidade para o contato com a alma, encontrando todas as subpersonalidades que possam estar resistindo a dar esse passo e promovendo a evolução delas. Além disso, se em algum momento você sentir que está resistindo ao contato com a alma ou que não está fazendo as coisas que você sabe serem boas para você, identifique as subpersonalidades que estão criando esse problema e procure fazer com que elas se desenvolvam. Você também pode descobrir, com o auxílio da lista a seguir, as subpersonalidades que possam estar resistindo ao contato com a alma pelo fato de terem as seguintes crenças ou sentimentos:

- Acham que irão perder o controle ou que não serão mais necessárias.
- Têm medo de que a sua vida mude, ainda que seja para melhor.
- Temem que o contato com a alma irá torná-lo poderoso demais e elas têm medo de ser poderosas.
- Supõem que viver de acordo com a alma é uma tarefa que exige muito esforço e, como acham que não conseguirão dar conta dessa tarefa, não vale a pena tentar.
- Preocupam-se com a possibilidade de que as pessoas não o amem se você mudar e crescer ou que você venha a ser rejeitado por ser diferente.
- Não têm certeza de que o contato com a alma é a meta mais elevada; talvez seja melhor esperar por algo melhor.
- Preocupam-se com a possibilidade de que você perca o contato com a realidade e não realize nada de concreto se viver de acordo com sua alma.

- Sentem que não merecem todo o amor que o contato com a alma pode trazer e não sabem como receber tanto amor.
- Estão convencidas de que podem fazer tudo sozinhas e de que não precisam da sua alma.

Capítulo 2

Jornada ao Plano da Alma

Você expande a sua consciência com a Luz Solar
para viajar até o plano da alma.
No plano da alma, você vê que, a cada momento que passa,
você se torna uma luz mais bela e mais perfeita.

Você está pronto para encontrar-se com sua alma e unir-se a ela no plano da alma. O que é o plano da alma? Existem muitos planos da realidade, desde o plano físico terreno, no qual você vive, até as dimensões superiores, onde tudo é feito de luz. No plano terreno, a força vital, o tempo, a matéria e a energia combinam-se de determinadas maneiras para formar a realidade que você conhece. No plano da alma, o tempo é simultâneo, a luz tem uma qualidade diferente e não existe matéria tal como você a conhece.

Você pode sentir o plano da alma e a sua alma, expandindo a consciência. Existem muitas maneiras de expandir a consciência para alcançar o plano da alma. Você pode fazer meditação, entoar sons e cânticos e trabalhar com um guia. Todas essas alternativas fazem com que você chegue a estados em que o seu corpo está relaxado, suas emoções estão calmas e sua mente está desanuviada.

A seguir, será apresentada uma maneira de viajar ao plano da alma. Você não precisa lembrar-se de cada passo. O importante é a sua intenção de chegar ao plano da alma e a visualização da Luz Solar.

Concentrar-se na Luz Solar é uma maneira poderosa e eficaz de expandir a consciência para alcançar o plano da alma. O que é a Luz

Solar? É a alma do sol físico. As pessoas também a têm chamado de Coração do Sol. Ela sustenta toda a vida no plano da alma, de forma muito semelhante ao modo como o sol físico sustenta a vida no plano terreno. A Luz Solar é um Ser grandioso e magnificente. Sua energia chega até muitas dimensões superiores e brilha no plano terreno. Ela é a soma total de toda a consciência no plano da alma e de todos os planos abaixo dela, incluindo o plano terreno. A Luz Solar é a luz da beleza, da perfeição e do amor.

Pense no sol físico e imagine que a Luz Solar é como ele, embora seja ainda mais bela e resplandecente. Como ela é a alma do sol, você precisa usar os seus olhos interiores e a sua imaginação para imaginá-la. Se não for capaz de senti-la, você pode criar um símbolo dela em sua mente. Em seguida, concentre-se nesse símbolo durante sua viagem até o plano da alma. Todavia, você não precisa ser capaz de descrevê-la, de senti-la ou de fazer qualquer outra coisa além de pensar na Luz Solar, para que ela expanda sua consciência e oriente-o até o plano da alma.

Chame a Luz Solar até você e envolva-se com essa luz.

Ir até o plano da alma é uma jornada de expansão e não uma jornada de movimento. Depois que estiver no plano da alma, você poderá encontrar-se com a sua alma e unir-se a ela. Comece agora a sua jornada para o plano da alma, trazendo a Luz Solar para a sua consciência. Dê as boas-vindas a ela, que é um Ser vivo e cheio de amor. Imagine-a como um feixe de amor vindo da Luz Solar diretamente para o seu chakra do coração, localizado numa área em torno do seu coração físico. Esse feixe de amor é a energia que os sábios do mundo enviam à humanidade através de seus chakras do coração, já despertos. O amor magnético da Luz Solar atrai todas as coisas para si. O ser de amor que vem da Luz Solar é uma força que brota no coração de todas as pessoas, levando-as de volta para os domínios espirituais da luz e do amor.

Encontre uma posição confortável. Corrija a sua postura para que você se sinta relaxado. Olhe para cima com os seus olhos interiores, dirigindo sua visão interior para a Luz Solar. Relaxe o maxilar e os músculos ao redor dos olhos. Preste atenção em seu corpo e relaxe qualquer área de rigidez ou tensão. Esqueça momentaneamente o mundo exterior. Tome consciência do seu mundo interior, de pensamentos e sentimentos. Deixe de lado qualquer preocupação acerca de como vai ser o seu dia ou do que você precisa fazer em seguida.

Continue a relaxar e a ascender para o plano da alma, por meio da respiração. Respire fundo, mas sem esforço. Imagine-se inspirando a Luz Solar. Em seguida, solte suavemente o ar dos pulmões. Imagine-se enviando Luz Solar para o mundo ao expirar. Repita esse exercício diversas vezes. Procure ficar mais relaxado a cada vez que respira.

Imagine a sua coluna como uma haste oca, que pode armazenar luz. Evoque a Luz Solar, deixando-a preencher essa haste. Continue absorvendo Luz Solar, até criar dentro de seu corpo um pilar de luz que comece a brilhar. A luz irradia a partir desse pilar e forma um casulo de luz em torno do seu corpo.

Deixe a sua luz continuar a se expandir. Enquanto isso acontece, imagine que essa luz está envolvendo todos os objetos materiais e formas de vida ao seu redor. Todas as coisas neste mundo são vibrações de luz. Feche os olhos e imagine como poderia ser o seu ambiente, se você pudesse ver todas as coisas como luz. Ao fazer isso, você está desenvolvendo a capacidade de visualizar as energias sutis da luz tal como elas existem em seu mundo tridimensional de forma e matéria.

Envolva seu DNA com a Luz Solar, para promover a evolução do seu corpo.

Ao inspirar a Luz Solar, envie um feixe dessa luz para o seu DNA, no núcleo de cada célula de seu corpo. Imagine-se promovendo o desenvolvimento do código da vida que existe dentro de você, para que ele o leve até o seu próximo nível de evolução. O seu DNA fornece o código a partir do qual o seu corpo é constituído. Durante os momentos em que você se concentra na Luz Solar, as células que nascerem em seu corpo serão constituídas por uma matéria mais sutil, que contém mais Luz Solar.

Para que você possa fazer contato com o plano da alma e com a sua alma, as suas emoções precisam tornar-se muito calmas, suaves e fluidas. As emoções assemelham-se a pequenas partículas vibratórias de luz que envolvem e penetram o corpo físico. Você poderia imaginar as suas emoções vibrando rapidamente, quando você se encontra em estados normais de consciência. Elas podem reagir a todas as energias emocionais à sua volta no plano terreno. Além disso, emoções fortes ou o medo podem fazer o seu corpo emocional vibrar intensamente.

Para aquietar as emoções, respire calmamente, assim como você acabou de fazer. Pense na Luz Solar e deixe os seus raios tocarem essas partículas vibratórias do seu corpo emocional, até que elas se acalmem. Se alguma preocupação ou sentimento estiver deixando você agitado, imagine a Luz Solar fluindo para eles. Sinta as partículas vibratórias de seu corpo emocional ficando cada vez menos agitadas. Você vai querer estar num estado emocional calmo e harmonioso, quando se encontrar com sua alma e ao se unir a ela.

Você pode continuar a expandir-se no plano da alma, provocando um estado mental desanuviado e fluido. Conquanto seja necessário ter vontade e força para acalmar emoções fortes, mudar os seus pensamentos só requer persistência. Inspire a Luz Solar. Observe o fluxo de seus pensamentos, à medida que eles flutuam pela sua mente. Se houver algum pensamento que você queira eliminar, imagine-o saindo de seu corpo junto com o ar dos seus pulmões. Deixe que todos os pensamentos obsoletos, limitados ou densos sejam levados pelo ar que você expira. Se algum pensamento persistente continuar a invadir sua mente, envolva-o com a Luz Solar à medida que inspira. Cerce cada pensamento com tanta Luz Solar que ele se transforme em luz. Envie esses pensamentos – transformados em luz – para fora de seu corpo junto com a expiração. Você pode permanecer calmo e tranqüilo quaisquer que sejam os pensamentos que você venha a ter. Você pode deixar os pensamentos invadirem sua mente e transformá-los em luz. A sua mente pode ficar límpida como um lago de montanha que reflete o sol e o céu como um espelho.

Expanda a sua consciência com a Luz Solar, para viajar até o plano da alma.

Concentre-se na Luz Solar acima de você. Deixe-a levá-lo para um mundo de incrível beleza e luz, a luz do plano da alma. Ao olhar para o céu, você vê pontos de luz móveis e cintilantes em toda parte. Você tem a impressão de estar num mar de luz. A sua consciência está expandida; ela é uma luz fluida. Você pode viajar para qualquer lugar, movendo-se de um ponto de luz para outro. Você pode tornar-se o espaço entre as luzes e passar por entre elas. Você pode girar, dançar e saltar. Você pode espalhar-se pelo infinito num piscar de olhos e, no mesmo instante, contrair-se até ficar do tamanho de um pequeno ponto de luz. Você pode estar simultaneamente em todos os pontos do mar de luz. Você pode ser um ponto de luz flutuando nesse mar e pode ser o próprio mar. Esse é o plano da alma, o plano do infinito, da luz, do espaço ilimitado e da ausência de tempo. É aqui que você pode ter a idéia mais clara possível de sua alma, porque a amplificação da energia da alma está presente.

O mundo do plano da alma não conhece pesar nem dor. Ele conhece apenas amor, alegria e perfeita felicidade. Correntes de Luz Solar fluem para fora e para baixo, partindo do plano da alma e tocando o plano terreno. À medida que a energia desce, ela também flui novamente para cima, levando com ela toda a vida de volta para sua verdadeira morada. Pense na Luz Solar brilhando sobre você enquanto está no plano da alma. Receba em seu ser os seus cálidos raios de luz. Sinta as boas-vindas que ela lhe dá, seu amor e sua alegria. Essa é a luz da transformação em todos os níveis.

Imagine-se tornando-se uma luz mais bonita e mais perfeita.

Conserve a imagem da Luz Solar em sua consciência até senti-la nitidamente. Ao observar a Luz Solar, perceba que ela está continuamente se tornando uma luz mais bonita e mais perfeita. Ao observá-la, imagine que você também está se tornando uma luz mais bonita e perfeita. A sua luz interior está se tornando mais pura, mais equilibrada, harmoniosa e radiante. A cada momento que você se aquece com a Luz Solar, você está cumprindo um dos propósitos da sua alma: tornar-se uma luz mais bonita e mais perfeita.

Com a Luz Solar, você pode provocar profundas mudanças na sua vida, na sua consciência e no seu caminho espiritual. A Luz Solar é uma das forças mais poderosas do universo. Pense na Luz Solar sempre que possível; quando estiver acordando ou indo dormir e em outras ocasiões ao longo do dia. Isso torna cada vez mais fácil ter consciência da luz e irradiá-la. Desse modo você poderá provocar muitas mudanças maravilhosas em sua vida.

Jornada ao Plano da Alma

Contato com a Alma

Faça uma ligação com a Luz Solar, usando uma das maneiras que se seguem, ou várias, com o propósito de expandir sua consciência e preparar-se para a sua jornada ao plano da alma, onde você irá encontrar sua alma e unir-se a ela.

1. Dê as boas-vindas à Luz Solar, um Ser vivo e cheio de amor. Receba dela um raio especial de luz e direcione-o para o seu chakra do coração, a fim de despertá-lo.
2. Chame a Luz Solar até você e crie um casulo de Luz Solar ao seu redor. Deixe que a Luz Solar o envolva durante o dia todo.
3. Quando o sol incidir sobre o seu corpo hoje, sinta as partículas de Luz Solar nele contidas. Imagine que essas partículas de Luz Solar estão acelerando a evolução do seu corpo.
4. Inspire a Luz Solar e, ao expirar, envie-a para o DNA, localizado no núcleo de cada célula do seu corpo. Imagine-se promovendo o desenvolvimento do código da vida que existe dentro de você e fazendo-o passar para o próximo nível de evolução.
5. Inspire Luz Solar para acalmar as suas emoções. Por meio da expiração, envie Luz Solar para todas as emoções turbulentas, negativas ou fortes. Continue até sentir-se mais calmo.
6. Envolva em Luz Solar os pensamentos dos quais você quer se ver livre, até que eles se transformem em luz. Seja persistente e faça isso todas as vezes que tiver esses pensamentos, até que eles não mais existam a não ser na forma de luz.
7. Observe a Luz Solar enquanto ela se torna continuamente mais bonita e mais perfeita. Tome consciência de que você também está se tornando uma luz mais bonita e perfeita.

Capítulo 3

Encontro com a Alma

No Templo dos Iluminados, no plano da alma,
você chama a sua alma e ela vem ao seu encontro.
A sua alma revela sua luminosa luz do Espírito,
enquanto você viaja para a jóia de sua alma.

Chegou a hora de encontrar a sua alma. Para começar, encontre uma posição confortável, na qual você possa relaxar. Pense na Luz Solar e imagine os seus cálidos raios de luz brilhando acima de você. Respire fundo, inspirando a Luz Solar. Imagine a Luz Solar fluindo através do seu corpo e relaxando todas as partes por onde ela passar. Capte a Luz Solar até que se forme ao seu redor um casulo dessa luz. Envolva com Luz Solar as suas emoções para acalmá-las. Inspire a Luz Solar, fazendo com que ela toque seus pensamentos e imagine os pensamentos velhos e limitados saindo junto com o ar dos pulmões. Deixe a mente ficar tranqüila e desanuviada. Sinta os raios da Luz Solar incidindo sobre você e alçando-o em direção ao plano da alma, até que você esteja num mar de luz. Brinque por um momento no plano da alma.

Há um lugar no plano da alma que chamo de Templo dos Iluminados ou, simplesmente, Templo. Trata-se de um lugar onde os Iluminados, como os Mestres e os Seres de Luz, trabalham para o bem da humanidade. Eles ajudam a humanidade de diversas maneiras: irradiando amor, alegria, harmonia, paz e esperança, por exemplo. Você irá se encontrar com sua alma primeiramente ali, pois a ajuda disponível nesse lugar pode tornar mais fácil o contato com a alma.

Embora você possa imaginar esse Templo com paredes e salas, ele na realidade é constituído de luz e não tem forma. Os Seres ali presentes tornam possível que você o veja ou sinta-o como se tivesse formas e contornos. Ele poderá parecer diferente a cada visita, pois é constituído por padrões de luz em constante mutação. Você talvez nem sequer chegue a vê-lo como um lugar; você poderá simplesmente encontrar uma luz ou reconhecê-lo pelas sensações de amor e de tranqüilidade que tem ao pensar nele.

Você está convidado a ir até esse Templo. No plano da alma, você pode viajar para qualquer parte, fazendo uma representação mental de onde você quer estar. Vá até o Templo pensando nesse lugar lindo e elevado e tendo a intenção de chegar até ele. Observe qual é o aspecto do Templo ou o modo como ele o faz sentir-se ao se aproximar dele. Você pode visualizar, sentir ou imaginar a presença dos Seres mais elevados, cujo coração está repleto de puro amor. Ali você pode ser calmo e pacífico, livre e feliz. Nesse lugar maravilhoso, você está em segurança e é amado.

Encontre as almas de outras pessoas que vieram para despertar os chakras do coração.

No Templo, um Ser de Luz encontra-se com você e o leva para dentro, deixando-o no meio de um enorme pátio. Olhe em torno e observe as almas das outras pessoas que estão lá e que, assim como você, também estão se preparando para fazer contato com a alma. Você vai trabalhar com elas várias vezes, ao longo deste livro. Algumas são as almas de amigos e de pessoas queridas que você conheceu, ou as almas daqueles que você irá conhecer no futuro. Muitas são pessoas que, como você, estão lendo este livro. Algumas são almas de pessoas que você não conheceu pessoalmente e às quais você se reuniu apenas no plano da alma. Além disso, você está semeando muitas amizades novas e maravilhosas com pessoas que você *irá* conhecer nesta existência. Quando encontrar essas pessoas, você vai reconhecê-las pelo maravilhoso sentimento que haverá entre vocês. Muitas serão amigos com interesses em comum e que estão num caminho semelhante ao seu. Todos terão muito a ganhar reunindo-se e formando um grupo, juntamente com outras pessoas que estão dando o mesmo passo. Envie o seu amor para aqueles que estão ali. Observe os lindos padrões de luz que vocês podem formar em conjunto, enquanto passeiam nesse lugar.

Junte-se aos Seres de Luz que estão no Templo para ajudá-lo.

A cerimônia do encontro com a sua alma está começando. Como essa cerimônia ocorre no plano da alma, onde não existe tempo, você pode juntar-se a ela a qualquer momento e sempre irá entrar no local da cerimônia quando ela estiver se iniciando. A força de cada membro do grupo para evocar e se encontrar com as suas almas aumenta cada vez que uma pessoa se junta ao grupo.

Os Iluminados enviaram uma mensagem, solicitando a presença de Seres de Luz, para ajudar as pessoas a encontrarem a sua alma. Enquanto você observa, fileiras e mais fileiras desses seres vão chegando para se juntar a você e para envolvê-lo com a linda luz que eles irradiam. Eles o ajudam, amplificando o chamado que você faz à sua alma. Eles se apresentaram como voluntários para trabalhar com você e estarão disponíveis sempre que você solicitar a ajuda deles. Além disso, muitos outros Seres de Luz apareceram para juntar-se a você. Sinta o amor deles por você, sua alegria por poderem ajudá-lo nesse momento importante. Se você quiser que eles o ajudem a chamar sua alma, peça isso a eles agora.

Chegou o momento de chamar a sua alma até você. Esse é um momento importante para a sua alma. Ela ficou esperando até que você alcançasse esse estágio de consciência e pudesse ligar-se a ela. Ao ligar-se à sua alma, você dá a ela a força e a energia de que ela necessita para alcançar o próximo nível de evolução. Ela se manteve em meditação profunda, concentrando a atenção nos domínios superiores e esperando até que você se tornasse mais consciente da existência dela. Uma vez estabelecido o contato com a sua alma, uma dose maior de energia da sua alma será dirigida para você.

Faça soar a nota que chama a sua alma até você.

Você pode chamar a sua alma até você, fazendo soar uma nota interior. Há uma parte de você que sabe exatamente como fazer isso. Você já fez soar essa nota anteriormente, nas ocasiões em que pediu mais força, sabedoria, amor ou ajuda. A sua alma foi até você nesses momentos e fundiu a luz dela com a sua para aumentar seu conhecimento interior, sua força e sua coragem. Agora você a está chamando conscientemente até você. Está pedindo que ela se torne uma parte permanente de sua consciência e esteja mais presente em sua vida cotidiana.

Encontre a nota que você pode soar do fundo de seu ser para chamar a sua alma. Essa nota transmite a sua intenção e diz para a sua alma: "Estou pronto". Essa nota pode ser uma sensação, um tom ou um som. Faça soar essa nota dentro de si ou emita um som audível. Pratique com o som "om" ou com outros sons. Não existe uma maneira certa ou errada de chamar a sua alma e, portanto, você não precisa preocupar-se em encontrar o som ou a nota certos. Os Seres de Luz estão ajudando você a amplificar o seu chamado. A sua alma vai ficar sabendo de sua intenção de encontrá-la. Ela vai ouvir o seu chamado e irá até você.

Quando a alma ouvir o seu chamado, ela responderá tornando-se visível para você. Observe-a se aproximando de você. Ela talvez pareça estar vindo de muito longe, movendo-se em sua direção até ficar diante de você. Reconheça a força desse momento. Sinta a onda de energia e o contato entre vocês quando ela volta a atenção para você. Ela está feliz por você tê-la chamado e por estar pronto para ligar-se a ela.

Descubra como sua alma é forte, linda e esplendorosa. Sinta sua grandeza e seu amor. Ela é parte de você! A sua alma é um ser divino, excepcional e maravilhoso. Ela sente tanto amor por você. Envie seu amor a ela e abra-se para receber o amor que ela tem por você.

Cumprimente sua alma como uma presença viva de grande amor, sabedoria e inteligência.

Observe tudo o que puder a respeito de sua alma. Atente para os padrões de cores ou de luzes nela presentes. O que quer que você sinta acerca de sua alma está perfeito, mesmo se tudo lhe parecer obra de sua imaginação. Ou, então, pode ser que você não sinta e não veja nada. A sua alma pode trabalhar com você, quer você tenha ou não consciência disso.

Imagine sua alma como uma esfera de luz gigantesca e resplandecente. No centro dela há uma linda luz esplendorosa que está coberta por pétalas. Existem doze pétalas, em quatro fileiras com três pétalas cada. Elas não são pétalas de verdade, mas vórtices de energia que envolvem e recobrem essa magnífica luz. A luz central, no meio de sua alma, é uma jóia luminosa. Ela é a fonte de vida da alma, sua origem, seu espírito. À medida que a alma evolui, essas pétalas passam a refletir todas as cores do arco-íris. Quando você alcança um determinado estado de desenvolvimento espiritual, as pétalas se abrem por completo e essa magnífica luz se torna plenamente visível.

Agora que você chamou sua alma, ela vai deixar que você desloque sua consciência para dentro da jóia. A sua alma está tornando as pétalas mais transparentes, revelando uma luz majestosa, linda e resplandecente que produz efeitos deslumbrantes. Com os seus olhos interiores, observe essa jóia do centro de sua alma. Veja a luz e a energia irradiando-se a partir dela. Inicialmente, você pode captar apenas lampejos dessa luz. Cada vez que pensar nessa jóia da alma você poderá ver, sentir ou intuir muito mais a respeito dela.

Você poderá imaginar-se muito pequeno, contemplando uma enorme luz. Você pode transportar-se em consciência para as profundezas da jóia de sua alma, deslocando-se para dentro dela com a sua mente. Não existe fim para essa luz, pois você está viajando no infinito. Você está fundindo-se com a Fonte, com o Espírito. Ao viajar para o interior da jóia da sua alma, você poderá se expandir para um estado mais elevado de consciência. Você poderá sentir que está suspenso dentro de um mundo infinito, que se encontra além do espaço e do tempo.

Desloque sua consciência para dentro da jóia da alma, para transformar a sua consciência.

Quando a sua consciência estiver totalmente dentro da jóia da alma, você poderá sentir uma tranqüilidade tão profunda, que poderá perdurar um só instante. Banhe-se na tranqüilidade dessa luz resplandecente. Deixe-a fluir através de você. Essa luz do Espírito tem o poder de transformá-lo em todos os níveis. Enquanto você observa essa luz resplandecente no centro de sua alma, ela lhe traz lucidez mental e o liga à própria essência do seu ser. Una-se à jóia de sua alma sempre que quiser. Você estará transformando a sua consciência cada vez que pensar nela ou senti-la.

Você encontrou a sua alma e se harmonizou com a luz do Espírito. A sua alma vai trabalhar mais ativamente com você, à medida que você trabalhar mais ativamente com ela. Termine com um agradecimento a todos os Seres de Luz que o ajudaram. Sempre que precisar de ajuda para chamar a sua alma, você pode recorrer aos Seres de Luz, e eles irão ajudá-lo.

Encontro com a Alma

Contato com a Alma

A partir da lista abaixo, escolha um item para praticar hoje, como se fosse uma brincadeira, a fim de continuar a expandir sua capacidade de encontrar e de sentir sua alma.

1. Explore o Templo dos Iluminados e descubra mais sobre ele. Vá até lá pelo menos uma vez e absorva as sensações de paz, amor e alegria que lá estão presentes.
2. Junte-se novamente às almas daqueles que você conheceu no Templo. Sinta como eles estão felizes por você estar ali. Receba suas calorosas saudações. Envie amor a eles e receba de volta o amor que eles têm para lhe dar. Sinta o amor e a luz que estão à sua disposição quando você se junta ao grupo dessa maneira. O trabalho em grupo aumenta a capacidade de qualquer pessoa para estabelecer um contato com a alma.
3. Pratique o ato de chamar a sua alma até você. Faça soar uma nota interior ou um "om" audível. Peça que os Seres de Luz amplifiquem o seu chamamento. Adquira maior confiança em sua capacidade de chamar a sua alma até você, e fazer com que ela responda.
4. Chame a sua alma até você e cumprimente-a como um ser vivo e cheio de amor. Abra-se para receber o amor que ela tem por você. Envie-lhe o seu amor.
5. Encontre-se com a sua alma e observe ou sinta tudo o que você puder a respeito dela. Note a luz que ela tem e sinta a sua presença e o amor que ela irradia.

6. Sinta a grandiosa jóia de sua alma. Entre nessa jóia com a sua imaginação, sentindo a paz e a tranqüilidade que nela reinam. Deixe a tranqüilidade envolver o seu ser.
7. Viaje para dentro da jóia de sua alma e capte a energia dela. Recarregue-se enquanto se liga ao Espírito, a essência do seu ser.

Capítulo 4

A União com a Alma

A sua alma envia luz, amor e
força de vontade para a sua personalidade.
Você conhece a si mesmo, no nível da alma.

Você se encontrou com a sua alma e está pronto para dar o próximo passo e unir-se a ela. Encontre uma posição confortável, na qual você possa ficar relaxado. Pense na Luz Solar e chame-a até você, envolvendo o seu corpo num casulo de luz. Inspire a Luz Solar e acalme as suas emoções. Acrescente Luz Solar aos seus pensamentos e observe-os transformando-se em luz. Expire a Luz Solar e deixe todos os pensamentos velhos, densos ou que o restringem serem eliminados junto com o ar e levados para longe. A sua mente está ficando mais tranqüila e serena. Deixe-se levar facilmente até o plano da alma, até estar num mar de luz, e com a linda Luz Solar brilhando acima de você.

Pense no Templo dos Iluminados até você sentir que está lá. Ele poderá ou não ter o mesmo aspecto da última vez que você o visitou. Sinta a paz e o amor ao seu redor. Observe a suave brisa acariciar o seu corpo. Veja a beleza que existe à sua volta. Sinta o aroma das flores. Torne a imagem do templo tão real quanto possível.

A sua presença é esperada. Você é recebido por um Ser de Luz que o conduz para o interior do Templo e o deixa no meio do pátio onde você já esteve. Uma cerimônia de união com a alma foi planejada para você e para todos os outros que estão se preparando para se unir a suas almas. Cumprimente os outros que estão aqui. Sinta o amor que eles têm por você e observe como eles o acolhem. Reconheça a unidade e o propósito comum que todos vocês compartilham enquanto esperam para se unir à alma.

Muitos Seres de Luz vieram para ajudá-lo. Enquanto você observa, fileiras e mais fileiras de Seres de Luz estão chegando dos domínios superiores da luz. A atmosfera transforma-se uma vez mais numa luz radiosa e difusa. A Luz Solar está acima de você, incidindo sobre todas as coisas. Voltam os Seres que podem ajudá-lo a chamar sua alma. Além disso, há ali um outro grupo de Seres de Luz para ajudar a sua personalidade a fundir-se com a sua alma. Você pode chamá-los sempre que sentir que está resistindo à sua alma ou quando quiser fundir-se com a sua alma e aumentar a percepção da presença dela.

Chegou o momento de se ligar à sua alma. Chame a sua alma até você, fazendo soar a sua nota da alma. Você pode pedir que os Seres de Luz o ajudem a amplificar o seu chamado. Aquiete os pensamentos, respire fundo e emita a nota que chama a sua alma até você.

Sinta a presença de sua alma
como o toque
de um anjo.

A sua alma ouve o seu chamado e chega mais perto de você. Visualize ou imagine a luz da alma radiante vindo em sua direção até ficar bem na sua frente. Sinta sua presença tranqüila e cheia de amor. Sinta-a dando a você as boas-vindas, sua calorosa acolhida e o amor que ela tem por você. Ela é tão agradável que você tem vontade de unir-se a ela. Enquanto sua alma prepara-se para unir-se a você, ela lhe pergunta novamente: “Você está pronto para unir-se a mim?” Certifique-se de estar pronto antes de dar o próximo passo. Embora a sua alma sempre tenha sido parte de você, ela jamais uniu-se a você dessa forma. A energia da sua alma é tão forte que vai modificar a sua vida quando somar-se à sua energia. Se você achar que não está pronto, trabalhe com as suas subpersonalidades até poder responder: “Sim, estou pronto”.

Quando você estiver pronto, a sua alma vai aproximar-se. Lenta e respeitosamente, ela começa a envolvê-lo. Deixe a esfera de luz da sua alma envolver suavemente o seu corpo, repousando a jóia de luz em torno do seu chakra do coração. Você pode passar algum tempo de olhos fechados e sentir essa fusão da forma mais plena possível. Sinta-se cercado por essa luz. Visualize padrões de luz em movimento, ao seu redor. Escolha um padrão de luz e deixe-se "cair" dentro dele. Sinta como se estivesse se tornando de fato a luz de sua alma, pois ela é composta de luz.

Deixe a luz de alta freqüência
da alma fundir-se com a luz
da sua personalidade.

A cada movimento respiratório, você atrai a sua alma para mais perto de você e se abre para receber a luz que ela irradia. Visualize a luz da alma unindo-se à luz de sua personalidade. No início pode haver algum atrito, pois a luz de sua personalidade e a luz de sua alma têm freqüências diferentes. À medida que a fusão prossegue, você fica radiante com a luz de sua alma. Chame os Seres de Luz que ajudam a personalidade a unir-se à alma para que essa fusão entre você e a sua alma seja fácil e sem acidentes.

Sinta o poder da luz da sua alma, enquanto ela flui para dentro de você. Deixe que as correntes de luz e de força da alma fluam através de você. Antes de continuar, procure sentir a força de sua alma enquanto ela flui através de você. Abra-se para receber de sua alma a energia que será extremamente útil para você alcançar um novo nível de luz.

Sinta a sua alma iluminando
o seu caminho.

Sinta a luz e a energia da sua alma pulsando através de você. Imagine que essa luz seja tão forte que sempre ilumina um caminho à sua frente, para que você possa enxergá-lo e segui-lo. Ela mostra a você a luz que está em toda parte, dentro de você mesmo e nos outros. Sinta a luz de sua alma iluminando o seu caminho mais elevado e criando luz em toda parte ao seu redor. Receba em sua mente a luz de sua alma. Deixe-a trazer até você novos pensamentos, novas idéias e inspiração criativa.

A sua alma purifica tudo aquilo em que toca. Enquanto ela o banha em sua luz de purificação, transforma em expressões mais elevadas as energias inferiores que existem dentro de você. Sinta o poder de transformação de sua alma, enquanto sua luz purificadora se move através de você. Puxe a luz de sua alma para cada célula e átomo de seu corpo. Imagine uma minúscula luz no centro de cada célula e átomo tornando-se resplandecente com a luminosa luz da sua alma.

Deixe o amor de sua alma fluir através de você para que você possa conhecer e expressar o amor que ela irradia. Sinta a essência da alma do amor fluindo através do seu chakra do coração. Você está captando o amor de sua alma e expandindo a sua capacidade de amar. Sinta as emoções de sua alma, a alegria, a felicidade, a paz e a serenidade dela.

A sua alma é ilimitada e não conhece fronteiras. Ela é criativa e inteligente. A sua alma pode levá-lo muito além daquilo que você pensou ser possível na vida. Ela pode levá-lo aos domínios superiores, expandindo sua capacidade de pensar e de criar. Por um momento, atraia para si as energias de expansão de sua alma, para que você possa ultrapassar seus limites e realizar seu potencial ilimitado.

A sua alma está sintonizada com a Vontade Superior. Ela conhece o propósito supremo de sua vida e você pode absorver esse conhecimento, sempre que se fundir com ela. Peça que a vontade de sua alma flua através de você, mostrando-lhe mais coisas acerca do propósito supremo de sua vida.

Olhe para si mesmo
através dos olhos de sua alma.
Veja a beleza de seu ser.

Deixe a sua consciência expandir-se para dentro da consciência de sua alma, como se você estivesse se tornando a sua alma. Você poderia imaginar que está ficando cada vez maior, à medida que a sua consciência se espalha dentro do "corpo" de sua alma. Expanda-se para dentro da consciência de sua alma, até que você consiga sentir a vida a partir da perspectiva dela. Você talvez não sinta nada de diferente ou, então, poderá perceber apenas mudanças sutis. Com os olhos da alma, olhe para si mesmo e para a sua vida. A sua alma sempre enxerga beleza, perfeição e amor. Reconheça a sua beleza enquanto você olha para si mesmo, através dos olhos dela.

Você conseguiu! Você se fundiu com a sua alma. Quer você tenha ou não sentido essa união, a sua alma começou a se aproximar e a cooperar com você de novas e maravilhosas maneiras. Agradeça aos Seres de Luz pela ajuda deles e por todas as dádivas que deles você recebeu.

Se quiser, você pode repetir esses passos várias vezes para ter uma idéia mais clara de como é tornar-se sua alma. Aconteceu, durante essa união, muito mais do que você talvez tenha percebido. Você plantou muitas sementes. Muitas mudanças maravilhosas agora podem ocorrer. Embora no início elas talvez sejam sutis, mais cedo ou mais tarde elas acabarão se mostrando na sua vida.

Contato com a Alma

Selecione, na relação abaixo, uma qualidade da alma com a qual você queira entrar em contato. Deixe que a qualidade que você escolheu flua para você, enquanto se une à sua alma.

- **Presença.** Se você se sente solitário, cansado, estressado ou se acha que não tem toda a força necessária para fazer tudo o que precisa fazer, una-se à sua alma e tome consciência de sua presença terapêutica e cheia de amor.
- **Amor.** Se você tem um pensamento crítico acerca de si mesmo ou de outras pessoas ou se quer sentir mais amor e compaixão, peça à sua alma para preenchê-lo com o amor que ela traz em si.
- **Luz.** Quando você precisar ter uma idéia mais clara do seu caminho ou das suas escolhas mais elevadas, ou tiver necessidade de sentir a luz numa dada situação, evoque a luz de sua alma para que ela ilumine o caminho para você.
- **Pureza.** Se você quiser livrar-se das velhas formas de pensamento, eliminar as energias inferiores ou aumentar as suas vibrações, abra-se e receba a energia purificadora da sua alma.
- **Expansão.** Quando você quiser expandir a sua mente, elevar as suas emoções ou se abrir para novas idéias, deixe que a expansão de sua alma flua através de você.
- **Vontade.** Antes de tomar uma decisão importante ou de orientar ou aconselhar os outros, deixe a vontade de sua alma fluir através de você, promovendo a sintonia entre você e a Vontade Superior.

- **Alegria.** Sempre que você se sentir sobrecarregado, cansado, deprimido ou desanimado, pare e una-se à sua alma. Deixe a alegria dela fluir através de você. Faça soar a nota de alegria de sua alma ao longo do dia.

Capítulo 5

Viva Como a Sua Alma

O poder, o amor, a luz, a vontade e a presença da sua alma tornam-se parte de sua vida cotidiana.

Você se fundiu com a sua alma e sentiu a sua presença. Você agora tem acesso a uma porção maior do poder, do amor e da luz ilimitados de sua alma. As experiências mais marcantes de sua alma poderão ocorrer inicialmente quando você estabelecer contato com ela em estado de meditação. Depois que tiver feito isso, você poderá aprender a chamá-la ao longo do dia, sentir a presença dela e fazer com que ela se torne parte de sua vida cotidiana. Com a prática, você pode chamar a sua alma para junto de si, fundir-se com ela e sentir sua presença simplesmente pensando nela. O fato de você se unir a ela, ao longo de todo o dia, irá aumentar em muito a sua capacidade de viver de acordo com ela. Trabalhar com a sua alma é um passo importante em sua jornada de iluminação.

Para fazer uma ligação com a sua alma sem precisar ir ao plano da alma, basta respirar algumas vezes de forma calma e cadenciada. Visualize a Luz Solar e deixe que essa luz preencha seu corpo. Deixe-a ajudá-lo a acalmar as emoções e a desanuviar a mente. Pense em sua alma e chame-a até você. Sinta que ela está envolvendo o seu corpo enquanto você se funde com ela. Interrompa a leitura por um momento e faça o exercício de chamar a sua alma e de se unir a ela, até que você consiga imaginar ou sentir a presença dela.

Alguns de vocês terão facilidade para reconhecer a presença da alma caso já tenham passado pela experiência de sentir energias sutis. Alguns de vocês estão apenas começando a trilhar o caminho do crescimento espiritual ou não têm muita experiência em meditação ou em sentir energias sutis. Você talvez precise praticar com mais freqüência a união com a alma antes que possa sentir a presença dela. Mesmo se você não tiver consciência da presença de sua alma, continue a chamá-la e a se unir a ela. Você não precisa ser capaz de sentir, de ver ou de ouvir a alma para desfrutar dos benefícios do contato com ela.

Você talvez venha a descobrir que a sua capacidade de sentir a alma varia de uma ocasião para outra. Você pode ter uma nítida sensação quando se liga com a alma numa dada ocasião, e não sentir nada na próxima oportunidade. Algumas pessoas passam por uma experiência marcante na primeira tentativa de contato com a alma e depois descobrem que o contato com ela torna-se menos expressivo nas ocasiões posteriores. Depois de ter trabalhado com a sua alma, a presença dela poderá lhe parecer tão familiar que você deixa de considerar essa experiência como um acontecimento excepcional. O modo como você sente a sua alma depende do estado em que você se encontra quando se fundiu com ela. Se, por exemplo, você iniciar o contato a partir de um estado emocional calmo e harmonioso, será mais fácil sentir a paz e a serenidade de sua alma. A maioria de vocês terá uma capacidade maior de sentir a alma, à medida que se unirem a ela numa variedade de circunstâncias, ao longo de um certo período de tempo.

Observe o modo como você sente a sua alma em vários ambientes.

A seguir sugerimos algumas ocasiões nas quais você pode chamar e sentir a sua alma. Estabeleça uma ligação com ela em diversas situações, para aprender mais sobre ela e sobre o modo como a presença dela pode melhorar a sua vida. Faça contato com sua alma freqüentemente, de modo que a presença, o poder, a luz, a vontade e outras qualidades de sua alma passem a fazer parte de sua vida cotidiana.

Atraia sua alma para si e sinta a presença dela fluir através de você, enquanto você está em diferentes ambientes. Una-se à sua alma quando você estiver num jardim florido, em meio à natureza, em casa com amigos, em meio a uma multidão, em lugares públicos ou num lugar cercado por uma atmosfera espiritual. Estabeleça uma ligação com a sua alma quando você estiver tomando sol. Observe como a sua percepção sensorial e a sua capacidade de sentir a alma podem mudar quando você está em ambientes e circunstâncias diferentes.

Una-se à sua alma quando você estiver com diferentes disposições de humor. Ligue-se a ela quando estiver se sentindo bem e tranqüilo e quando estiver se sentindo confuso, com medo ou extremamente emotivo. Observe até mesmo as mudanças mais sutis no modo como você se sente. As sensações boas podem ser amplificadas e as emoções desagradáveis podem se tornar mais harmoniosas e tranqüilas.

Observe o modo como você sente a sua alma na presença de diferentes pessoas.

Preste atenção na sua capacidade de sentir sua alma quando você estiver rodeado por crianças, por familiares, por amigos, por colegas de trabalho, por conhecidos ou por pessoas estranhas. Ligue-se à sua alma quando estiver com um líder espiritual. Observe se o modo como você sente a sua alma muda dependendo da pessoa com quem você está. Verifique se o modo como você sente essas pessoas modifica-se depois que você se une à sua alma. Você talvez perceba que o seu coração se abre e passa a expressar amor de outras maneiras. Quem sabe você passa a responder com amor em vez de reagir de modo defensivo ou com medo. Ou, então, o tema da conversa ou a energia existente entre vocês poderia se modificar de alguma maneira positiva. Você poderia mudar o seu modo de ver as coisas, passando a se concentrar menos em si mesmo e na sua vida particular e a ter uma idéia mais clara do modo como os seus atos afetam as outras pessoas. Você poderia passar a ter mais compaixão e a ser mais sensível às necessidades dos outros. Você talvez se mostre mais disposto a ouvir e menos empenhado em conseguir que as coisas sejam feitas do seu jeito optando pela paz, em vez do conflito. Você poderia optar por amar de uma forma sábia e madura, que beneficia a alma das pessoas, em vez de satisfazer as fantasias da personalidade dela.

Pense na sua alma e una-se a ela durante diversas atividades. Ligue-se à sua alma quando estiver meditando. Junte-se a ela durante atividades comuns, como fazer as tarefas domésticas, dirigir, ler, escrever, participar de jogos ou assistir televisão. Observe o que muda quando você faz isso. Ligue-se à sua alma quando estiver de pé, sentado, fazendo exercícios ou deitado. Divirta-se! Tenha bom humor e criatividade ao pensar em maneiras de sentir e de conhecer a sua alma. Faça da sua alma parte de sua vida cotidiana e não alguma coisa à qual você se une em ocasiões especiais.

Apresentamos a seguir algumas coisas que você poderá sentir ao se unir à sua alma. Você poderá passar ou não por alguma das experiências que iremos descrever. Qualquer experiência que você venha a ter será perfeita para você. Existem tantas maneiras diferentes de conhecer a alma quanto o número de pessoas sobre a face da Terra.

Sinta a confiança, a coragem e a alegria da sua alma.

Quando se unir à sua alma, você talvez venha a ter muitos sentimentos positivos com relação a si mesmo. Você talvez se sinta mais tranqüilo, mais confiante e mais corajoso. Quando você chama a sua alma em situações difíceis, a força e a presença dela podem mudar o modo como você se sente em relação a si mesmo e às circunstâncias de sua vida.

A fusão com a sua alma pode aumentar a idéia que você tem do seu próprio tamanho. A sua percepção sensorial poderá mudar e você talvez venha a se sentir maior do que o seu corpo físico. Talvez você tenha consciência de sua alma como algo que está dentro e em torno de seu corpo, fora dele ou como ambas as coisas. Qualquer maneira pela qual você sinta a sua alma é válida. Note se o seu corpo lhe parece diferente ou se você tem alguma sensação física estranha. Algumas pessoas ficam sonolentas quando se unem à alma, ao passo que outras ficam muito alertas.

Ao fazer a ligação com a sua alma, você pode vir a perceber sutis qualidades de luz. Você pode sentir ou imaginar uma luz dourada, uma luz branca, uma luz multicolorida ou simplesmente uma luz mais radiante à sua volta. Para os seus olhos interiores, a sua alma poderá ter o aspecto de uma luz tremeluzente, de uma luz forte e incandescente, de uma luz firme e brilhante ou de muitos outros tipos de luz. Você poderá notar uma quantidade maior de luz ao seu redor ou sentir mais receptividade e amor. Ao se unir à sua alma, você poderá se sentir como se tivesse se transformado numa enorme luz ou num anjo de luz.

Ao se encontrar e se fundir com a sua alma, você poderá ter a sensação de estar revendo um amigo querido ou um membro da família que você não encontrava há muito tempo. Você poderá ter a sensação de estar "voltando para casa", como se estar com a sua alma fosse algo pelo qual você já tivesse passado antes.

Você poderá sentir a sua alma de maneiras tão sutis que é impossível descrever ou colocar em palavras, embora sinta que se trata de uma sensação diferente. Use a sua imaginação para conhecer a sua alma; ela é um instrumento muito importante que o ajudará nessa tarefa. A sua imaginação é não apenas uma força criativa que atua sobre as energias sutis para transformá-las, como também uma maneira de sentir essas energias sutis.

Pense freqüentemente na sua alma. Procure de vez em quando ver a sua vida a partir da perspectiva da alma, mesmo se tiver a impressão de estar apenas exercitando a sua imaginação. A união com a alma pode mudar o modo como você vê os seus problemas. As suas prioridades podem mudar. O que parece importante para a sua personalidade pode parecer insignificante quando a alma está presente. Você poderá encarar as coisas de maneira diferente ou ter novas idéias e entendimentos. Junte-se à sua alma quando estiver fazendo planos ou pensando no futuro. Descubra qualquer mudança em seus pensamentos ou em suas perspectivas acerca das questões que o preocupam. Preste atenção em idéias novas e criativas que possam surgir.

Pergunte a sua alma: "Quais são os seus propósitos e metas para hoje?"

Viver como a alma é começar a imaginar que você *é* a sua alma. Pergunte a si mesmo: "Se estivesse em meu lugar, o que a minha alma faria com relação a esse aspecto da minha vida? Que providências iriam refletir os propósitos e metas da minha alma?" Pergunte mentalmente à sua alma: "Como posso me abrir para receber uma quantidade maior da sua energia e amor? Como posso ajudá-la a realizar as suas metas? Como eu poderia trabalhar com você de forma mais eficaz?" Embora você talvez não possa receber respostas específicas, a simples formulação dessas perguntas já é suficiente para trazer para a sua mente informações que, posteriormente, irão produzir novas revelações e entendimentos.

Se você às vezes se esquecer de se unir à sua alma, ou se você pensa nessa união, mas ainda reluta em fazer contato com a alma, continue trabalhando as suas subpersonalidades. Talvez você tenha uma subpersonalidade que não se sinta mais necessária, porque a sua alma se encarrega de tudo ou que, ao contrário, sinta-se capaz de fazer tudo sozinha e que, portanto, não precisa da sua alma. Esse é um empreendimento cooperativo entre a sua personalidade (com todas as suas subpersonalidades) e a sua alma — você se elevando até ela e sua alma vindo até você. Enquanto você promove a evolução de suas subpersonalidades, elas podem fazer a jornada com você, crescendo e se expandindo até que elas próprias também sejam transformadas.

Receba o amor que a sua alma tem por você.

Faça uma pausa momentânea e abra-se para receber amor da sua alma. Ao aceitar o amor que vem dela, diga para si mesmo: "Eu mereço amor. Eu agora deixo que uma quantidade ilimitada de amor invada a minha vida". Ao aceitar o amor de sua alma você desenvolve a capacidade de receber. A sua crescente capacidade de receber amor faz com que você receba todas as dádivas que o universo e a sua alma têm para lhe oferecer. Observe e aprecie todas as coisas boas que você já tem. A gratidão atrai para você ainda mais coisas boas, vindas de sua alma e do universo.

Abra-se para receber o amor de sua alma sempre que você se lembrar de fazer isso. A sua alma sabe que você é um ser esplêndido e maravilhoso. Ela ama os seus aspectos humanos e divinos. Ela é incapaz de julgá-lo, de desapontá-lo ou de se zangar com você. Ela comemora todas as vezes que você ama a si mesmo, pois sabe que, quando ama e respeita a si mesmo, você se aproxima dela. A sua alma o ama e o aceita, sem exceções!

Viva Como a Sua Alma

Contato com a Alma

Aprofunde e fortaleça o modo como você sente a sua alma por meio de uma ou várias das seguintes maneiras:

1. Pratique a união com a sua alma várias vezes por dia, prestando atenção em qualquer sensação sutil que o ajude a saber que a sua alma está presente.
2. Una-se à sua alma quando você estiver emocionalmente calmo e também quando não estiver assim. Observe como o seu estado emocional modifica o modo como você sente a sua alma. Observe de que modo a fusão com a alma modifica o seu estado emocional.
3. Escolha um ambiente novo para se unir à sua alma. Descubra o que muda quando você sente a sua alma em diferentes ambientes.
4. Pelo menos uma vez por dia, pare antes de agir, una-se à sua alma e pergunte: "Se estivesse em meu lugar, o que a minha alma faria nesta situação?"
5. Abra-se para receber o amor que a sua alma tem por você. Diga para si mesmo: "Eu mereço amor. Eu agora deixo que uma quantidade ilimitada de amor invada a minha vida".
6. Aumente a sua capacidade de receber, expressando gratidão por todas as dádivas que você já recebeu da sua alma e do universo.
7. Se por alguma razão você estiver relutando em se unir à sua alma, identifique e trabalhe qualquer subpersonalidade que esteja resistindo. Além disso, peça que os Seres de Luz o ajudem a se fundir com a sua alma.

Seção II

Como Despertar os Chakras do Coração

Você funde a jóia do chakra do seu coração
com a jóia da sua alma.
A luz do seu chakra do coração
sobe para o seu chakra coronário.
Você conhece a serenidade
e a unicidade do amor.
A sua alma ativa
um ponto oculto de luz
no chakra do plexo solar.
Você conhece a vontade de amar da sua alma.
Você eleva a energia do plexo solar
para o chakra do coração
e entrega-se ao amor.
A luz circula entre os seus chakras do coração.
Você ama do modo como ama a sua alma.

Capítulo 6

Preparação para o Despertar

Você se prepara para despertar os seus chakras do coração aprendendo mais coisas a respeito deles e do modo como são despertados.

Agora que estabeleceu contato com a alma, você pode se juntar a ela para despertar os chakras do coração. Ao fazer isso, você estará dando um importante passo em seu caminho rumo à iluminação. Quando você aprende a amar, a sua alma pode lhe dar muitas outras dádivas, pois saberá ao certo que você irá usá-las para criar coisas boas para si mesmo e para os outros. Com os chakras do coração despertos, você poderá receber o amor dos Iluminados, que irradiam amor para a humanidade. Você pode se tornar uma fonte de amor e atrair para si muitas oportunidades para causar mudanças significativas no mundo em que vivemos.

Existem três chakras do coração que, ao longo da leitura deste livro, serão trabalhados por você para aumentar a sua capacidade de incorporar o amor da alma. Conforme já mencionei na Introdução, o primeiro está localizado na região em torno do coração físico. Eu o chamo de *chakra primário do coração* ou *chakra do coração.* O segundo é o coração do centro da cabeça, situado nas proximidades do topo da cabeça. Eu o chamo de *chakra coronário.* O terceiro é o *chakra do plexo solar*, localizado numa área em torno do umbigo. O coração, a cabeça e o plexo solar são os três centros que chamo de *chakras do coração.* Veja a ilustração dos três centros na página 74. Quando estes três centros são despertados e a energia da alma circula entre eles, você começa a sentir o amor da alma.

Você tem sete centros principais — incluindo os três chakras do coração, com os quais você vai trabalhar durante a leitura deste livro. As pessoas também costumam chamar esses centros de *chakras*, *centros de energia sutil* ou *rodas da vida*. Esses centros não estão localizados no corpo físico. Eles existem como energias sutis naquilo que você chama de aura ou de corpo etérico. Esses sete centros começam com o primeiro centro, na base da coluna, e sobem até o chakra coronário — também conhecido como chakra da coroa —, no topo da cabeça.

Estes sete centros têm muitas funções. Eles são constituídos de correntes de energia que provêm da alma; atuam como receptores e transmissores dessa energia. Alguns desses centros dão vida e vitalidade ao seu corpo físico. Outros desenvolvem a sua consciência superior.

Existem três centros abaixo do diafragma. Esses três centros inferiores, incluindo o chakra do plexo solar, interagem com as energias no mundo tridimensional da forma e da matéria. Eles são chamados de centros inferiores porque afetam principalmente a vida física, tais como o modo como você se expressa, a sua personalidade e o seu relacionamento com o mundo e com as pessoas à sua volta. O chakra do coração está situado entre os centros inferiores e superiores, e é transpassado pelas energias provenientes desses centros. Acima do chakra do coração existem três centros superiores, incluindo o chakra coronário. Esses três centros superiores influenciam principalmente a vida intelectual e espiritual.

Existem muitos sistemas que definem as funções de cada centro. Muitas vezes, diferentes qualidades, funções e estados de consciência são atribuídos aos mesmos centros, dependendo da abordagem segundo a qual você estiver estudando. Não existe uma maneira correta de classificar as funções dos centros. Os centros e suas funções são um tema amplo e complexo. As qualidades que optei por enfatizar são aquelas que despertam os chakras do coração. Você poderá descobrir outros sistemas que definam as funções de cada centro de forma diferente da usada neste livro. Nesse caso, aproveite o que for útil para você nesse sistema e use essa informação para compreender melhor a si mesmo.

Una-se à sua alma
para despertar os chakras do coração.

Existem muitas maneiras de despertar os chakras do coração. Eles estão evoluindo continuamente por meio dos atos de amor que você pratica, dos seus pensamentos de compaixão e pela opção que você fez por sentir a sua unicidade com os outros. Você desperta os chakras do coração, expressando o amor da alma pela aceitação das outras pessoas, pelo perdão e pelo amor incondicional. Trabalhar em grupo, amar a humanidade e servir aos outros são maneiras eficazes de despertar os chakras do coração. O modo como você vive a sua vida cotidiana, relaciona-se com as pessoas à sua volta, fala, age e vive, desperta de forma gradativa e definitiva os chakras do coração.

Você também pode despertar os chakras do coração, procurando se ligar com a sua alma e praticando as qualidades do amor da alma mais adequadas para despertar cada centro. Você pode aprender a se ligar com os chakras do coração fazendo com que a energia circule entre eles. Isso o ajudará a sentir e a expressar o amor da alma.

Nos capítulos que se seguem, você vai aprender a se unir à alma para despertar os três chakras do coração. Os processos que você irá aprender para direcionar energia de um centro para o outro são representações simbólicas de como trabalhar com os centros. Ao trabalhar com essas imagens, você pode despertar os centros pela intenção de fazer isso. Use as imagens que são apresentadas neste livro ou seja criativo e deixe a sua alma orientá-lo quanto às imagens mais apropriadas para você. Não existe uma maneira certa ou errada de despertar os centros. Além de mentalizá-los, você precisa senti-los. Tenha confiança de que, qualquer que seja a maneira que você tenha escolhido para trabalhar com os chakras do coração, essa será a maneira correta para você.

Não há nenhum problema se você não conseguir visualizar ou formar uma imagem mental dos centros. Não é preciso visualizar, sentir ou imaginar os chakras do coração para poder despertá-los. A sua intenção de trabalhar com eles e de expressar amor irá promover naturalmente a evolução desses centros. Verifique cada passo com a alma antes de tomar qualquer atitude e aja no momento em que sentir que é mais apropriado. Siga a sua orientação interior, sempre que ela diferir das minhas instruções. Deixe que você e a sua alma decidam o que é certo para você.

Além de aprender como direcionar a energia entre os centros, você vai aprender a praticar as qualidades do amor da alma para despertar os chakras do coração. Cada qualidade, como o magnetismo ou a transparência, contém elementos de todas as outras qualidades desse amor. Isso acontece porque todas as qualidades têm a mesma essência — a essência do amor da alma. Tenho atribuído certas qualidades do amor da alma a centros específicos. Você poderia considerar cada chakra do coração como uma parte de um holograma da alma. Cada centro contém dentro de si todas as energias da alma e todas as qualidades delas. Todavia, alguns centros proporcionam vias mais fáceis para você sentir determinadas qualidades da alma. Tenho procurado fazer com que as qualidades da alma sejam praticadas com os centros em que elas são mais facilmente percebidas e sentidas. Todavia, sua meta deve ser tornar-se capaz de sentir todas as qualidades do amor da alma como um todo integrado — a experiência do amor da alma.

Ao irradiar o amor da alma, você poderá sentir uma mudança em si mesmo. Alguns de vocês irão sentir essa mudança como um "aha", como uma libertação ou como uma sensação de grande amor. Você poderá sentir algum tipo de sensação física, como a diminuição da tensão em alguma parte do corpo ou constatar alguma mudança em suas atitudes. Tudo isso é uma indicação de que os seus chakras do coração estão despertando.

Ao praticar as qualidades do amor da alma, você poderá ou não observar alguma diferença imediata em sua capacidade de demonstrar amor mais constantemente. As mudanças em geral acontecem de forma sutil e gradativa. O crescimento rápido não é necessário; o importante é crescer num ritmo que seja adequado para você. Você não precisa ser perfeito e afetuoso o tempo todo para despertar os centros do coração. Cada momento em que você sente e expressa amor leva você para mais perto da alma e desperta os chakras do coração. Mesmo se você trabalhar com cada qualidade uma só vez, isso irá aumentar o brilho de seu chakra do coração e contribuirá para despertá-lo.

Enquanto os chakras do coração despertam, questões relativas ao coração poderão vir à tona, incluindo dores ou sofrimentos negados ou reprimidos. Se você perceber que as suas lições estão vindo num ritmo muito rápido ou que o seu despertar está muito acelerado, pare de se concentrar na tarefa de despertar os chakras do coração por algum tempo. Nessas ocasiões, abra-se para receber o amor que a sua alma tem por você e chame-a para que ela o ajude a se libertar do passado e a se abrir para o amor.

Pratique todas as qualidades do amor da alma com um sentimento de aventura, descoberta e exploração. Não existe uma maneira "certa" de praticar o amor da alma. Deixe de lado qualquer tipo de julgamento e não se preocupe em seguir as minhas instruções "corretamente". A sua alma tem uma capacidade maravilhosa de se alegrar e de brincar. Procure fazer com que as suas experiências de expressão do amor da alma sejam divertidas e lúdicas. Deixe que elas ponham para fora a criança que existe dentro de você, pois ela adora explorar e experimentar coisas novas. Descubra por si mesmo o maior número possível dessas qualidades e expressões do amor da alma, enquanto você se liga a ela e expressa seu amor.

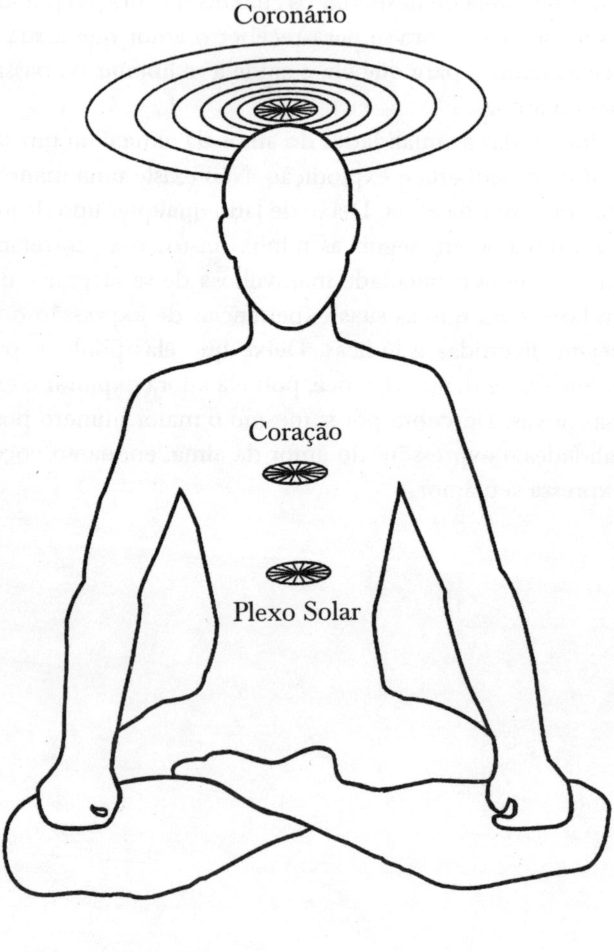

Localização dos Três Chakras do Coração

Capítulo 7

O Despertar do Chakra do Coração

O Ser de Amor junta-se a você
enquanto você sintoniza a sua jóia do chakra do coração
com a jóia de sua alma.

Você já está pronto para se unir à sua alma de uma maneira especial que irá ajudá-lo a despertar o chakra do coração. Comece com uma jornada até o plano da alma. Chame a Luz Solar para si e envolva o seu corpo num casulo de luz. Inspire a Luz Solar e deixe as suas emoções se tornarem calmas e serenas. Acrescente a Luz Solar aos seus pensamentos e observe-os transformando-se em luz. Expire a Luz Solar e deixe todos os pensamentos velhos, densos ou menos libertadores fluírem para fora de você, junto com o ar dos pulmões, e serem levados para longe. Expanda a sua consciência com a Luz Solar e viaje para o plano da alma até chegar ao Templo dos Iluminados.

No Templo, um Ser de Luz vai ao seu encontro e o conduz ao interior do edifício, deixando-o no meio de um pátio. Muitos Seres de Luz estão ali, incluindo aqueles que o ajudaram a chamar a sua alma e a se unir a ela. Uma cerimônia do despertar do seu centro primário do coração está começando.

Olhe em torno com os olhos interiores e cumprimente todos os outros que, como você, também estão chegando para despertar os chakras do coração. Sinta a presença do amor e a beleza da luz que todos vocês estão formando à medida que se agrupam. Envie a cada um deles as suas bênçãos.

Os Seres de Luz pedem que todos vocês formem um círculo, deixando no meio um espaço aberto. Um profundo silêncio cai sobre todos vocês, quando um Grande Ser aparece no centro do círculo. Esse Ser vem de um domínio superior, surgindo a princípio como uma luz tremeluzente e depois adquirindo mais substância à medida que vai se tornando visível. Esse Ser não é nem masculino nem feminino, pois nele os aspectos femininos e masculinos estão fundidos. Todavia, ele assume um desses aspectos para ajudar você a conhecê-lo e a reconhecer a presença dele.

Receba com alegria o Ser de Amor em sua vida.

Sinta ou imagine a presença desse imenso Ser que se juntou ao seu grupo. A luz que vem dele é enorme. Esse Ser alcançou a iluminação e seus chakras do coração foram plenamente despertados. Ele está aqui para ajudar você a fazer contato com a alma e a despertar os chakras do coração. Daqui em diante, vou me referir a essa grande presença como Ser de Amor.

Existem vários Seres de Amor, incluindo aqueles chamados os Senhores do Amor, os Mestres da Compaixão, os Anjos do Amor Divino, Deusas e outros cujos nomes não mencionei. O Ser de Amor que aparece para você depende de quem você é e de qual Ser o está apoiando. Esses Seres têm um grande amor pela humanidade e escolheram o caminho da compaixão. Eles optaram pelo amor cheio de compaixão pela humanidade, tanto que ficaram para ajudá-lo quando poderiam ter ascendido para um plano superior. Eles irão permanecer até que toda a humanidade tenha alcançado a libertação.

Sinta o Ser de Amor que veio para trabalhar com você e para ensinar-lhe coisas acerca do amor da alma. Esse Ser o estará apoiando, enquanto você desperta os chakras do coração. Esse Ser incorpora os mais elevados princípios do amor e, para você, representa um modelo de chakras do coração plenamente despertos. Amá-lo, ensiná-lo e ajudá-lo a despertar os chakras do coração estão entre os propósitos e as alegrias desse Ser.

Se você alguma vez se perguntou como fazer para expressar o amor da alma, então você pode convidar o Ser de Amor para entrar no seu chakra do coração e lhe mostrar a maneira mais amorosa de ser. Reserve um momento para fazer uma pausa e saudar esse Ser. Observe com os olhos interiores tudo o que você puder a respeito desse Ser. Repare no brilho do seu chakra do coração e na luz que irradia desse Ser. Imagine esse Ser fazendo uma saudação para você. Sinta o quanto você é especial para ele e o quanto esse Ser o ama.

O Ser de Amor vai irradiar amor para o seu chakra do coração, preparando-o assim para receber uma quantidade maior de amor da sua alma. Para que o Ser de Amor possa lhe enviar energia é preciso que, antes disso, você peça para receber essa energia. Você poderia dizer alguma coisa como: "Peço que me transmita o seu amor e abro o meu coração para recebê-lo".

Depois que você fizer essa declaração, fique em silêncio, feche os olhos e abra-se para receber a energia do Ser de Amor. Receba a primeira transmissão diretamente no seu chakra do coração. Você talvez sinta essa transmissão na forma de vibração, de luz, de amor ou de som. No entanto, você não precisa ver nem sentir coisa alguma para que essa transmissão desperte os seus chakras do coração. Ao receber o amor e a energia que está sendo enviada a você, sinta o chakra do coração ficando mais radiante graças ao amor.

O Ser, então, envia-lhe amor, e isso o faz ter certeza de que você está sempre seguro e protegido e que terá quem zele por você aonde quer que vá. Esta é uma transmissão de amor que evoca seres elevados e anjos, que são auxiliares "invisíveis" que sempre garantirão a sua segurança. Ao receber essa segunda transmissão de amor, diga para si mesmo: "Sempre estou seguro e protegido onde quer que esteja".

Observe a linda jóia
em seu chakra do coração.

Você já está pronto para se juntar à sua alma e para despertar o chakra do coração. Você talvez sinta que o seu chakra do coração está localizado em torno da área do coração físico. (Veja ilustração na página 74.) Assim como a alma, o chakra do coração tem uma linda e maravilhosa jóia central, rodeada por doze pétalas dispostas em quatro fileiras com três pétalas cada. Algumas dessas pétalas estão abertas, algumas estão parcialmente abertas e outras estão fechadas como um botão de rosa. A jóia do centro está oculta pelas pétalas que não se abriram. Quando o chakra do coração estiver plenamente desperto, todas as pétalas se abrirão e a jóia central brilhará com toda a sua beleza.

A sua alma e o Ser de Amor irão ajudá-lo a enxergar a jóia do chakra do coração. Ao olhar para ela com os olhos interiores, é como se você estivesse viajando para um local sagrado dentro de si mesmo. Imagine a jóia no meio do chakra do coração, como um diamante multifacetado, irradiando luz. Todas as cores do arco-íris brilham a partir das facetas dessa jóia. Ela é tão linda que você sente-se mais pleno e realizado só de olhar para ela. Imagine essa jóia girando lentamente e emitindo uma luz tremeluzente e cintilante. Sinta a essência do amor fluindo a partir desse diamante e cada uma de suas facetas irradiando um tipo diferente de amor.

Faça soar a nota que chama a sua alma para junto de si, até que você consiga sentir a presença dela. Cumprimente a sua alma e sinta a bondade dela, o interesse e o amor que ela tem por você. Ela está tão feliz por você a ter chamado. Você vai se unir à sua alma de uma maneira especial que irá ajudá-lo a despertar o chakra do coração. O Ser de Amor está presente para ajudá-lo. Observe sua alma aproximar-se de você, até ficar bem acima do topo de sua cabeça. A sua alma desce com facilidade e delicadeza, passando pelo seu chakra coronário e chegando ao seu chakra do coração. Sinta como ela se une a você com amor e brandura.

Una a jóia do chakra do coração
com a jóia da sua alma.

A sua alma desce até o seu chakra do coração, até que a jóia dela envolva a jóia desse centro. A jóia da sua alma é muito maior do que a jóia do seu chakra do coração; esta cabe dentro dela. A sua alma faz pequenos ajustes até que a jóia do seu chakra do coração esteja envolvida pela jóia do centro de sua alma e inteiramente contida dentro dela. Talvez haja um momento especial em que se pode ouvir um "clique" ou uma mudança qualquer no momento em que as duas jóias ficam alinhadas uma com a outra. Quando isso acontece, você poderá ter uma sensação quase física. Com esse alinhamento, a sua alma estimula o potencial de amor dentro do seu chakra do coração. A jóia do seu chakra do coração torna-se mais brilhante e mais linda. As pétalas do chakra do coração respondem, abrindo-se um pouco mais, de modo que a luz resplandecente da jóia do chakra do coração revela-se com mais plenitude.

Essas duas jóias existem em dimensões diferentes. A jóia do chakra do coração começa a vibrar em harmonia com a jóia da alma. Se ouvir com os ouvidos do Espírito, você pode quase escutar o som que elas estão emitindo. É como se elas fossem dois lindos cristais, emitindo juntos os seus tons puros. Os tons dessas duas jóias fundem-se e tornam-se um só, criando uma sinfonia de sons tão lindos, marcantes e profundos que levam cura e alívio a todo ponto em que tocam. Esse tom envia amor para os átomos e células de seu corpo. Sua melodia penetra no universo, como um feixe de amor, nutrindo tudo o que toca.

Convide o Ser de Amor para entrar no seu chakra do coração.

Você pode convidar o Ser de Amor para entrar no seu chakra do coração e ajudá-lo a expressar e a incorporar o amor da alma. Com a presença desse Ser no chakra do coração, você pode sentir um constante aprimoramento da sua capacidade de irradiar o amor da alma e um despertar permanente do seu chakra do coração. Para trazer esse Ser para o chakra do coração, imagine-se de um tamanho muito pequeno. Observe a jóia do seu chakra do coração como se ela fosse uma enorme e resplandecente jóia de luz situada bem à sua frente. Convide o Ser de

Amor para ficar no meio da jóia do seu chakra do coração. Você pode visualizar uma imagem muito pequena do Ser de Amor, de pé, no meio da jóia do seu chakra do coração. O seu chakra do coração torna-se ainda mais bonito e radiante de amor. Observe tudo o que puder e, depois, retorne ao seu tamanho normal. Você pode convidar o Ser de Amor para entrar no seu chakra do coração sempre que quiser, ou pedir que o Ser de Amor fique permanentemente em seu chakra do coração. Absorva esse maravilhoso amor e deixe o Ser de Amor ajudá-lo a despertar o chakra do coração e a expressar o amor da alma.

Viaje para a luz da jóia do chakra do coração.

Imagine o chakra do coração como o centro do seu ser, o seu verdadeiro eu. Esse é o eu sábio, sereno, clemente, imparcial e compassivo. Ao fundir-se com a jóia da sua alma, a luz que vem do chakra do coração dissolve e transforma suas energias interiores que não refletem o seu verdadeiro ser e promove a evolução delas. Ela elimina preocupações, tensões, medos, sombras do passado e todas as outras coisas que o impedem de conhecer o amor da alma.

A sua alma transfere para você a energia da força vital que ela tem, através de seu chakra do coração. Imagine o amor da alma fluindo de seu chakra do coração para o coração físico e daí para a corrente sangüínea. Imagine a luz cintilante da sua alma passando por sua corrente sangüínea e fazendo circular um amor puro pelo seu corpo. Essa corrente de amor flui através de suas artérias e veias, promovendo sua purificação, revitalização e rejuvenescimento. A sua alma está levando a energia da força vital para todas as partes do seu corpo. Sinta isso como um puro e perfeito fluxo espiritual de vida a se mover através de seu corpo. Imagine a circulação de amor e energia ocorrendo livremente e tocando cada parte de seu corpo. À medida que a sua alma vitaliza o chakra do coração, você pode se sentir mais vivo e com mais energia.

Pratique repetidas vezes a fusão com a sua alma e o alinhamento da jóia do seu chakra do coração com a jóia da sua alma. Fique atento às sensações e imagens sutis que podem ser criadas quando se dá esse passo.

Agradeça ao Ser de Amor que se juntou a você. Reserve um momento para sentir o chakra do coração desse Ser. Observe o seu próprio chakra do coração e imagine que ele está ficando parecido com o chakra do coração do Ser de Amor. Imagine as pétalas do seu chakra do coração abrindo-se e a jóia entre elas tornando-se mais visível. A jóia do chakra do coração e a jóia da alma estão emitindo juntas uma nota de amor. Sinta o amor da alma irradiando de você e fluindo para todas as pessoas que você conhece.

Contato com a Alma

Selecione um ou mais modos de despertar o seu chakra do coração:

1. Viaje até o Templo e veja a jóia do seu chakra do coração como um diamante multifacetado. Ao olhar para ele, imagine-se indo para um local sagrado dentro de si mesmo. Ele é tão lindo que você se sente mais pleno e realizado só de olhar para ele.
2. Receba a transmissão do Ser de Amor para despertar o seu chakra do coração. Quando estiver recebendo essa transmissão, declare que você está pronto para expressar mais amor em sua vida cotidiana.
3. Sempre que você sentir medo, diga para si mesmo: "Sempre estou seguro e protegido". Sinta o Ser de Amor chamar seres superiores e anjos para ajudar você.
4. Alinhe a jóia do seu chakra do coração com a jóia da sua alma. Pratique isso com freqüência, imaginando um "clique" ou alguma outra mudança no momento em que elas se juntam. Ouça com os ouvidos do Espírito o lindo som que elas criam juntas.
5. Convide o Ser de Amor para entrar no seu chakra do coração sempre que você quiser se sentir mais afetuoso ou agir de forma mais amorosa. Observe qualquer mudança em sua capacidade de sentir e de expressar amor.
6. Sinta hoje o seu chakra do coração como uma luz brilhante que se estende para além do seu corpo, levando um toque de amor para todas as pessoas à sua volta.

7. Se você estiver doente, cansado ou se quiser, simplesmente, mais energia, una a jóia do seu chakra do coração com a jóia da sua alma. Imagine o amor da alma fluindo do seu chakra do coração e entrando em seu coração físico e, depois, em sua corrente sangüínea, revitalizando-o e rejuvenescendo-o.

Capítulo 8

Ligação Espiritual

A luz irradia do seu chakra do coração
para o chakra do coração de uma outra pessoa.
Com a Luz Solar sobre ambos,
forma-se um triângulo de luz e se estabelece uma
ligação espiritual.

A ligação espiritual é uma maneira de despertar os chakras do coração e expressar o amor da alma para as outras pessoas. Trata-se de uma habilidade importante, que você pode usar para aprofundar os seus relacionamentos. Para fazer a ligação espiritual, você será orientado a estabelecer certos padrões de luz com as pessoas. Você pode praticar esses padrões primeiro mentalmente, quando as outras pessoas não estiverem fisicamente presentes. Com a prática, você poderá criar esses padrões de luz de forma fácil e automática, sempre que estiver com as pessoas. Os padrões de luz da ligação espiritual e as imagens que você usa não precisam ser exatos. Trabalhe com as imagens apresentadas e use-as de qualquer maneira que funcione para você. Você pode modificá-las, torná-las mais nítidas ou criar novas imagens.

A ligação espiritual é uma maneira de irradiar amor para as pessoas. Irradiar amor poderá parecer-lhe algo como "enviar" amor para os outros. Mas você não está realmente enviando amor. A recepção acontece instantaneamente pelo princípio da ressonância. Você talvez tenha sentido isso quando estava perto de uma pessoa feliz e, subitamente, você também decidiu ficar mais feliz. A outra pessoa não lhe enviou felicidade; em vez disso, você começou a entrar em ressonância com as vibrações de felicidade dessa pessoa. A felicidade que você sentiu não foi a da outra pessoa, mas a sua própria. Você poderia optar por sentir ou não a felicidade. Da mesma forma, ao fazer a ligação espiritual, você não está enviando energia aos outros. Você está irradiando as diversas qualidades do amor da alma, porque você mesmo as sente. Se os outros também sentirem essas qualidades, isto terá acontecido porque eles estão em ressonância com as qualidades do amor que você está irradiando e optaram por senti-las.

Feche os olhos por um momento e deixe a imagem de alguém entrar em sua mente, para fazer com ela uma ligação espiritual e irradiar-lhe amor. Você pode fazer uma ligação espiritual para aprofundar o relacionamento com uma pessoa especial ou com alguém que você ainda não conheceu, como uma alma gêmea. Você pode estabelecer uma ligação espiritual com amigos e entes queridos, com seus filhos, seus pais, seus parentes e colegas de trabalho. Você pode estabelecer uma ligação espiritual com pessoas que você conheceu no passado ou que virá a conhecer no futuro. Você pode estabelecer uma ligação espiritual para completar ou continuar um relacionamento com alguém que morreu ou que esteja em coma, pois as almas podem estabelecer contato através do tempo e do espaço.

Crie uma linha de luz entre
o seu chakra do coração e o chakra
do coração de uma outra pessoa.

Imagine que a pessoa que você escolheu esteja diante de você. Deixe a imagem do corpo dessa pessoa desvanecer-se até que você visualize o chakra do coração dela como uma luz resplandecente. Evoque a sua alma. Observe enquanto ela desce através do seu chakra coronário e chega até o seu chakra do coração. Observe enquanto a jóia do seu chakra do coração alinha-se com a jóia da sua alma. Com esse alinhamento, você pode imaginar uma luz cintilante e tremeluzente, parecida com um diamante, irradiando-se a partir do seu chakra primário do coração. Imagine um raio de luz saindo do seu chakra do coração e tocando o chakra do coração da outra pessoa. Você pode usar qualquer imagem que lhe pareça apropriada. Algumas pessoas imaginam um raio de luz fazendo a ligação entre os chakras do coração. Algumas percebem um cordão, um filamento, uma faixa de luz estreita ou larga, ou raios de luz tremeluzente fluindo a partir dos seus chakras do coração e chegando até o chakra do coração da outra pessoa. Você poderia detectar um raio de luz após outro indo de seu chakra do coração até o chakra do coração da outra pessoa ou, então, um raio contínuo. Você poderia simplesmente sentir que o seu chakra do coração está se tornando tão brilhante que a luz emitida por ele chega até o chakra do coração da outra pessoa. O importante é que haja um sentimento de ligação entre os dois chakras do coração.

Estou usando a imagem de uma linha de luz como um símbolo para uma ligação de corações. Escolha qualquer representação ou imagem que sirva para ajudá-lo a se lembrar de fazer uma ligação de coração para coração quando você estiver com outras pessoas. E também não há nenhum problema se você não usar nenhuma imagem. Simplesmente sentir ou ter a intenção de fazer uma ligação entre corações é o que basta para esse primeiro passo da ligação espiritual.

Faça a ligação com a alma da outra pessoa.

O segundo elemento importante da ligação espiritual é tomar consciência da sua alma e das almas das outras pessoas, no momento de estabelecer a ligação. Ao fazer isso, você fortalece a ligação com a sua própria alma. Você passa a perceber que tem uma conexão com a alma das outras pessoas que é ainda mais importante do que o relacionamento que a sua personalidade tem com elas. Quando você faz uma ligação com a alma das outras pessoas, passa a ser mais fácil agir em favor da alma dessas pessoas, do que se deixar influenciar pelas vontades da personalidade delas.

Faça mais uma vez a ligação com o coração da pessoa para a qual você optou por irradiar amor. Descubra tudo o que puder a respeito do modo como você sente a alma dela. Você poderá sentir a alma dessa pessoa de diversas maneiras. Você poderá sentir mais amor, compaixão ou paz ao ligar-se à alma dessa pessoa. Você talvez sinta com mais nitidez a sua própria alma ou observe a existência de mais luz. Detecte tudo o que você puder sobre a sua ligação espiritual e sobre como ela difere da ligação entre personalidades. Deixe de lado as questões da sua personalidade e aprecie a luz e a beleza da alma dessa pessoa. Não há problema se você não sentir nada. A intenção de fazer uma ligação com a alma da outra pessoa é o que basta para que a ligação ocorra.

Imagine a Luz Solar sobre vocês dois.

Um último passo da ligação espiritual é imaginar a Luz Solar sobre vocês dois, enquanto ambos mentalizam uma linha de luz ligando os seus chakras do coração. Isso traz o amor mais elevado e a luz da unicidade para o relacionamento de vocês e faz com que ambos fiquem ligados por um propósito superior. Além disso, as relações entre vocês serão iluminadas pela Luz Solar, que traz mais harmonia, beleza, equilíbrio e lucidez para o relacionamento. Cada vez que se concentra na Luz Solar, você expande o potencial de amor entre vocês. Se pensar na Luz Solar sobre vocês dois enquanto estabelece a ligação espiritual, será mais fácil para você sentir a sua alma e irradiar o amor dela.

Trace uma linha de luz entre o seu chakra do coração e a pessoa com a qual você acabou de estabelecer a ligação. Observe a Luz Solar sobre ambos. Observe como um raio de luz se desprende da Luz Solar, passando pelo seu chakra coronário, invadindo seu chakra do coração e, em seguida, partindo em direção ao chakra do coração da outra pessoa, por meio da ligação existente entre vocês. A Luz Solar desce através do chakra coronário da outra pessoa, chega ao chakra do coração e, então, flui para o seu chakra do coração.

Você formou um triângulo de luz entre você e a outra pessoa. A Luz Solar está no topo do triângulo. A base do triângulo é a linha de luz entre os chakras do coração de vocês. A Luz Solar está circulando através desse triângulo. Quando você traça uma linha de luz entre seu chakra do coração e o chakra do coração de uma outra pessoa, sente a sua alma e a alma da outra pessoa e ilumina essa ligação com a Luz Solar, você está fazendo uma *ligação espiritual.*

Embora eu tenha usado a Luz Solar como a luz superior com a função de orientar o relacionamento de vocês, você pode usar qualquer luz superior que funcione para você. Poderia ser uma estrela ou um Ser elevado como um anjo, um Ser de Luz, um Mestre, Deus, a Deusa, Tudo-Que-Existe, etc. O importante é que vocês estejam conscientes de uma luz que é superior à alma de ambos e que está orientando vocês a fazerem uma ligação espiritual. A Luz Solar harmoniza, equilibra e eleva as energias entre vocês e faz com que ambos dirijam a atenção para cima, de onde vem a luz. Você talvez queira trabalhar primeiro com a imagem da Luz Solar sobre ambos e, mais tarde, experimentar outros tipos de luz que possam orientar o relacionamento durante a ligação espiritual.

Convide o Ser de Amor para entrar no seu chakra do coração enquanto você faz a ligação espiritual.

Ao fazer a ligação espiritual, você pode aprofundar os seus relacionamentos convidando o Ser de Amor para entrar no seu chakra do coração. Você pode pedir que esse Ser esteja presente para ajudá-lo a sentir ou a agir de forma mais afetuosa. O Ser de Amor pode ajudá-lo, se você estiver em situações difíceis ou se precisar de força ou coragem para amar da forma como ama a sua alma. Faça a ligação espiritual com a pessoa escolhida. Trace uma linha de luz entre os seus chakras do coração, estabeleça uma ligação com a alma da outra pessoa e imagine a Luz Solar sobre vocês dois. Convide o Ser de Amor para entrar no seu chakra do coração. Observe a ocorrência de qualquer mudança enquanto você faz isso. Imagine-se amando, pensando e agindo como o Ser de Amor. Pergunte a si mesmo: "Na condição de um Ser de Amor, como eu expressaria o amor da alma por essa pessoa?" Deixe o Ser de Amor estimular a sua capacidade de amar com ternura, com sabedoria e com compaixão. Você age com amor e sabedoria não para confortar a personalidade das pessoas, mas para ajudá-las a crescer e a evoluir espiritualmente.

Preste atenção à sua energia para saber se o seu amor está sendo recebido.

Agora que você praticou a ligação espiritual, você pode aprender alguns princípios relativos à energia da irradiação de amor. Isso irá prepará-lo para irradiar as diversas qualidades do amor da alma que você irá descobrir no futuro. Esses princípios ensinam a você o modo como a energia atua — como saber se outras pessoas optaram por entrar em ressonância com o seu amor, como aumentar a sua irradiação de amor e como saber qual é o momento de parar de irradiar amor.

Faça uma ligação espiritual com a pessoa que você escolheu. Imagine uma linha de luz entre os seus chakras do coração. A Luz Solar está sobre ambos. Sinta a sua alma e a alma da outra pessoa. Irradie amor para ela, um amor que eleva, acalma e conforta. Você pode saber se a outra pessoa está recebendo o seu amor observando a si mesmo. Preste atenção nos seus sentimentos, nos seus pensamentos e na sua energia. Se a outra pessoa estiver recebendo o amor que você está irradiando, você se sentirá mais receptivo, expansivo, alegre ou afetuoso durante a ligação espiritual. Você talvez sinta mais facilidade para sentir a sua própria alma e para entrar em contato com ela.

Não confie na reação externa das pessoas para saber se elas receberam ou não o seu amor. Elas talvez não apresentem nenhuma reação que possa ser avaliada ou observada. Ou, então, elas poderão responder tornando-se mais amorosas, receptivas ou, de alguma maneira, agindo de forma diferente. Mais importante do que as reações das outras pessoas é a capacidade cada vez maior que você tem de sentir a sua alma e de irradiar o amor da alma. Você pode saber que a outra pessoa está em ressonância com o amor que você está irradiando, ao constatar que a cada dia se sente mais alegre e mais disposto a se ligar à alma dessa pessoa.

Irradie mais amor ainda
se sentir que o seu amor
está sendo recebido

Se as pessoas estiverem respondendo ao amor que você está irradiando, você pode irradiar mais amor ainda de diversas maneiras. Você pode exaltar a qualidade do amor que você está irradiando, de forma tão completa quanto é capaz de sentir ao fazer a ligação espiritual. Além disso, você pode aumentar a sua irradiação de amor, emitindo diferentes qualidades de luz do seu chakra do coração para o chakra do coração da outra pessoa. Por exemplo: irradie uma luz suave, harmoniosa e tranqüilizadora pelo seu chakra do coração. Acrescente a cor rosa. Faça com que a sua luz do coração seja resplandecente ou sinta-a como uma luz pulsátil.

Ao aumentar o amor que você está irradiando, algumas pessoas poderão não apenas responder a ele como também irradiar mais amor. Você pode saber que isso está acontecendo por uma sensação de arrebatamento – você sentirá mais alegria, luz e amor. Essa é uma das recompensas da ligação espiritual: o prazer de trabalhar com outras pessoas quando elas respondem e entram em ressonância com o amor da alma que você está irradiando. Se isso acontecer, você terá produzido uma mudança na sua capacidade e na capacidade das outras pessoas de conhecer a própria alma e despertar os seus chakras do coração. Pratique a ligação espiritual com várias pessoas todos os dias e aumente a sua irradiação de amor sempre que sentir que essa é a coisa certa a fazer.

Saiba quando parar de irradiar amor.

Em algum momento, chegará a hora de interromper a ligação espiritual. Você terá irradiado todo o amor que a outra pessoa pode receber. Isso poderá ou não ocorrer quase que imediatamente após o estabelecimento da ligação espiritual. Às vezes as pessoas entram em ressonância com você e respondem à sua ligação espiritual, fazendo com que a energia entre vocês aumente. Todavia, sempre haverá um momento em que a ligação entre vocês estará completa e, então, terá chegado a hora de interromper a ligação espiritual. Você pode saber quando é hora de interromper a ligação espiritual prestando atenção a si mesmo. Manter a ligação talvez não lhe pareça mais agradável ou fácil. Você poderá simplesmente parar, sem saber por que fez isso. Você poderá sentir como se estivesse tendo de se esforçar muito para estabelecer uma ligação. Quando isso acontece, continuar com a ligação espiritual poderá deixá-lo esgotado, porque a sua energia não terá para onde ir. (A outra pessoa, contudo, irá se sentir bem.) Interrompa a ligação espiritual quando for difícil continuar mantendo-a. Se isso acontecer, saiba que você irradiou todo o amor que era apropriado irradiar no momento.

Não fique curioso para ver as conseqüências ou os resultados dessa ligação, para saber se a sua ligação espiritual está funcionando. Você não pode prever resultados, saber quando eles irão ocorrer ou que forma irão tomar. A ligação espiritual não dá nem garante um determinado resultado, pois você nunca poderá saber de que modo os outros irão reagir ao amor que você está irradiando. Ao fazer uma ligação espiritual, você está trabalhando num nível interior, de alma para alma. Trabalhar nesse nível pode produzir mudanças importantes e positivas em você mesmo e em seus relacionamentos, embora não seja essa a razão pela qual você está trabalhando nesse nível.

Você pode irradiar amor para os outros sem usar as imagens que você acabou de aprender para fazer a ligação espiritual. Os passos aqui apresentados ensinam a estabelecer uma ligação entre corações e entre almas sob a orientação de uma luz superior. Depois que tiver aprendido a se ligar às outras pessoas dessa maneira, você poderá optar por usar essas mesmas imagens, criar suas próprias imagens ou, simplesmente, irradiar amor sem usar nenhuma imagem. Descubra por si mesmo maneiras de estabelecer uma ligação elevada e afetuosa com os outros.

As pessoas com as quais você estabelece uma ligação espiritual não precisam ter consciência de que você está se ligando a elas. Você está enviando amor para as almas dessas pessoas e tem uma luz superior a orientá-lo. Quando você se liga às outras pessoas dessa maneira, você está modificando a si mesmo e a sua realidade e não a realidade delas. Você está construindo um alicerce de amor que pode posteriormente manifestar-se como ações, palavras e comportamentos cheios de amor. Não há também nenhum problema se você quiser ensinar os outros a estabelecer uma ligação espiritual com você. Nesse caso, eles poderão se empenhar para mudar a realidade deles, enquanto você se empenha para mudar a sua.

Irradiar amor para os outros pela ligação espiritual é um procedimento seguro. Você nunca poderá controlar os outros por meio da ligação espiritual e nem poderá ser influenciado ou controlado, se os outros estiverem fazendo uma ligação espiritual com você. Ao irradiar o amor da alma, você está irradiando energia linda e sutil do amor. As pessoas podem usar essa energia da forma que quiserem ou, então, ignorá-la por completo. A irradiação do amor da alma é sempre uma dádiva de energia que pode fortalecer, dar mais autonomia às outras pessoas e oferecer a elas uma oportunidade para despertar os seus chakras do coração e conhecer mais o amor, se elas optarem por agir assim.

Se as pessoas irradiarem amor da alma para você, a decisão de usar ou não esse amor ou responder a ele é sempre sua. Quando as pessoas irradiam amor da alma para você, elas estão lhe oferecendo uma dádiva de amor, a qual sempre contribui para aumentar a sua força pessoal. Você poderá usá-la para sentir-se elevado, expandido, mais sábio ou mais amoroso e cheio de energia. Agradeça aos outros pelo amor que eles lhe oferecem ao fazer uma ligação espiritual com você e, em retribuição, irradie o amor da alma para eles.

Ligação Espiritual

Contato com a Alma

Faça uma ligação espiritual com as pessoas mentalizando uma linha de luz entre o seu chakra do coração e o chakra do coração da outra pessoa. Imagine a Luz Solar sobre vocês, descendo pelo chakra coronário de ambos e formando um triângulo de luz entre vocês dois. Pratique a ligação espiritual com várias pessoas, enquanto estiver fazendo alguma atividade com elas. Escolha a partir da lista abaixo algumas maneiras de fazer a ligação espiritual.

1. Faça uma ligação espiritual e imagine que você é a sua alma. Observe qualquer mudança no modo como você se sente, fala ou reage.
2. Faça uma ligação espiritual e sinta a alma das outras pessoas. Observe qualquer diferença no modo como você se sente ou naquilo que você pensa a respeito delas, nos atos que você quer praticar ou nas palavras que você quer falar enquanto faz essa ligação.
3. Preste atenção na Luz Solar sobre vocês durante a ligação espiritual. Observe de que modo a Luz Solar aumenta a harmonia, a beleza, o equilíbrio e a clareza dessa ligação. Descubra de que modo a sua ligação está se tornando mais linda e perfeita a cada momento.
4. Convide o Ser de Amor para entrar no seu chakra do coração em várias situações diferentes. Observe como você iria agir, pensar ou sentir de forma diferente se nessas situações você amasse como o Ser de Amor ama.
5. Faça a ligação espiritual e irradie amor para várias pessoas, observando a sua própria energia enquanto faz isso. Continue enquanto você se sentir expandido e elevado.

6. Se pensamentos relativos a diversas pessoas invadem a sua mente hoje, faça uma ligação espiritual com essas pessoas e, em vez de continuar pensando nelas, irradie amor.

Capítulo 9

A Serenidade do Amor

Você sente as qualidades magnéticas, amplificadoras,
transparentes e receptivas do amor da sua alma.
Você conhece a serenidade do amor da alma.

Todas as qualidades do amor da alma que você irá praticar neste capítulo, para despertar o seu chakra primário do coração, são aspectos da serenidade. A serenidade é uma conseqüência do fato de você amar do modo como a sua alma ama. Você atrai amor em vez de se esforçar tanto para tê-lo. Você amplifica o amor em vez de reagir à ausência dele. Você permanece neutro e é transparente para as energias existentes à sua volta. Você mantém o amor fluindo por aceitar as pessoas e deixar que elas sejam o que são. Quando você ama como a sua alma, você ama incondicionalmente e não precisa receber nada em troca do seu amor.

Ao continuar a leitura, você terá oportunidades para estabelecer uma ligação espiritual e irradiar as qualidades do amor da alma para alguém especial. Você pode irradiar as qualidades do amor da alma sempre para a mesma pessoa ou pode trabalhar com várias pessoas diferentes. Ao irradiar o amor da alma, convém escolher a mesma pessoa para com ela estabelecer uma ligação, pois assim você estará plantando as sementes de amor que posteriormente irão se manifestar na forma de mudanças positivas em seu relacionamento com essa pessoa. Se, depois de ter escolhido uma determinada pessoa com a qual fazer uma ligação espiritual, o nome de uma outra lhe vier à mente, faça a ligação espiritual também com esta última. Deve existir alguma importante razão no nível da alma para você sentir-se inclinado a fazer uma ligação espiritual com essa pessoa, justo quando está praticando uma qualidade específica do amor da alma. Haverá alguma coisa relativa a essa qualidade que irá curar, promover a evolução ou levar esse relacionamento para o seu próximo nível. Depois disso, continue a fazer a ligação espiritual com a pessoa que você inicialmente escolheu, se ainda sentir que essa é a melhor coisa a fazer.

Você pode irradiar as qualidades do amor da alma tanto para grupos quanto para uma determinada pessoa. Os seus chakras do coração despertam pela consciência do grupo, pelo amor ao grupo e pela atividade do grupo. Depois que você aprender a fazer círculos de amor com grupos (Capítulo 21), como sua família, seus amigos e seus colegas de trabalho, pratique as qualidades do amor neste capítulo e nos capítulos seguintes e use-as, sempre que for apropriado, em seu trabalho de grupo.

Fique em silêncio e peça que a sua alma lhe mostre a pessoa com a qual ela gostaria que você fizesse uma ligação espiritual, para promover o desenvolvimento da relação entre vocês. Pode ser uma pessoa com a qual você já fez uma ligação espiritual no passado ou uma pessoa diferente. Deixe alguém invadir os seus pensamentos. Se ninguém lhe vier à mente, pense num relacionamento importante que você gostaria de aprimorar e faça uma ligação espiritual com essa pessoa, enquanto você pratica essas qualidades do amor da alma.

Saiba que o amor é
a energia mais poderosa
do universo.

Existem muitas energias neste universo — a energia das vontades, dos desejos e das emoções das outras pessoas, que flui, enquanto elas tentam levá-lo a fazer o que elas querem; a energia da sua alma conduzindo-o ao longo do seu caminho; a energia da Luz do Sol, que leva todo tipo de vida de volta à sua origem; e assim por diante. Você vive num mundo de energia. Você sente a energia existente ao seu redor e é o tempo todo influenciado por ela.

Não existe nenhuma energia mais poderosa do que o amor. Ao aprender a amar como ama a sua alma, você está trazendo para a sua vida a força mais poderosa do universo. O amor faz milagres, cura todas as feridas e purifica todas as energias inferiores. Você não pode esgotar o amor porque quanto mais você dá, mais você irá receber de volta. Quando você opta pelo amor, você cria o que há de melhor para si e para os outros. Oferecer amor é sempre a escolha correta. Com amor, você pode transformar, purificar, neutralizar, elevar, expandir, ligar, harmonizar, equilibrar, amplificar, magnetizar, aceitar e acrescentar luz e beleza a toda energia que existe ao seu redor. Você pode transformar as emoções e os pensamentos das pessoas ou pode ser imune a eles; pode neutralizar energias "negativas" e harmonizar-se com todo tipo de vida no universo. Toda energia do universo reage positivamente ao amor.

Seja amor. Traga amor para um círculo de vida cada vez maior.

Para conhecer a serenidade do amor da alma, comece por inspirar, enchendo seu corpo com Luz Solar. Acalme as suas emoções. Expire todos os pensamentos que você não queira. Você já sabe como chamar a sua alma até você e como se fundir com ela, sem precisar ir ao plano da alma. Além disso, você pode fundir-se com sua alma e alinhar a jóia do seu chakra do coração com a jóia de sua alma simplesmente pensando nisso. Chame a sua alma para junto de você agora e sinta sua linda presença envolvendo-o suavemente. A jóia da alma desce pelo seu chakra coronário até envolver a jóia do seu chakra do coração. Sinta a mudança ou o "clique" quando as duas jóias entram em alinhamento. Imagine uma linda luz irradiando o seu chakra do coração quando essas duas jóias se juntam. Sinta a sua alma como uma esfera de luz resplandecente ao redor de você.

O amor da alma flui para dentro do seu chakra do coração quando essas duas jóias se juntam. Imagine o seu chakra do coração tão radiante de amor que este flui a partir dele, criando um campo de amor ao redor de você. O amor irradia-se para fora, a partir da jóia do seu chakra do coração, e vai até bem além de seu corpo. Esse campo de amor que se irradia a partir do seu centro do coração apresenta muitas propriedades e qualidades. O amor da alma que se irradia a partir do seu chakra do coração pode ser magnético e transparente. Ele pode amplificar, aceitar e permitir o amor, além de fluir para fora de forma livre e incondicional. A partir de seu sereno chakra de amor, a sua alma conhece apenas a paz e uma certeza de que tudo está bem. A sua alma sabe que não há nada a temer, nada contra o que você precise se defender e nada que possa causar-lhe aborrecimentos. A sua alma sabe que o amor é a energia mais poderosa do universo e sabe como amar.

Magnetize o amor e todas as coisas boas para si mesmo.

A sua alma está em paz porque sabe como magnetizar amor. A sua alma não precisa se esforçar para obter amor. Ela sente o tempo todo uma abundância de amor. Você pode sentir a qualidade magnética do amor da alma e atrair amor e todas as coisas boas para si mesmo. Sinta a qualidade magnética desse campo de amor que emana do seu chakra do coração. Imagine anéis magnéticos de amor abrindo-se em espiral a partir do seu chakra do coração e atraindo amor para você em todas as suas formas, aspectos e expressões. Ao irradiar o amor da alma você estará atraindo a beleza e o amor que existem dentro das pessoas e todas as coisas boas que o universo tem a oferecer.

Muitas das coisas que as pessoas fazem pelas outras têm como propósito receber amor em troca. Talvez lhe tenha sido ensinado que amor era algo que você tinha de conquistar exibindo um bom comportamento e satisfazendo as necessidades das outras pessoas. Você talvez tenha tido problema em estabelecer limites para as outras pessoas, achando que, ao agir assim, você pudesse ferir os sentimentos delas ou perder o seu amor. Se você acha que o amor vem até você apenas quando você o conquista ou o merece, chegou a hora de conhecer a qualidade magnética do amor da alma.

Reflita a respeito do seu relacionamento com a pessoa que você escolheu para fazer uma ligação espiritual. Você está se esforçando para conquistar o amor dessa pessoa, fazendo coisas que na verdade não quer fazer? Você está dividido entre fazer o que você acha que a outra pessoa quer que você faça, para que ela venha a amá-lo, e realizar as suas próprias metas e aspirações, seguindo as orientações da sua alma? O que você acha que essa pessoa poderia fazer ou como ela poderia se sentir caso você parasse de fazer as coisas que está fazendo para conquistar amor?

Sinta o seu chakra do coração repleto com o amor magnético da alma. O importante não é o que você diz ou faz; o que atrai as pessoas até você e as mantém ao seu lado é o amor que constitui a essência do seu ser. Encha o seu chakra do coração com o amor da sua alma. Faça uma ligação espiritual e irradie a qualidade magnética do amor para a pessoa escolhida. Sinta como o seu amor é magnético e faz com que, em retribuição, você também receba amor.

Traduza a sua ligação da alma na forma de uma declaração que define para você a sua nova maneira de encarar esse relacionamento. Você poderia dizer alguma coisa como: "Ofereço a você o amor da alma, a dádiva mais importante que posso lhe dar. Eu agora magnetizo aquilo que o nosso relacionamento tem de melhor e mais elevado para oferecer". Se for oportuno, você também pode acrescentar: "Eu não me esforçarei mais para conquistar o seu amor. Não tentarei conquistar o seu amor adivinhando e satisfazendo as suas necessidades. Vou respeitar a sua capacidade de satisfazer as suas próprias necessidades". Reserve um momento para pensar em todo o amor que você recebeu dessa pessoa. Sinta-se grato pelo quanto você já é capaz de atrair o amor. Reconheça todas as maneiras pelas quais você atrai o amor para si de forma fácil e natural.

Sinta a diferença entre ser magnético para o amor e ter de se esforçar muito para obter amor. Ao magnetizar o amor você permanece no centro do seu ser e em contato com a sua alma. O amor flui a partir de você e atrai amor até você. Você não desloca a sua consciência até as outras pessoas para prever as necessidades e os caprichos delas e, então, poder comportar-se de determinadas maneiras com o propósito de conquistar-lhes o amor. Ao tornar-se magnético em relação ao amor, você deixa de fazer coisas que na verdade só faz para que os outros venham a amá-lo. Em vez disso, você faz coisas que gosta de fazer. Ao tornar-se magnético ao amor você deixa de depender de uma pessoa como sua fonte de amor; você pode receber amor de todo e qualquer lugar. Você está em paz porque sabe que pode sentir a abundância do amor ao irradiar o amor da alma, o qual atrai até você amor em todas as suas formas e expressões.

Neste capítulo e nos capítulos seguintes você receberá algumas sugestões de afirmações que você poderá dizer mentalmente para si mesmo ou para outra pessoa. Elas podem ajudá-lo a traduzir em palavras as qualidades do amor da alma que você acabou de irradiar. Revise essas afirmações, atualize-as e aperfeiçoe-as. Transforme-as em afirmações que irão orientá-lo na expressão do amor de sua alma em seus relacionamentos cotidianos com as pessoas. Ao fazer mentalmente essas afirmações, observe qualquer mudança que elas provoquem no modo como você se sente em relação a si mesmo e aos seus relacionamentos. Ao dizer essas coisas mentalmente, um outro tipo de energia flui de você. Quer os outros saibam ou não o que você disse, a mudança que isso produz em você irá modificar o relacionamento entre vocês de alguma maneira positiva.

Amplifique o amor para aumentá-lo.

O amor da alma é sereno porque ele amplifica o amor. A sua alma sabe que sempre pode encontrar amor em toda pessoa e em toda situação. Ao amplificar o amor, você passa a enxergá-lo mesmo quando ele parece estar ausente ou oculto. Desse modo, você pode agir de maneiras mais amorosas mesmo quando estiver perto de pessoas que estão sendo hostis. Você pode ajudar os outros a despertar o amor que está adormecido dentro deles. Mesmo a situação mais difícil contém sementes de amor que estão prontas para vir à superfície.

Imagine-se saindo ao ar livre numa noite clara para ver as estrelas. No início, você talvez não veja nada, exceto as estrelas mais brilhantes. À medida que você continua a olhar, mais estrelas tornam-se visíveis, até que você passa a ver estrelas em toda parte. Isso assemelha-se ao modo como a sua alma amplifica e ilumina o amor. Reserve um momento e deixe a sua alma amplificar e fortalecer o amor que está dentro de você. Assim como você pode ver estrelas numa noite clara, imagine que você é capaz de enxergar uma porção maior do amor que existe dentro de você. Agradeça por todo o amor, compaixão e bondade que você já expressa e incorpora. Ao amplificar o amor dentro de si mesmo, você passa a ter mais amor para oferecer aos outros.

Funda-se com a sua alma e sinta o campo de amor que emana de seu chakra do coração, enquanto você alinha a jóia do seu chakra do coração com a jóia da sua alma. Faça uma ligação espiritual com a pessoa que você escolheu. Sinta o amor da alma fluindo do seu chakra do coração e chegando ao chakra do coração da outra pessoa. Concentre-se no aspecto do amor da alma que amplifica o amor. Imagine que você está tornando mais visível todo o amor que está presente em você mesmo, no relacionamento e na outra pessoa. Reconheça tudo que há de bom e lindo nessa pessoa, tanto as qualidades já demonstradas como aquelas que estão emergindo. Ignore qualquer coisa de que você não goste em relação a essa pessoa.

Faça uma afirmação que reflita a sua decisão de amplificar o amor, tal como: "Trabalharei no nível da alma para aumentar o amor que existe entre nós. Agora amplificarei o amor para que possamos conhecer novas qualidades e expressões do amor, encontrar novas maneiras de amar e levar amor para novos aspectos do nosso relacionamento". Reconheça e valorize a si mesmo por todas as vezes em que você já se concentrou e trouxe à superfície o que há de bom e lindo nessa pessoa e no relacionamento existente entre vocês.

Você pode fazer uma ligação espiritual e concentrar-se em amplificar a qualidade do amor da alma caso você e a outra pessoa tenham brigado ultimamente ou se você estiver se sentindo rejeitado ou menosprezado por ela ou tendo dificuldade para reconhecer o que há de bom nessa pessoa ou numa dada situação. Se houver algum problema entre vocês, pense nessa questão enquanto faz a ligação espiritual e irradia amor, amplificando tudo o que há de bom e toda a luz existente entre vocês. Você pode continuar trabalhando nesse nível da alma, até que o amor oculto ou ausente venha à tona. Trabalhar nesse nível aumenta a sua capacidade de amar e torna mais fácil saber como agir com amor.

Você pode fazer a ligação espiritual e amplificar a qualidade do amor da alma, mesmo se já sentir amor pela pessoa, pois isso levará o relacionamento de vocês para um novo nível. Você pode pedir que o Ser de Amor entre em seu chakra do coração para ajudá-lo a amplificar o amor. Trabalhe nesse nível interior e aja apenas quando sentir que é o momento apropriado. Amplificar e aumentar o amor entre você e as outras pessoas não significa que você precise encontrá-las com maior freqüência ou trazê-las para mais perto de si. Você pode aumentar o amor entre vocês e optar por reduzir ou ampliar o tempo que você passa com a outra pessoa ou, ainda, continuar a proceder como antes.

Irradie amor transparente.

O amor da alma é sereno porque é transparente. A sua alma oferece um amor que não acrescenta nada de sua própria natureza às energias existentes ao seu redor. O seu amor flui para fora de forma transparente, sem interferir nas energias com as quais ele entra em contato nem ser modificado por elas. A sua alma pode ser transparente para qualquer tipo de energia que não seja o amor; ela pode escolher com quais energias ela entrará em ressonância. Você pode sentir a serenidade do amor transparente, um amor que não cria nenhuma resistência, que não impõe aos outros nenhuma de suas próprias freqüências nem é influenciado pela energia das outras pessoas.

Imagine-se junto à pessoa que você escolheu. Como você ama essa pessoa? Você tenta influenciar ou modificar a outra pessoa com o "aroma" e a "cor" de seus sentimentos e pensamentos? A outra pessoa às vezes resiste ao seu amor? Encha o seu chakra do coração com o amor da alma e sinta um campo de amor emanando a partir do seu chakra do coração. Concentre-se no aspecto do amor da alma que é invisível e transparente. Imagine ondas de amor transparente fluindo do seu chakra do coração e indo até a outra pessoa quando você faz a ligação espiritual. Você não está interferindo com a outra pessoa, nem está tentando modificá-la em nada. Torne-se a essência do amor, um amor que toca todo tipo de ser vivo, mas que não interfere com ele nem lhe acrescenta o seu próprio colorido.

Pense numa situação na qual você possa ter-se sentido tentado a interferir ou a impor as suas próprias energias enquanto estava se relacionando com uma determinada pessoa. Em vez disso, imagine-se irradiando a qualidade transparente do amor da alma. Você ama sem tentar influenciar, modificar ou afetar a outra pessoa por meio de seus sentimentos e pensamentos. Você poderia criar para si mesmo uma afirmação do tipo: "Eu amo você com um amor que é transparente e que não o influencia com minhas emoções, desejos ou vontades". Pense em algumas das ocasiões em que você já demonstrou essa qualidade, oferecendo amor sem tentar influenciar ou modificar a outra pessoa.

Em que medida você pode ser neutro quando está junto dessa pessoa num momento em que ela está aborrecida ou infeliz? Em que medida você pode ser transparente para as fortes opiniões que essa pessoa possa ter ou para qualquer expectativa da parte dela em relação ao modo como você deveria ser? Irradie a qualidade transparente do amor da alma quando você estiver com essa pessoa e quiser permanecer calmo em meio a fortes emoções. Faça uma afirmação que lhe servirá de diretriz, caso você comece a reagir ao estado emocional dessa pessoa. Você poderia dizer: "Agora sou transparente a essas suas emoções em relação às quais optei por não entrar em ressonância ou não reagir. Eu escolho as emoções que quero sentir". Faça uma pausa por um momento e irradie amor transparente para essa pessoa. Reconheça o seu mérito por todas as ocasiões em que você *de fato* escolheu como queria sentir-se, permanecendo centrado, calmo e transparente com relação às emoções dessa pessoa. Afirme que você pode sentir-se da maneira que quiser, qualquer que seja o estado emocional das outras pessoas.

Sinta a serenidade do amor quando você aceita as coisas e deixa que elas sejam como são.

O amor da alma é sereno porque é receptivo ou tolerante. Ele aceita o universo tal como é; ele deixa que as coisas sejam como são. A sua alma não vive num mundo de polaridade. Ela aceita o bom e o ruim, o superior e o inferior. A sua alma ama os outros qualquer que seja o modo como eles vivem a vida, agem, vestem-se, falam ou comportam-se. A sua alma não ergue barreiras. Em vez disso, ela derruba barreiras pela aceitação. A sua alma aceita as pessoas, a despeito de suas crenças, opiniões ou maneiras de encarar a vida.

Enquanto o amor da alma flui a partir do seu chakra do coração, conheça a qualidade receptiva do amor. Sinta o amor e a receptividade do amor de sua alma com relação a todos os aspectos do seu ser. Sinta a receptividade de sua alma com relação a todos os seus hábitos, peculiaridades e características. Se houver uma voz interior a criticá-lo, essa não é a voz da sua alma. Trata-se de uma subpersonalidade que precisa ser amada. Independentemente de quem você seja, do modo como você age ou do que você diz, a sua alma o aceita e o ama assim como você é.

Pense na pessoa que você escolheu. Imagine-se aceitando essa pessoa e deixando que ela seja simplesmente quem é. Reflita sobre alguns aspectos dessa pessoa que você já aceita e ama. Reconheça o quanto você pode ser tolerante com o seu amor. Ao fazer a ligação espiritual, irradie um amor tolerante até poder aceitar e amar ainda mais aspectos do comportamento, das palavras, dos sentimentos e atos dessa pessoa. Faça uma declaração que afirme o caráter incondicional do seu amor, tal como: "Amo e aceito você assim como você é. Eu deixo você sentir, agir e ser da maneira que você quiser". Sinta a serenidade do amor enquanto você irradia um amor que tudo aceita.

Se você sentir alguma dificuldade para aceitar as pessoas, descubra a subpersonalidade que não quer aceitar os outros e promova a evolução dela. Comece por amar e aceitar essa parte de si mesmo. Conquanto você possa amar aceitando as pessoas e deixando que elas sejam quem são, você não tem de ser conivente com o que elas estão fazendo nem aprovar o modo como estão vivendo. Você ainda pode amar e aceitar as pessoas mesmo se não aprovar o comportamento delas. Aceitação não significa deixar que alguém o maltrate ou o magoe nem tampouco insistir em continuar um relacionamento que lhe é prejudicial. Você pode amar e aceitar os outros no nível da alma e, não obstante, optar por não conviver com eles.

Observe como você se sente em paz ao irradiar um amor incondicional. Você pára de se debater, de resistir ou de lutar contra alguém ou alguma coisa. Você trabalha pelas coisas em que acredita, em vez de lutar contra alguém ou alguma coisa. Você ama e aceita a si mesmo e conhece a serenidade do amor da alma.

Ame a si mesmo e aos outros incondicionalmente.

O amor da alma é sereno porque é incondicional. A sua alma ama sem precisar receber nada em troca. O amor da alma é uma qualidade do ser, uma luz brilhante que eleva, acalma e conforta todos os que entram em sua esfera de influência. O seu amor flui generosa e livremente. A sua alma não calcula a quantidade de amor a ser oferecida com base no quanto a pessoa fez por merecê-lo. Ela oferece amor sem necessitar de apreciação, de reconhecimento, de elogio ou de recompensas por seu amor. O amor da alma não tem altos e baixos, conforme os atos ou as reações dos outros. A sua alma dá amor aos outros sem se importar com o modo como eles aproveitam esse amor ou, mesmo, se chegam a aproveitá-lo. Sinta a serenidade decorrente do fato de dar amor sem precisar receber nada em troca.

Sinta o amor incondicional da sua alma aceitando o amor incondicional que ela tem por você. A sua alma o ama sem precisar que você lhe dê coisa alguma em troca desse amor. Ela o ama quando você está ou não perto dela. Seu amor é como um rio, uma corrente onde você sempre pode matar sua sede.

Faça a ligação espiritual e irradie amor incondicional para a pessoa que você escolheu. Você tem pretendido obter alguma coisa dessa pessoa – como um reconhecimento, por exemplo – ou desejado que ela aja de determinada maneira antes de amá-la plenamente? Quando o amor estiver fluindo através do seu chakra do coração, crie uma afirmação que reflita o seu amor incondicional, como, por exemplo: "Ofereço o meu amor incondicional a você. Eu o amo sem precisar receber nada em troca". Pense em algumas ocasiões em que você ofereceu amor a essa pessoa sem esperar receber nada em troca. Reconheça o quanto o seu amor já é generoso e incondicional. Veja-se expandindo a sua capacidade de irradiar amor incondicional com maior freqüência e num espectro mais amplo de circunstâncias.

Ao irradiar o amor incondicional, você pode se sentir tranqüilo porque não precisa que as outras pessoas lhe dêem coisa nenhuma em troca desse amor. Você recebe as riquezas da sua alma ao doar amor de forma generosa e incondicional, pois todo amor que você dá volta para você multiplicado.

A Serenidade do Amor

Contato com a Alma

Faça a ligação espiritual e sinta a serenidade do amor com várias pessoas e em várias situações diferentes. Escolha uma ou mais das qualidades da paz do amor da alma e pratique-as ao unir-se à alma e fundir a jóia do seu chakra do coração com a jóia da sua alma.

1. Seja magnético com relação ao amor. Receba amor de todas as pessoas e de todos os lugares. Descubra o que você atrai para si ao irradiar a qualidade magnética do amor da alma.
2. Deixe a sua alma amplificar o amor dentro de você. Ao irradiar amor, concentre-se no aspecto do amor da alma que amplifica o amor dentro da outra pessoa e o amor que é possível entre vocês.
3. Concentre-se na qualidade transparente do amor da alma. Irradie amor sem acrescentar-lhe nada. Seja transparente com relação a qualquer energia com a qual você não queira entrar em ressonância.
4. Sinta a qualidade receptiva do amor da alma. Aceite sem resistência ou julgamento todas as energias que você encontrar. Enquanto você sente o amor tolerante da sua alma, deixe que as pessoas e circunstâncias sejam o que são.
5. Expresse amor incondicional; ame sem precisar receber nada em troca. Observe como você se sente em paz quando dá o seu amor gratuitamente.
6. Convide o Ser de Amor para entrar no seu chakra do coração e note qualquer diferença em sua capacidade de irradiar as qualidades magnéticas, amplificadoras, transparentes, receptivas e incondicionais do amor da alma.

7. Goste – e promova a evolução – de qualquer subpersonalidade que não queira expressar o amor da alma, que ache que isso dá muito trabalho ou que sinta que os outros não merecem tanto amor assim.

Capítulo 10

A Unicidade do Amor

A sua alma estimula o seu chakra do coração. A luz flui a partir do seu chakra do coração e sobe para o seu chakra coronário. A sua consciência é expandida. Você conhece a unicidade do amor.

Você conheceu a serenidade do amor ao fazer a ligação espiritual, exercitando as qualidades magnéticas, amplificadoras, transparentes, receptivas e incondicionais do amor. Você já está pronto para despertar o coração do seu centro da cabeça – o qual chamo de *chakra coronário* – para conhecer a unicidade do amor. O amor que emana do seu chakra coronário é um amor que harmoniza energias diferentes e planeja suas ações, levando em conta o modo como elas afetam a sua vida, e faz a interligação entre as partes do todo. A unicidade do amor faz com que os padrões de luz entre o eu e os outros tornem-se mais lindos a cada pensamento, palavra e ação. Em sua vida quotidiana, você talvez sinta o despertar do seu chakra coronário na forma de mais compaixão e uma vontade cada vez maior de servir e iluminar o mundo de alguma maneira.

Os mestres espirituais chamam o seu chakra coronário de lótus de mil pétalas porque dele brotam aproximadamente mil pétalas ou vórtices de energia. O chakra coronário assemelha-se a uma flor de cabeça para baixo. As pétalas estão voltadas para baixo, na direção do seu chakra coronário, e a haste estende-se para cima, rumo às dimensões superiores. O chakra coronário contém dentro de si o correspondente a todos os centros situados abaixo dele. No decorrer de sua evolução, você eleva até o chakra coronário as energias de todos os centros situados abaixo dele, até que todas as mil pétalas estejam ativas e despertas. O próprio interior do seu chakra coronário se parece com o chakra do coração, com suas doze pétalas em torno de uma magnífica jóia. O coração do seu chakra coronário é estimulado a praticar uma atividade maior quando o seu chakra do coração desperta. Quando irradia amor, você trabalha a favor do Todo, e sente a unicidade com toda a vida. Sua alma irradia mais amor através de você e seu chakra coronário desperta.

Imagine uma corrente de luz fluindo a partir do seu chakra do coração e subindo até o seu chakra coronário.

Junte-se à sua alma para estimular o seu chakra coronário. Chame a sua alma até você e observe enquanto a jóia do seu chakra do coração alinha-se com a jóia da sua alma. Sinta o "clique" ou a mudança na energia quando as duas jóias se encontram. Para estimular o seu chakra coronário, a sua alma começa a aumentar a luz que ela envia para a jóia do seu chakra do coração. A luz se eleva a partir da jóia do chakra do coração e sobe em torrentes até o chakra coronário, como se fosse um chafariz.

Observe enquanto a luz flui de volta para o seu chakra do coração, a partir do seu chakra coronário. Ao inspirar, imagine-se puxando a energia do chakra do coração e elevando-a até o chakra coronário. Ao expirar, deixe a energia descer de volta para o seu chakra do coração. Se quiser, produza um som semelhante a um "om" enquanto a energia sobe do chakra do coração para o chakra coronário.

Observe o modo como esses dois chakras trabalham juntos. A luz do chakra do coração estimula e desperta seu correspondente no chakra coronário. A luz que retorna do chakra coronário equilibra e expande o chakra do coração e faz com que todas as energias dele fiquem mais bonitas. A luz que se move entre o chakra do coração e o chakra coronário é o primeiro elo entre os chakras do coração.

Expanda-se para a unicidade.
Ligue-se com a rede da vida
da qual você faz parte.

Enquanto a serenidade é uma qualidade básica do amor expresso a partir do chakra do coração, a expansão para a unicidade é uma qualidade básica do amor que você pode conhecer quando o chakra coronário desperta. Quando o chakra coronário é estimulado pelo chakra do coração, a consciência se expande. Você fica mais consciente de sua ligação com a Unicidade, com o Espírito, com Tudo-Que-Existe. Você se torna mais consciente da energia da vida que está à sua volta em todas as dimensões, acima e abaixo, na espiral evolutiva.

Todo aspecto do amor é expandido quando o chakra coronário desperta, incluindo a capacidade de sentir a serenidade do amor. O seu amor fica mais sábio e mais abrangente quando você toma consciência do universo mais amplo do qual você é parte. Quando esse centro desperta, você é levado a fazer coisas que representam uma contribuição. Com a sua consciência expandida e com mais amor, você se junta a um fluxo superior, harmoniza-se com as energias ao seu redor e está no lugar certo no momento certo. Você se transforma numa força de amor que fortalece e serve ao grupo mais amplo do qual você faz parte. Tudo que você faz é feito com amor, trazendo de volta para si tudo o que de melhor o mundo tem a oferecer.

Imagine uma pedra sendo atirada num lago. Pequenas ondulações na superfície da água deslocam-se para o exterior e chegam a toda parte. A energia que afeta uma área se desloca para outras áreas. Assim como aconteceu com o lago, você influencia e pode ser influenciado pelas energias existentes ao seu redor, tanto aquelas do plano terreno como as de outras dimensões. Você é parte da unicidade de toda a vida.

Conheça a expansão para a unicidade que decorre da ligação entre os chakras do coração e coronário. Lembre-se de como, ao viajar até o plano da alma, você expandiu a sua consciência concentrando-se na Luz Solar. Comece por sentir a sua ligação com sua família. Atraia a Luz Solar e expanda a sua consciência, sentindo a sua ligação com todas as pessoas que você ama, com seus amigos e, depois, com todas as pessoas que você conhece. Continue a estimular o chakra coronário e encha-se com a Luz Solar. Amplie a sua consciência para incluir pessoas do seu bairro, da sua cidade e do seu estado. Expanda a sua consciência até que você possa incluir todas as pessoas do mundo. Continue captando a Luz Solar e estimulando o chakra coronário com a luz que emana do seu chakra do coração. Sinta o reino animal e todos os animais. Sinta a sua ligação com todas as plantas. Expanda a sua consciência para incluir o reino mineral.

Continue a aumentar o alcance de sua consciência, pensando no plano da alma e em todas as almas que lá se encontram. Observe o mar de luz e veja as almas da humanidade como pontos de luz. Detecte a alma da Terra como uma luz majestosa, enorme e resplandecente no mar de luz. Encontre os Seres de Luz – os Mestres, os anjos, o Ser de Amor e os Iluminados. Observe a beleza da alma deles quando aparecerem para você no plano da alma. Você pode notar que a luz da alma deles é tão grande e brilhante que pode ser vista facilmente, como se fosse um feixe luminoso.

Você agora expandiu a sua consciência para incluir uma parte maior do universo. Essa é a rede da vida, da qual você faz parte. Você ainda é um indivíduo, embora a sua consciência tenha se expandido. Ao sentir a sua ligação com esse grupo mais amplo de formas de vida, perceba como a sua consciência tornou-se grande. Ao fazer a ligação entre os centros do coração e coronário, você se expande para a unicidade. O seu chakra coronário desperta cada vez que você sente a sua ligação com a rede da vida da qual você é parte.

Harmonize a nota de sua alma com a nota da alma de uma pessoa querida.

A unicidade do amor expande a harmonia entre todas as partes do todo. Ela faz com que energias divergentes passem a fluir com mais abundância e entrem em sincronia e em harmonia umas com as outras.

Pense em todas as almas do plano da alma, cada uma delas fazendo soar uma nota e tocando uma melodia individual. A nota e o tom de cada alma estão em harmonia com o todo, criando uma linda sinfonia de sons. Imagine que você pode sentir a nota de sua alma. Ela está tocando uma linda melodia que está em harmonia com as melodias de todas as outras almas. Quando o seu chakra coronário torna-se radiante de amor, aumenta a sua capacidade de viver em harmonia com todas as pessoas e com qualquer tipo de vida.

Faça a ligação com a sua alma e deixe a qualidade harmonia do amor da alma fluir através de você. Ouça com os seus ouvidos interiores a linda nota que soa quando a jóia do chakra do seu coração se harmoniza com a jóia da sua alma. Deixe essa energia serena, equilibrada e harmoniosa fluir de seu chakra do coração para todas as suas subpersonalidades. Você está harmonizando-as com a unicidade e ligando-as com o mundo mais amplo do qual elas também fazem parte. Faça soar a nota de sua alma e ouça com os seus ouvidos interiores, enquanto a sua alma acrescenta a sua nota e melodia à sinfonia de sons que todas as almas estão tocando em conjunto. Sinta a sua harmonia com toda a vida do universo.

É importante amar um grupo mais amplo e fazer ligação com ele, além de amar e respeitar cada indivíduo dentro do grupo. Enquanto você está no plano da alma, chame até você a alma da pessoa com a qual você optou por trabalhar. Sinta as almas de vocês trabalhando juntas, de modo a expandir o amor e a harmonia que existem entre vocês. Harmonize a nota de sua alma com a nota da alma da outra pessoa. Ouça com os seus ouvidos interiores a linda melodia que vocês criam juntos ao fundir as notas das suas almas. Imagine que você está se relacionando harmoniosamente com todas as pessoas que você conhece e com todas as formas de vida do universo. Se você sentir que não consegue harmonizar as energias da sua alma, sinta ambas as almas harmonizando-se com as almas de todo tipo de vida e a harmonia que ambas gozam juntas nesse nível.

Depois que você sentir a harmonia entre as suas duas almas, deixe que essa harmonia contagie a ligação com a personalidade. Faça a ligação espiritual e sinta as diferenças que há entre vocês se dissipando. Você poderia dizer: "Eu o aprecio pela pessoa única e especial que você é. Descobrirei a harmonia que existe entre as nossas almas e trarei essa harmonia para a nossa ligação entre personalidades". Faça a ligação espiritual e traga a harmonia para as áreas de diferenças, atrito ou discordância. Além disso, você poderia dizer a si mesmo: "Vou descobrir as dádivas que as nossas diferenças oferecem para o nosso relacionamento. Vou me concentrar mais naquilo que temos em comum e prestar menos atenção às nossas diferenças". Reserve um momento para reconhecer todos os modos pelos quais você já se empenha para criar harmonia entre vocês dois. Afirme a sua crescente capacidade de trazer harmonia para esse e para todos os seus relacionamentos.

Junte-se à sua alma
para tornar mais linda
a energia entre você
e as outras pessoas.

A unicidade do amor expande e cria mais beleza em todas as energias, pessoas e forças-vitais com que ela entra em contato. Imagine que você é a sua alma viajando pelo plano da alma. Aonde quer que você vá, aumenta a beleza ao seu redor. Você faz a interligação, promove a reunião e aumenta a unidade do grupo. Você poderia imaginar todas as almas formando um mosaico ou uma mandala de luz – um lindo e intricado padrão de luz em permanente mutação. Aonde quer que vá e o que quer que você faça, você contribui para aumentar a beleza e a luz do padrão total.

Una-se à sua alma. Enquanto a sua alma estimula os seus chakras do coração e coronário, imagine todos os padrões de luz existentes dentro de você tornando-se mais bonitos, incluindo a luz em suas células, emoções e mente.

Assim como faz a sua alma, você também pode trabalhar para tornar mais bonitos todos os padrões de luz e energia existentes entre você e a outra pessoa. Faça uma ligação espiritual com a pessoa que você escolheu. Imagine a Luz Solar sobre ambos. Veja como, a cada momento, ela está cumprindo o seu propósito mais elevado e tornando-se uma luz mais linda e perfeita. Imagine que você também está se tornando uma luz mais bonita e mais perfeita. Ao observar a Luz Solar acima de vocês dois, sinta o amor entre você e a outra pessoa tornando-se mais lindo e perfeito. Você nada precisa dizer mentalmente. Simplesmente faça a ligação espiritual e trabalhe de alma para alma para criar mais amor, beleza e luz entre vocês. Você está cumprindo parte de seu propósito superior: encontrar luz, atrair essa luz para si e irradiar luz para os outros.

Se quiser melhorar um relacionamento e não souber que providências tomar, você pode trabalhar no nível da alma para fazer com que o padrão de luz entre vocês dois torne-se mais bonito. Ou, então, você pode trabalhar nesse nível a qualquer hora para melhorar o seu relacionamento. Agindo assim, você pode preparar o terreno para que ocorram maravilhosas mudanças. Quando você faz a energia entre você e a outra pessoa tornar-se mais bonita no nível da alma, isso pode modificar de forma positiva a sua capacidade de criar uma ligação mais amorosa, solidária e harmoniosa com a outra pessoa. Áreas da sua vida que você talvez não tenha pensado em melhorar podem se tornar ainda melhores do que você imaginava. Áreas problemáticas podem vir a se resolver de maneiras que você nunca planejou, pois a sua alma é criativa e inteligente.

Encerre fazendo com que se tornem mais bonitos os padrões de luz existentes entre você e a alma de todas as formas de vida à sua volta. Imagine-se levando beleza, ordem e harmonia aonde quer que você vá. Você aumenta a sua ligação com a unicidade e sente a rede da vida da qual você é parte.

Sinta a compaixão da sua alma
enquanto você vê a vida das pessoas
através dos olhos delas.

Quando você se expande para a unicidade e sente a sua ligação com a rede da vida, a sua capacidade de sentir compaixão aumenta. Ao sentir e reconhecer a sua unicidade com os outros, você pode ter compaixão pelo sofrimento deles, mesmo se estiver óbvio que eles próprios atraíram esse sofrimento para si por meio de atos insensatos. Você passa a ser capaz de entrar no coração dos outros e a entender a vida dessas pessoas através dos olhos delas. Você não é mais um mero observador, julgando, criticando e achando que está separado dos outros. Graças à sua compaixão, você tem uma grande vontade de ajudar as pessoas de maneiras que contribuam para a expansão da consciência delas e que as leve a entrar em contato com a sabedoria da alma. Só quando você se coloca no lugar das outras pessoas e vê a vida através dos olhos delas é que você pode saber como ajudá-las. Como elas podem sentir o seu amor, é mais provável que elas abram o coração para você, deixando que contribua tanto para a vida quanto para o crescimento espiritual delas.

Imagine-se viajando para a unicidade do plano da alma e encontrando a alma da pessoa que você escolheu. Faça uma ligação espiritual com ela, sentindo sua unicidade nesse nível. Imagine como é a vida dessa pessoa vista através dos olhos dela. Sinta o seu coração abrir-se para essa pessoa enquanto você vê a vida a partir da perspectiva dela, e não da sua. Quais são as necessidades, os desafios, as metas e os sentimentos dessa pessoa? Compreenda que essa pessoa está fazendo o melhor que pode. Os atos dessa pessoa não são dirigidos a você; de modo geral, são uma reação às emoções, às necessidades e às experiências que ela teve no passado. Você talvez não aprove os atos ou a maneira de viver dessa pessoa. Todavia, você ainda pode oferecer sua compreensão, compaixão e assistência, se isso for apropriado.

Você pode reafirmar a sua compaixão quando estiver na companhia dos outros, dizendo algo como: "Eu e vocês somos um só; não estou separado de vocês. Ofereço a vocês minha compreensão e compaixão". Pense numa ocasião em que você foi bondoso, compreensivo e teve compaixão. Reconheça o quanto você já é bondoso, compassivo e compreensivo. À medida que o seu sentimento de unicidade com as pessoas se desenvolver, a compaixão se tornará sua resposta natural e costumeira. Você vai fazer a ligação espiritual e ligar-se à alma das pessoas, perguntando-lhes o que você pode fazer para ajudá-las no nível da alma. Você não vai querer evitar que as pessoas arquem com as conseqüências dos próprios atos ou acabar com as lições que elas estão aprendendo. Você vai agir como faz a sua alma, irradiando e oferecendo o amor da alma. Ao continuar a despertar o seu chakra coronário e a expandir a sua consciência, você vai tomar ciência das atitudes sábias e afetuosas que você pode tomar para ajudar as pessoas a expandir a consciência e a procurar novas maneiras de agir e de ser.

Fique mais atento
à vida e aos interesses das outras pessoas.
Seja altruísta.

Quando sente a sua ligação com a rede da vida, você adquire uma perspectiva mais ampla, na qual você, a sua vida e as suas preocupações não constituem o centro do universo. Ao conscientizar-se da unicidade e ver a vida das outras pessoas através dos olhos delas, você fica mais atento à realidade dos outros. O egoísmo se transforma em abnegação. Você deixa de lado a idéia que tem acerca da sua própria importância, que o separa dos outros, e, em vez disso, sente a sua unicidade com eles. Ao fazer isso você pode sentir mais harmonia e paz em suas relações com as outras pessoas, pois você não mais encara os atos dessas pessoas pelo lado pessoal. Você percebe o quadro maior da vida delas e vê os seus atos a partir da compreensão de quem elas são e das lições que estão aprendendo.

Pratique hoje o altruísmo do amor da alma, enquanto você se concentra nas outras pessoas e não em si mesmo. Divirta-se com isso e observe os resultados. Em vez de se perguntar o que as pessoas podem dar a você, procure descobrir, em vez disso, o que você pode dar a *elas*.

Quando estiverem em contato direto, faça uma ligação espiritual com a pessoa que você escolheu. Deixe de lado as suas preocupações consigo mesmo e com a sua vida e tome consciência da realidade da outra pessoa. Descubra se tem a tendência de só falar sobre si mesmo;

não mencione suas preocupações ou realizações. Em vez disso, pergunte sobre ela. Apenas comente alguma coisa sobre si mesmo se essa informação puder de alguma maneira ser útil para a outra pessoa. Congratule-se e reconheça o seu valor todas as vezes em que você tiver agido dessa forma, na presença dessa pessoa. Reconheça todas as vezes em que você deixou de lado os seus próprios interesses, sentindo a unicidade com os outros, enquanto os ajudava e servia.

Contribua para a unicidade oferecendo amor a todo tipo de vida.

Você poderá saber que o seu chakra coronário está despertando se sentir uma vontade cada vez maior de fazer alguma coisa para ajudar, de irradiar mais luz para o mundo, de fazer uma contribuição, de servir de alguma maneira. A vontade de fazer uma contribuição não ocorre porque seja algo de bom-tom, porque isso irá contribuir para o seu próprio desenvolvimento espiritual ou em virtude do desejo de obter fama e reconhecimento. Ela não decorre da idéia sentimentalista de querer tornar mais justas as circunstâncias das outras pessoas, só porque você não quer sentir-se mal ao pensar nelas. Ajudar os outros não é coisa que se deva fazer por piedade, mas sim em conseqüência do contato entre almas.

Servir as outras pessoas e fazê-las se sentir mais fortes é uma expressão alegre do amor da alma, fluindo para o mundo a partir de você. Você quer servir porque isso lhe parece natural, lhe traz alegria e lhe proporciona um modo de expressar o amor que está transbordando dentro de si. A sua ajuda pode ou não ter uma expressão externa. Algumas pessoas servem trabalhando no plano da alma e transmitindo amor. Outras trabalham para criar condições que melhoram a vida das pessoas. Se você não sabe como fazer uma contribuição, continue fundindo-se com sua alma e despertando os chakras do coração. Trabalhe primeiramente no seu mundo interior. Reconheça todas as maneiras pelas quais você está colaborando para iluminar o mundo e fazendo uma contribuição para as outras pessoas e para o planeta. À medida que o seu contato com a alma se tornar mais profundo, você irá atrair para si ainda mais oportunidades de influenciar o mundo à sua volta, de modo a fazer uma diferença no rumo dos acontecimentos.

O seu chakra coronário desperta sempre que você expande o seu amor, harmoniza-se com os outros e leva mais beleza, ordem e luz às energias ao seu redor. Você sabe que faz parte da rede da vida e o seu amor se expande para refletir a sua consciência da unicidade e do papel que você desempenha nela. Crescem sua compaixão e capacidade de respeitar a realidade dos outros. Você consegue tocar o coração das outras pessoas e passa a ser uma força do bem e uma fonte de amor.

Contato com a Alma

Selecione a partir da relação abaixo uma maneira de despertar o chakra coronário. Sinta a energia subir do chakra do coração para o chakra coronário, enquanto você experimenta os vários aspectos da unicidade do amor.

1. Expanda-se para a unicidade pelo menos uma vez por dia. Sinta a rede da vida da qual você é parte. Sinta a sua ligação com a vida, acima e abaixo na espiral evolutiva.
2. Faça soar a nota da sua alma e imagine que ela está se harmonizando com as notas que estão sendo emitidas por todas as outras almas.
3. Harmonize a nota da sua alma com a nota da alma de uma outra pessoa. Imagine que o relacionamento entre vocês está em harmonia com o universo maior do qual ambos fazem parte.
4. Traga para sua ligação cotidiana a harmonia que você criou no nível da alma. Faça a ligação espiritual e irradie harmonia. Descubra de que modo isso pode reduzir as áreas de atrito entre vocês e aproximá-los um do outro.
5. Faça a ligação espiritual e concentre-se na Luz Solar sobre vocês, enquanto ela se torna uma luz mais bonita e mais perfeita. Imagine que a energia entre vocês dois está se tornando mais bonita. Descubra como isso altera o modo como você sente, age e reage à outra pessoa.
6. Enquanto você faz a ligação espiritual, veja a vida a partir da perspectiva da outra pessoa. Expresse a bondade, a compaixão e a compreensão da sua alma.

7. Ao fazer a ligação espiritual, concentre-se na vida da outra pessoa e não na sua própria. Divirta-se e observe como a prática do altruísmo muda o jeito como você se sente em relação a si mesmo.

Capítulo 11

O Desejo de Amar

A vontade que a sua alma tem de amar passa a ser o seu desejo de amar. Você expressa o amor constante, delicado, duradouro e paciente da sua alma.

Você despertou os chakras do coração e coronário ao juntar-se à sua alma e praticar a serenidade e a unicidade do amor. Conheça a seguir a vontade de amar da sua alma, sentida no nível da personalidade como o desejo de amar. Com a vontade de amar da sua alma fortalecendo o seu desejo de amar, você se torna capaz de amar em situações nas quais, no passado, você poderia ter-se furtado a esse sentimento. Você não mais *tenta* sentir amor; o amor passa a ser a sua reação natural.

Você pode sentir a vontade de amar da sua alma juntando-se a ela, para estimular o ponto oculto de luz no seu chakra do plexo solar. Esse centro tem um ponto brilhante de luz e um ponto de luz oculto, rodeado por dez pétalas, que promove o despertar. O ponto oculto está no interior da luz resplandecente do seu chakra do plexo solar. Ambos influenciam a sua capacidade de expressar amor, de modo que eu os incluí entre os aspectos dos chakras do coração.

O ponto brilhante de luz está excessivamente estimulado em boa parte da humanidade, fazendo com que o chakra do plexo solar seja o mais ativo de todos os centros na maioria das pessoas. O ponto brilhante contém o ego, os desejos e a vontade individual, a partir dos quais surgem os sentimentos de isolamento, presunção e egocentrismo. Para a maior parte da humanidade, o ponto oculto é uma luz pálida e ainda não desperta. A maioria os seres humanos ainda não age de acordo com a vontade da alma de amar. A maioria de vocês que está lendo este livro já apresenta muita atividade nesse ponto oculto de luz, pois a atividade nesse ponto atrai você para a sua alma e para o amor.

Observe enquanto a sua alma envia luz para estimular o ponto oculto.

Quando você estiver pronto para estimular o ponto oculto do chakra do plexo solar, una-se à sua alma. Alinhe a jóia do chakra do coração com a jóia da sua alma. Observe como a sua alma envia energia para o seu chakra do coração, até a luz transbordar, subindo em torrentes até o seu chakra coronário. Sinta esse centro ficando cada vez mais radiante. Você se expande até sentir a unicidade do universo e se ligar com toda a vida. A sua alma, em seguida, prepara-se para despertar o ponto oculto do chakra do plexo solar. Mentalize esse centro, com suas dez pétalas em torno da jóia central. A jóia é composta de dois pontos – um ponto de luz brilhante e um ponto mais pálido e ainda em expansão, oculto dentro do ponto brilhante. Concentre-se no ponto oculto, ainda por despertar.

Junte-se à sua alma enquanto ela envia a sua vontade de amar para ativar o ponto oculto. Produza o som "om" e observe a sua alma transmitindo a vontade que sente de amar, por meio do seu chakra coronário, até o ponto oculto de luz no centro do plexo solar. A energia da vontade, enviada do seu chakra coronário, poderia ter a aparência de uma centelha, de uma linha ou de uma cascata de luz. Imagine o ponto oculto ficando cada vez mais brilhante com a vontade de amar de sua alma, e fazendo com que você também sinta o desejo de amar. Pratique isso várias vezes, até que você possa sentir ou imaginar a sua alma enviando luz do seu chakra coronário para o ponto oculto no seu chakra do plexo solar. Pratique esse movimento de energia de modo que você consiga recriá-lo em diferentes situações e em vários momentos, para assim aumentar o seu desejo de agir, de falar e de pensar de maneira sempre afetuosa. Você não precisa se forçar a ser afetuoso. Em vez disso, você pode se ligar à sua alma, estimular o ponto oculto e deixar a vontade de amar da sua alma fluir através de você, aumentando o seu desejo de amar.

Quando a luz descer do chakra coronário para o ponto oculto, você terá feito a segunda ligação entre os seus chakras do coração. (O primeiro elo entre os seus chakras do coração é a linha de luz entre o seu chakra do coração e o coronário.)

Sinta o amor constante e inalterável da sua alma.

A vontade de amar da sua alma é constante, confiável e está sempre presente. Pode-se ter confiança na capacidade de amar de sua alma, qualquer que seja a circunstância. Não existe nenhuma disposição de ânimo, pensamento ou sentimento que abale a vontade de amar da sua alma. Reserve um momento para sentir a constância do amor de sua alma por você. Ela sempre está irradiando esse amor para você. Imagine-se amando a si mesmo como a sua alma o ama – com um amor constante e inabalável que não está sujeito aos altos e baixos de seus pensamentos e de seu humor.

Observe o seu diálogo interior durante o restante do dia ou no dia seguinte. Capte pensamentos ou sentimentos que sejam críticos ou pouco afetuosos em relação a si mesmo. Em seguida, junte-se à sua alma enquanto ela envia a sua vontade de amar, por meio do seu chakra da cabeça, até o ponto oculto, fortalecendo a sua capacidade de ser sempre amoroso com relação a si mesmo. Transforme qualquer pensamento desagradável em um pensamento afetuoso. Quanto mais constante for seu amor por si mesmo, maior a freqüência com que você conseguirá sentir um amor constante pelas outras pessoas.

Pense na pessoa com a qual você optou por fazer a ligação espiritual. Até que ponto o amor que sente por ela é constante e estável? A sua disposição para dar amor a essa pessoa costuma depender do seu estado de humor ou dos seus caprichos? Enquanto a vontade de amar da sua alma ativa o ponto oculto no chakra do plexo solar, evoque a qualidade do amor da alma que é constante, absoluta e inabalável. Faça uma ligação espiritual e irradie um amor constante e inabalável. Faça uma afirmação declarando para si mesmo a sua intenção de irradiar amor de forma constante e confiável. Você poderia dizer: "Eu me comprometo a amar você de forma tão constante quanto for possível". Imagine-se amando essa pessoa como a sua alma ama – com um amor constante e que nunca se acaba.

Reconheça como o seu amor por essa pessoa é constante, mesmo nas épocas difíceis. A luz do amor pode ter ficado um pouco mais pálida ou mais brilhante mas sempre esteve lá. Pense em todas as ocasiões em que você ofereceu amor, inclusive naquelas em que se sentiu tentado a negar o seu amor. Reconheça o quanto o seu amor já é constante. Imagine-se amando esse pessoa com um amor constante e inabalável.

Pense numa situação em que experiências do passado fizeram com que você deixasse temporariamente de oferecer o seu amor. Ensaie uma nova maneira de reagir a essa situação. Junte-se à sua alma enquanto ela envia a sua vontade de amar para o ponto oculto no seu chakra do plexo solar. Imagine-se agindo de forma afetuosa, mesmo quando a outra pessoa estiver agindo de forma desagradável. Imagine-se calmo e pacífico, imperturbável diante das emoções da outra pessoa. Quando você expressa a vontade de amar da sua alma, o seu amor não varia em função das ações ou das reações dessa pessoa. Você a ama independentemente do modo como você se sente e do que está acontecendo na sua vida.

Não há problema se você não quiser sentir amor por alguém. Você às vezes só é capaz de amar a alma de alguém e não a personalidade dela. Como você também ama a si mesmo de forma constante, você pode optar por não ficar perto dessa pessoa se o comportamento dela lhe for prejudicial. Você pode amar os outros constantemente, ao mesmo tempo que continua respeitando a si mesmo, sua alma, seu caminho e sua própria vida. Não se obrigue a sentir ou a fazer o que quer que seja, inclusive a amar alguém! Continue a fazer a ligação espiritual e junte-se à sua alma para ativar o ponto oculto. Expresse amor apenas quando você tiver vontade.

Liberte-se de suas expectativas com relação à vida das outras pessoas. Sinta a brandura do amor da alma.

Uma outra qualidade da vontade de amar da sua alma é a brandura. O amor da alma flui suavemente, oferecendo e convidando em vez de impor e tentar controlar. Ela ama de uma forma respeitosa, tolerante e não-intrusiva, que respeita as escolhas e os caminhos dos outros. Sinta a brandura do amor da sua alma por você. A sua alma é sempre gentil e bondosa. Ela nunca lhe dá ordens nem lhe faz críticas. Ela lhe oferece novas maneiras de ser, mas deixa que você decida se quer ou não optar por essas novas opções e caminhos. Observe como você impõe a sua vontade sobre si mesmo durante as próximas horas ou dias.

Se você se vir se forçando a fazer alguma coisa, pare! Você não precisa se forçar a fazer ou a agir de determinadas maneiras. Junte-se à sua alma para estimular o ponto oculto a fim de aumentar a sua vontade de amar a si mesmo. Trate a si mesmo com ternura, respeito e amor. Lembre-se de ocasiões em que você se tratou dessa maneira e de como se sentiu bem agindo assim.

A sua alma não impõe a vontade dela sobre os outros. Ela não tem desejos ou expectativas com relação às pessoas. A sua alma dá aos outros a liberdade de fazer o que eles têm vontade. Pense na pessoa com a qual você tem feito uma ligação espiritual. Você impôs a sua vontade sobre essa pessoa para levá-la a fazer o que você queria que ela fizesse em determinado aspecto? Existe alguma coisa que você desejou para essa pessoa, ainda que isso fosse para o próprio bem dela? Você pode aumentar a sua capacidade de amar do modo como a sua alma ama — com brandura, suavidade e sem impor a sua vontade sobre os outros na forma de expectativas e desejos. Ao fazer isso, você livra as outras pessoas da necessidade de tentar satisfazer a sua vontade. Você confia na capacidade da alma dessas pessoas e do universo para criar o que for melhor para elas.

Junte-se à sua alma enquanto ela transmite ao ponto oculto a vontade que tem de amar, para assim ativá-lo. Deixe a suavidade do amor da alma fluir através de você e chegar até a pessoa. Faça a ligação espiritual e irradie para essa pessoa um amor suave, bondoso e não-intrusivo. Deixe de lado a sua vontade de levar essa pessoa a fazer alguma coisa só para agradá-lo ou a se comportar de determinadas maneiras. Observe como é não ter expectativas com relação a uma outra pessoa, nenhum anseio quanto às coisas que ela deveria fazer ou ao modo como ela deveria ser.

Lembre-se de uma ocasião em que você, por amor, renunciou a um desejo que tinha com relação a essa pessoa. Reconheça o seu mérito por todas as ocasiões em que expressou amor com brandura e benevolência, sem impor a sua vontade. Crie uma afirmação para ajudá-lo a libertar-se das suas expectativas com relação a ela. Você poderia dizer: "Eu agora renuncio a meus desejos e expectativas com relação a você. Você está livre para seguir a sua própria sabedoria e orientação interior".

Reserve um momento para pensar em várias pessoas que fazem parte de sua vida. O que você deseja para elas? Identifique um forte desejo que você tenha por cada pessoa. Em seguida, imagine como seria libertar-se desse desejo. Junte-se à sua alma enquanto ela envia a sua vontade de amar para o ponto oculto no chakra do seu plexo solar. Faça uma ligação espiritual com cada pessoa e renuncie a esse desejo, enquanto irradia um amor suave, bondoso e não-intrusivo. Ao fazer isso, você está libertando a si mesmo do sofrimento que você possa vir a ter se os seus desejos não forem realizados. As pessoas podem libertar-se de qualquer ressentimento oculto que possam ter com relação a você por causa de ocasiões em que você tentou impor a elas a sua própria vontade ou desejos. Ao amar com a brandura do amor da alma, você liberta as outras pessoas para seguir o caminho da alma e a sua própria orientação quanto ao modo de viver a vida.

Sinta o amor duradouro da sua alma por você e pelos outros.

A vontade de amar da sua alma perdura ao longo do tempo. A sua alma está comprometida a amar; o amor dela é persistente e perseverante. Ela vê cada situação como uma oportunidade para oferecer amor.

Ela nunca desiste de amar as pessoas. Sinta como a sua alma sempre o amou e como continua a amá-lo. Pense no sol. Ele sempre está lá, mesmo se estiver oculto por nuvens ou brilhando do outro lado da Terra. A presença dele é constante, estável e permanente. Assim como o sol, o amor da sua alma é constante, estável e eterno. Você pode ou não sentir esse amor, dependendo das "nuvens" das suas emoções; não obstante, ele sempre está presente.

Pratique a qualidade de permanência e comprometimento da vontade de amar da sua alma em seu relacionamento com a pessoa com a qual você optou por trabalhar. Junte-se à sua alma para estimular o ponto oculto com a vontade de amar da sua alma. Faça uma ligação espiritual com a pessoa que você escolheu e irradie um amor permanente e duradouro. Não importa que tipo de relacionamento você tenha com ela no mundo exterior. Você pode amar essa pessoa quer ela faça parte da sua vida ou não, e mesmo se ela amar uma outra pessoa e não corresponder ao seu amor. Crie uma afirmação como: "Amarei você como uma alma, independentemente do que você faça ou do modo como você aja".

Amar os outros com um amor permanente e duradouro não significa que você precise estar fisicamente ao lado dessas pessoas ou persistir num relacionamento para sempre. Você não precisa estar constantemente consciente dessas pessoas e ficar o tempo todo transmitindo energia para elas. Isso significa que não há nada que elas possam fazer que o faça deixar de amá-las enquanto almas. Você talvez não goste ou não aprove o comportamento delas. Todavia, você pode fazer a distinção entre o comportamento e a pessoa e amar como a sua alma ama, com um amor duradouro, perseverante e eterno.

Conheça a paciência da alma
sendo paciente
consigo mesmo e com os outros.

A vontade de amar da sua alma é sempre paciente. Ela está em harmonia com o ritmo do universo. Imagine que você é o sol, brilhando no sistema solar. Sendo o sol, você derrama regularmente a sua cálida luz, observando os planetas se desenvolverem ao longo de milhões de anos. Você deixa todo tipo de vida crescer e se desenvolver no seu próprio ritmo. Quando a sua alma enviar luz para ativar o ponto oculto, sinta a paciência da sua alma como se ela fosse o sol, que é sempre paciente. A sua alma deixa que você cresça em qualquer ritmo que pareça conveniente e agradável para você. Não existe correria nem pressa.

Repare em qualquer sinal de impaciência consigo mesmo que você venha a apresentar nas próximas horas ou dias. Se você estiver impaciente consigo mesmo ou com o seu ritmo de crescimento, seja paciente. Lembre-se de que você não precisa corrigir de uma vez tudo que está errado em sua vida. Você pode produzir mudanças duradouras por meio da paciência, da persistência e da perseverança. A maior parte do crescimento é gradativa. Cresça num ritmo que lhe pareça agradável e apropriado para você. O tempo não tem nenhum significado para a sua alma; o caminho que leva à iluminação é tão importante quanto o destino do viajante. Passar de uma vibração inferior para outra superior é um grande desafio. Manter a vibração superior da alma e estabelecer novos hábitos requer constante atenção. Estenda a paciência da sua alma até você mesmo e deixe as coisas acontecerem num ritmo natural. Tenha a intenção de ser mais afetuoso e faça pequenos gestos todos os dias para expressar o amor da alma. Perdoe a si mesmo se você não agiu de maneira afetuosa. Amar a si mesmo pela pessoa que você é e respeitar todos os seus sentimentos é um aspecto importante do amor da alma.

Pense na pessoa que você escolheu. Você tem se mostrado impaciente para que essa pessoa cresça ou se modifique? Você tem trabalhado ou se empenhado para fazer com que as coisas aconteçam mais rápido do que deveriam? Junte-se à sua alma para estimular o ponto oculto por meio da vontade do amor. Seja como o sol, calmo e paciente. À medida que a paciência da alma fluir através de você, vá deixando de lado qualquer sentimento de pressa ou de impaciência. Faça a ligação espiritual e irradie um amor paciente. Você poderia dizer mentalmente algo como: "Não há problema em crescer e modificar-se em seu próprio ritmo. Eu o livro da necessidade de cumprir os prazos que determinei com relação ao que quer que seja". Ame e valorize a si mesmo por todas as maneiras pelas quais você já tem sido paciente e compreensivo com essa pessoa. Pense em si mesmo como uma pessoa paciente, calma e compreensiva.

Expresse o perdão da sua alma perdoando a si mesmo e aos outros.

A vontade de amar da sua alma é magnânima. Ela perdoa o que quer que os outros tenham feito. Perdoar é fácil para a sua alma porque ela sabe que algumas pessoas ainda não conseguem ser mais afetuosas, seja com você ou com as outras pessoas. A sua alma nunca se ofende, pois ela reconhece que as pessoas apenas conseguem tratá-lo do modo como tratam a si mesmas. Faça um esforço para atribuir bons motivos ao que as pessoas fazem. Elas em geral não estão tentando feri-lo. As pessoas podem agir de maneiras desagradáveis por carecer de autoestima e de autoconfiança. Os chakras do coração delas ainda não foram despertados. Não espere que aqueles que o feriram reconheçam ter feito isso e se desculpem. Perdoe as outras pessoas tal como você faria com uma criança pequena que não sabe o que faz. Um dia elas irão despertar os chakras do coração.

Sinta o perdão de sua alma perdoando primeiramente a si mesmo. Com a sua alma enviando para o ponto oculto a sua vontade de amar, perdoe a si mesmo por algo que você fez no passado e que ainda faz com que você se sinta mal. Deixe o amor suave, constante e magnânimo da alma invadir você. Receba o amor da sua alma por você, enquanto perdoa a si mesmo.

Você pode oferecer o perdão da sua alma às outras pessoas. Pense na pessoa que você escolheu. Essa pessoa fez alguma coisa que o deixou irritado ou aborrecido? Se você está pronto para renunciar a esses sentimentos e sentir o perdão da alma, faça uma ligação espiritual com essa pessoa. Junte-se à sua alma e irradie perdão. Você poderia fazer uma afirmação do tipo: "Eu perdôo você por qualquer coisa que, aos meus olhos, você possa ter feito a mim. Eu renuncio a qualquer tipo de autocomiseração ou sentimento de culpa que tenha contribuído para nos separar. Eu perdôo a mim mesmo por aquelas ocasiões em que não fui capaz de oferecer amor". Lembre-se de algumas das vezes em que você amou e perdoou essa pessoa. Lembre-se de como você se sentiu tranqüilo depois disso. Pense em si mesmo como uma pessoa magnânima que não se ofende com a incapacidade das pessoas para expressar amor.

Perdoar não significa que você precise fazer alguma coisa ou tomar alguma providência. Essa é uma atitude de amor que não julga nem condena. Perdoar os outros não significa fechar os olhos ao comportamento deles e também não significa que você seja superior. O perdão dissipa a energia negativa que existe dentro de você e o deixa livre para amar como a sua alma ama. Você terá vencido todas as vezes em que escolher o amor. Ao perdoar os outros o seu corpo torna-se mais saudável, você se sente melhor com relação a si mesmo e tem mais energia para dispender consigo mesmo e em sua vida.

Se você quiser perdoar os outros, mas sentir que não consegue, não se obrigue a isso. Comece perdoando a si mesmo por não querer perdoar. Então, junte-se à sua alma enquanto ela envia a sua vontade de amar para o ponto oculto. Sinta o amor da sua alma fluir através do seu corpo até você estar pronto para perdoar a outra pessoa no momento em que isso for possível. Perdoar os outros não significa que você precise entrar em contato com eles ou tomar alguma providência na prática. O perdão é uma atitude interior que lhe traz paz. Você está optando por sentir a serenidade que se manifesta quando renuncia a qualquer ressentimento, raiva, medo ou culpa que você possa estar abrigando.

Tenha boa vontade aonde quer que você vá.
Seja o amor em ação.

Espalhe a vontade de amar da sua alma mostrando boa vontade aonde quer que você vá. Faça uma ligação espiritual com as pessoas que você encontrar. Sinta a sua ligação com a sua alma e sinta as almas das outras pessoas. Seja um raio de sol que leva amor a todos os que cruzam o seu caminho. Irradie o amor da alma tanto para estranhos e conhecidos casuais como para as pessoas que você ama. Expresse amor por meio das suas palavras e gestos independentemente do modo como os outros o tenham tratado ou do que tenham feito. Sorria sem esperar que os outros retribuam esse sorriso.

Sinta o amor da sua alma para que você possa amar as pessoas qualquer que seja o comportamento delas. Se as pessoas falarem ou pensarem mal de você, procure pensar nelas com amor. Perdoe-as pelo comportamento delas e seja generoso com o seu amor. Compreenda que as pessoas que se comportam de forma desagradável muitas vezes estão sob grande tensão ou estão enfrentando problemas que ainda não conseguem resolver com tranqüilidade. Se as pessoas lhe parecerem más ou insensíveis, não preste atenção nessas qualidades. Em vez disso, concentre-se no que há de iluminado e de bom dentro delas. Você poderia até mesmo agradecer às pessoas por elas terem entrado em sua vida, pois elas lhe proporcionaram novas maneiras de conhecer a vontade de amar da sua alma e de despertar os seus chakras do coração. Fale com otimismo com aqueles que estão à sua volta e anime-os com palavras e gestos. Desfrute o prazer de espalhar amor, pois tudo o que você dá voltará a você multiplicado. Reconheça que você é uma pessoa afetuosa e que está sempre oferecendo seu amor e sua boa vontade aos outros.

O Desejo de Amar

Contato com a Alma

Junte-se à sua alma e faça uma ligação entre o chakra do coração e o coronário. Observe como a sua alma transmite vontade de amar, por meio do chakra coronário, ao ponto oculto. Pratique isso até que não sinta nenhuma dificuldade. Escolha um ou vários dos passos apresentados abaixo para expressar a vontade de amar da sua alma.

1. Receba o amor estável, firme e constante que a sua alma tem por você. Observe o seu diálogo interior e deixe de lado qualquer pensamento negativo que você tenha acerca de si mesmo.
2. Não deixe de perceber todas as ocasiões em que você usa a sua vontade para obrigar-se a fazer alguma coisa. Pare de pressionar a si mesmo e sinta a brandura do amor da alma, que dá a você liberdade para fazer o que quer e gosta de fazer.
3. Verifique se você não está impondo a sua vontade aos outros ao desejar que eles ajam de determinadas maneiras. Fortaleça-se com a vontade de amar da sua alma e liberte-se desses desejos.
4. Renove o seu amor com relação a alguma pessoa que você talvez já tenha esquecido, fazendo uma ligação espiritual e sentindo o amor que você tem pela alma dessa pessoa – um amor que resiste ao tempo.
5. Sinta a paciência da sua alma ao longo do dia. Seja bondoso e paciente consigo mesmo e com os outros. Detecte e deixe de lado qualquer sinal de pressa ou de impaciência.
6. Perdoe a si mesmo hoje por algo que você acha que fez de errado ou que poderia ter feito melhor. Sinta o amor constante e inabalável que a sua alma tem por você.

7. Perdoe hoje as pessoas por qualquer coisa que elas tenham feito e que, no seu entender, tenha representado um desrespeito a você. Faça uma ligação espiritual e envie amor a essas almas.
8. Espalhe amor e boa vontade aonde quer que você vá. Procure situações e pessoas para as quais você possa irradiar amor.

Capítulo 12

Entrega ao Amor

Você faz a energia subir do plexo solar até o chakra do coração
para ser absorvida e transformada em amor.
Você se entrega desde o nível mais baixo até o mais elevado.

Você está pronto para fazer o terceiro e último elo entre os seus chakras do coração, fazendo subir até o chakra do coração a energia do ponto oculto do chakra do plexo solar. Esse é o elo que você faz por sua livre e espontânea vontade e com a imaginação ao renunciar àqueles sentimentos e desejos que o impedem de expressar o amor da alma. Esses sentimentos e desejos se originam no ponto brilhante de luz do chakra do plexo solar, pois ali é a sede das emoções, dos desejos, da personalidade, do ego e da identidade. Vou me referir ao ponto oculto do chakra do plexo solar como *chakra do plexo solar* ou como *ponto oculto*, e ao ponto brilhante como *chakra não-evoluído do plexo solar* ou *ponto brilhante.*

Quando você estimula o ponto oculto com a vontade de amar da sua alma, ele fica mais radiante. O ponto oculto começa a entrar em contato com o ponto brilhante, absorvendo essa energia para si. Em seguida, você eleva o ponto oculto até o chakra do coração e isso fortalece a sua capacidade de renunciar às emoções e desejos que iriam separá-lo dos outros e do amor que a sua alma tem por você. Quando o ponto oculto desperta e o seu chakra do plexo solar evolui, as suas emoções se tornam calmas e harmoniosas. Você não sente medo, raiva, depressão, solidão, piedade por si mesmo ou culpa. Cada pensamento, idéia ou crença o ajuda a amar a si mesmo e aos outros. Você não quer controlar os outros nem se deixa levar pelas emoções e desejos dos outros. Você assume a responsabilidade pela sua vida. Renuncia a conflitos e a disputas pelo poder, deixa de lado as críticas e passa a apreciar o valor dos outros, e ainda transforma em cooperação e apoio a sua antiga necessidade de fazer as coisas do seu jeito. Você pensa, fala e age de maneiras que contribuem para o bem comum. Você conhece o verdadeiro poder, que não é o poder exercido sobre as pessoas, mas o poder do amor, da união e da cooperação do grupo.

O chakra do plexo solar é como uma estação receptora que capta informações sobre as energias do mundo físico ao seu redor. Ele registra os pensamentos e os sentimentos das outras pessoas, pensamentos coletivos e até mesmo energias provenientes do reino animal e vegetal. Nesse centro, a intuição lhe proporciona introvisões e informações acerca do mundo material e não do mundo espiritual. Muitos de vocês são telepatas e sentem nesse centro as emoções das outras pessoas como se elas fossem suas. Você pode mudar isso elevando as energias do plexo solar até o chakra do coração. Assim, você conseguirá se manter calmo e centrado, sentindo compaixão e amor pelas emoções das outras pessoas, mas sem senti-las como se fossem suas. À medida que o ponto oculto desperta, você passará a usar esse centro para sentir as necessidades da humanidade e do grupo ao qual você está servindo, para que você possa aproveitar o seu tempo e a sua energia da maneira mais proveitosa possível.

Eleve o ponto oculto até o chakra do coração.

Comece agora a elevar as energias do plexo solar para o chakra do coração, para que elas sejam transformadas em amor. Junte-se à sua alma e observe enquanto a jóia do chakra do coração alinha-se com a jóia da alma. Observe a luz fluir para cima até que o chakra do coração e o coronário estejam ligados por um raio de luz. Preste atenção enquanto a sua alma envia a sua vontade de amar do chakra coronário até o ponto oculto do chakra do plexo solar. À medida que esse ponto vai se tornando mais ativo, observe-o entrando em contato com o ponto brilhante e absorvendo a energia deste. Você está fortalecendo a sua vontade de amar e a sua capacidade de renunciar às coisas que estão no caminho do amor.

Eleve a energia desde o ponto oculto do chakra do plexo solar até o seu chakra do coração. Imagine o chakra do coração como uma estrela radiante ou como um pequeno sol situado acima do chakra do plexo solar. Ele está absorvendo as energias que sobem até ele. Se quiser, você pode produzir um som de "om" enquanto eleva a energia do chakra do plexo solar até o chakra do coração. A luz flui do ponto brilhante para o ponto oculto e sobe para o chakra do coração. Faça isso várias vezes, até sentir a luz subindo do chakra do plexo solar até o chakra do coração. Você pode observar essa energia continuando a subir até o chakra coronário.

Não importa se você consegue ou não perceber ou sentir o ponto oculto. O importante é imaginar que você está elevando a energia do seu chakra do plexo solar para o chakra do coração sempre que quiser renunciar a sentimentos, pensamentos e reações que não forem afetuosos. Ao elevar a energia desde o plexo solar até o chakra do coração, você está realizando a terceira e última ligação entre os chakras do coração.

Conheça e aceite os seus sentimentos.

Para entregar-se ao amor, comece procurando reconhecer quando as suas emoções, seu humor, seus desejos e seus pensamentos estão se originando a partir do ponto brilhante do chakra do plexo solar. Essas são emoções e pensamentos que fazem você sentir-se mal com relação a si mesmo, negam o poder que você tem e levam-no a sentir-se separado dos outros. Quando você tem emoções como medo, raiva, culpa, vergonha, irritação, tensão, preocupação, ansiedade, depressão, insegurança, reprovação, julgamento, piedade por si mesmo, ciúme e outras emoções negativas, você pode saber que elas estão se originando a partir do ponto brilhante no chakra do plexo solar. Se sentir continuamente essas emoções negativas, isso criará perturbação no chakra do plexo solar e deixará você desvitalizado. Para transformar essas emoções, você precisa estar disposto a senti-las e a reconhecer que elas existem. Dessa forma você pode estimular o ponto oculto com a vontade de amar da sua alma, de modo que você possa amar os seus sentimentos em vez de negá-los, reprimi-los ou deixar que eles o controlem. Você pode, então, elevar a energia do plexo solar e levá-la ao chakra do coração para sentir a serenidade do amor.

Selecione uma das emoções negativas mencionadas – ou qualquer outra emoção negativa que você esteja sentindo ou que tenha sentido recentemente – com o propósito de transformá-la. Junte-se à sua alma para estimular o ponto oculto e aumentar a sua vontade de amar a si mesmo e aos seus sentimentos. Eleve a energia do seu plexo solar até o chakra do coração, para fortalecer a sua capacidade de renunciar a esses pensamentos, sentimentos e emoções desagradáveis. Você pode amar qualquer sentimento, da mesma forma como amaria uma criança pequena que quer ser confortada e acalentada em vez de ser empurrada para longe. Você pode conhecer a serenidade do amor e conhecer o amor receptivo e incondicional que a sua alma tem por você e por seus sentimentos.

Não há problema se você nem sempre for capaz de amar os seus sentimentos, transformar emoções negativas ou for afetuoso e alegre o tempo todo. Por meio do ponto brilhante do chakra do plexo solar, você pode sentir o constante transbordamento de energia emocional proveniente do seu próprio corpo emocional, as vontades e desejos das pessoas à sua volta e o clima emocional de sua cidade, do seu país, do mundo e de toda a humanidade. Perdoe e ame a si mesmo por todas aquelas ocasiões em que você não conseguiu permanecer calmo, manter-se em contato com a sua alma e expressar o amor da alma com relação aos outros. A sua alma o aceita e o ama. O amor dela por você é constante, duradouro e paciente. Você vai crescer muito mais rápido se amar a si mesmo tal como você é neste exato momento.

Certos sentimentos podem ser tão fortes que, para transformá-los em amor, você terá de estimular o ponto oculto com a vontade de amar da sua alma e elevar a energia do plexo solar até o chakra do coração vezes e vezes seguidas. Se você precisar de uma ajuda extra para mudar certos sentimentos, convide o Ser de Amor para entrar no chakra do seu coração. À medida que você trabalhar com a sua alma, elevar a energia do plexo solar até o chakra do coração e amar as suas emoções, elas irão deixar de dominá-lo. Você terá a capacidade de sentir os seus sentimentos, amá-los e deixar que eles se vão.

Eleve a energia do plexo solar
até o chakra do coração
para que ela seja transformada em amor.

Aprenda a reconhecer quando as pessoas estão agindo a partir do ponto brilhante e não-evoluído do chakra do plexo solar. Você não precisa mais "captar" ou sentir a energia não-evoluída do plexo solar das outras pessoas. Você pode juntar-se à sua alma, conhecer a sua vontade de amar e elevar a energia do plexo solar até o chakra do coração, para conhecer a serenidade do amor da alma. Ao fazer isso você pode mudar a natureza de qualquer relacionamento, transformando em compreensão e amor o que de outro modo seria disputa, dor, insegurança e tensão.

As pessoas que raciocinam em termos de ganhar e provar que estão certas, em vez de pensarem em cooperar, estão vivendo a partir do ponto brilhante do chakra do plexo solar. O mesmo acontece com pessoas que agem de forma egocêntrica, temerosa, defensiva, possessiva, ciumenta ou controladora. Acusar, reprovar, atacar e ameaçar também são comportamentos gerados a partir do ponto brilhante. Preste atenção em como você se sente quando está perto das pessoas. Se você se sente menosprezado, depreciado ou hostilizado, então a outra pessoa está se relacionando com você – ou você reagindo a ela – a partir do ponto brilhante do plexo solar. Esta conclusão é válida mesmo se a outra pessoa lhe disser que está agindo com amor. Confie nos seus sentimentos para saber a verdade. Além disso, o seu corpo pode dizer se você está nas proximidades de uma energia não-evoluída do plexo solar. Você pode sentir os seus músculos tensos, notar um nó na garganta ou sentir que o seu estômago está se apertando. Você poderá se pegar segurando a respiração ou restringindo de alguma maneira os movimentos respiratórios. Ou, ainda, você poderá ter uma sensação generalizada de mal-estar ou se sentir pouco à vontade.

Declare hoje que você está livre das expectativas que os outros possam ter com relação a você.

As pessoas que amam através de um plexo solar não-evoluído podem querer controlá-lo. Elas poderão usar a raiva, o desapontamento, a culpa, o julgamento, a frieza, a indiferença ou as críticas para levá-lo a fazer aquilo que elas querem ou, ainda, poderão tentar controlá-lo negando-lhe amor. Você poderá vir a ter dificuldade para seguir o seu próprio caminho em vez de fazer o que outra pessoa quer que você faça. Você talvez seja tão compassivo e amoroso a ponto de querer agradar aos outros satisfazendo a vontade dessas pessoas. Estenda a sua maravilhosa compaixão a si mesmo. O seu bem-estar e a sua vida são mais importantes do que fazer com que a personalidade das outras pessoas se sinta bem.

Quando você desperta o chakra do coração e sente o amor da alma, o seu amor pelos outros e por você próprio aumenta. Você passa a reagir aos atos dos outros com amor, firmeza e clareza a respeito do modo como você quer ser tratado. O amor da alma oferece amor aos outros, mas não exige que você permaneça num ambiente hostil ou desagradável. Você pode distanciar-se fisicamente de alguém e, não obstante, fazer isso com amor.

Você pode elevar a energia do plexo solar para o seu chakra do coração com o propósito de parar de reagir aos desejos, expectativas, necessidades e carências das outras pessoas. Você pode renunciar a qualquer ressentimento com relação às pessoas que você sente que estão se intrometendo na sua vida ou passando dos limites. Pense na pessoa com a qual você está fazendo a ligação espiritual. Ligue-se com a alma dela e peça para ver em que medida você está vivendo em função das vontades dessa pessoa, em vez de se orientar pelos seus próprios desejos. A outra pessoa está tentando limitá-lo ou controlá-lo de algum modo? Essa pessoa está querendo que você aja de determinada maneira para satisfazer a vontade da personalidade dela? Reconheça as ocasiões em que você estiver reagindo às energias não-evoluídas do plexo solar dessa pessoa. Eleve a energia desde o chakra do plexo solar e leve-a até o chakra do coração. Faça a ligação espiritual e irradie um amor transparente. Você pode dizer para si mesmo: "Vou seguir os desejos da minha alma com relação à minha vida, em vez de viver em função daquilo que você deseja para mim. Ao fazer isso, crio o potencial para que tenhamos um relacionamento mais elevado e mais afetuoso". Veja a si mesmo como o dono da sua vida e do seu tempo. Reconheça todas as ocasiões em que você de fato seguiu a sua orientação superior e o coração em vez de fazer aquilo que os outros queriam que você fizesse.

Opte pelo amor.
Renuncie ao desejo de magoar.

Para se entregar ao amor você vai precisar prestar atenção a qualquer emoção, disposição de ânimo ou pensamento que possam levá-lo a agir de uma maneira que não seja afetuosa. Você talvez precise renunciar ao orgulho, ao sentimento de que é importante ou à necessidade de fazer as coisas à sua maneira, de sentir-se superior ou de ter poder sobre os outros. Você vai querer livrar-se dessas emoções que o fazem sentir-se inferior aos outros ou ter dúvidas acerca do seu próprio valor. Você vai querer acostumar-se a pensar nos outros de forma positiva, mesmo se sentir que eles o feriram. Você vai querer criar condições harmoniosas por intermédio de suas palavras, atos e pensamentos.

Perceba qualquer reação que você tenha que possa conter mesmo a mais leve intenção de magoar outra pessoa. Fique atento à sua disposição de espírito e aos seus sentimentos para que você ainda consiga amar os outros mesmo que estes lhe inspirem emoções negativas. Estimule o ponto oculto com a vontade de amar da sua alma e eleve a energia do plexo solar até o chakra do coração. Entregue-se ao amor e seja bom com todas as pessoas que se encontram ao seu redor. Recorde-se de diversas ocasiões em que você agiu assim e como você se sentiu bem consigo mesmo depois disso.

Quando sente que os outros o magoaram, você pode ficar tentado a devolver na mesma moeda. No início, você talvez queira fazer os outros sentirem a dor que você sentiu ao ser atacado, criticado, menosprezado, rejeitado, incompreendido ou ao sofrer uma decepção. Ao sentir-se ofendido pelos outros, você talvez queira reagir com raiva, negar o seu amor ou retaliar essas pessoas de alguma maneira.

Se lhe parecer que alguém está tentando feri-lo, comece por reconhecer e sentir a sua dor. Não se obrigue a sentir amor ou a agir de maneira afetuosa até você ter transformado essa dor. Eleve até o chakra do coração as emoções que você está sentindo no chakra do plexo solar, de modo que você possa sentir a paz do amor. Pense nas ocasiões em que você reagiu com amor mesmo quando optar por ferir os outros lhe parecia uma atitude justificada, considerando-se o modo como eles o trataram antes. Reconheça o seu próprio mérito todas as vezes em que optar por reagir com amor mesmo quando os outros estiverem agindo de maneira hostil. Além disso, perdoe a si mesmo por aquelas ocasiões em que você não conseguiu ou não quis agir com amor.

Depois de fazer a ligação com a sua alma, você conseguirá sentir a compaixão dela. Você irá compreender que algumas pessoas não sabem como ser gentis ou atenciosas. Elas não estão de fato reagindo a você; elas estão reagindo aos seus próprios medos e experiências passadas. As pessoas às vezes dizem ou fazem coisas ofensivas porque não se sentem bem consigo mesmas. A sua alma nunca se ofende; ela compreende que qualquer ato de hostilidade por parte das outras pessoas reflete o que elas são e não o que você é.

Pense na pessoa com a qual você optou por fazer uma ligação espiritual. Nas últimas semanas você teve a mais leve vontade de feri-la? Por que você se sentiu assim? Você estava de mau humor ou dominado por fortes emoções? Você estava captando as fortes emoções da outra pessoa? Você achou que a outra pessoa estava tentando insultá-lo ou feri-lo? Preste atenção às coisas que desencadeiam em você reações hostis.

Pare antes de reagir com hostilidade. Dê a si mesmo algum tempo para amar e respeitar os seus sentimentos. Não tente conversar consigo mesmo acerca de sentimentos hostis. Ame os seus sentimentos, ouça-os, sinta-os e, em seguida, eleve-os até o coração, de modo que eles sejam transformados em amor. Interrompa temporariamente o relacionamento com essa pessoa ou crie uma barreira física até que você consiga reagir com amor. É melhor você ficar longe por algum tempo, enquanto transforma os seus sentimentos, do que ficar junto da outra pessoa e agir com hostilidade. Espere para agir até que você possa fazer isso de um modo que seja respeitoso para ambos.

Diga para si mesmo: "Eu agora opto pela paz e pelo amor".

Se você estiver tentando ficar calmo e, no entanto, se vir reagindo ao mau humor das pessoas ou agindo de forma hostil, não se sinta um fraco, não se considere uma vítima e nem censure a outra pessoa por estar lhe "enviando" energias negativas. Perdoe a si mesmo por não ser ainda um ser iluminado! Eleve a energia do plexo solar até o chakra do coração e sinta a serenidade do amor da alma. Pense em todas as ocasiões em que você conseguiu se manter centrado e equilibrado, mesmo em meio à energia negativa das outras pessoas. Afirme que você tem o poder de escolher o modo como você quer se sentir.

Se as pessoas ao seu redor estiverem dominadas por fortes emoções, faça uma ligação espiritual e sinta a sua alma e a alma dessas pessoas. Antes de falar ou de agir, você talvez queira dizer para si mesmo algo como: "Eu agora optei pela paz e pelo amor". Continue elevando a energia do plexo solar para o chakra do coração, a fim de renunciar a qualquer vontade de reagir de maneira hostil. É preciso ter muita autoconsciência e atenção constante para ser sempre afetuoso e eliminar todo o desejo de ferir. Não ferir os outros é um dos maiores desafios e um dos passos mais importantes para despertar os seus chakras do coração.

Transforme a raiva em amor da alma.

Para entregar-se ao amor, você vai precisar livrar-se da raiva. A raiva pode ser uma das emoções mais difíceis de transformar. Ela é a porção "luta" da reação de luta ou fuga. O medo é a porção "fuga", e tenho falado sobre a transformação do medo em muitos de meus outros livros. A raiva está na origem de muitas emoções que fomentam a separação, tais como a irritação, o sentimento de superioridade e de ser virtuoso, a autocomiseração ou mesmo a depressão, que é a raiva voltada para dentro, contra o eu. Quase todo mundo sente uma certa dose de raiva muitas vezes por dia. Pode se tratar de raiva por si mesmo, raiva da sociedade, raiva das pessoas que se opõem àquilo em que você acredita ou raiva de amigos e pessoas queridas. Pense em seus sentimentos de hoje. Quando você optou por sentir raiva, se é que o fez?

A raiva é uma força ou energia que pode afastá-lo das coisas com as quais você está zangado. Às vezes a raiva pode ser benéfica, como naquelas ocasiões em que ela o leva a se afastar de uma situação que lhe é prejudicial. À medida que você for evoluindo, emoções fortes não serão mais necessárias para impeli-lo a agir. Você fará isso com a sabedoria calma e tranqüila da sua alma. Reagir com raiva serve apenas para debilitar a sua verdadeira força. Só quando você fala ou age a partir da perspectiva serena, expansiva e amorosa da sua alma é que você se sente bem com relação a seus atos e palavras. Ao agir com o amor da alma você conhece a verdadeira força – a força do amor, a energia mais poderosa do universo.

Comece por reconhecer quando você estiver com raiva. Às vezes você opta por ficar zangado quando está em contato com a raiva dos outros. Se você sente uma raiva desproporcional à situação, é possível que você esteja reagindo a uma dor do passado que ainda não foi resolvida. Você poderá sentir raiva por estar em desarmonia com o universo ou por não estar contente consigo mesmo ou com a vida. Ou, então, você poderá ficar com raiva por achar que os outros não o estão tratando da forma como você deveria ser tratado.

Pare e reconheça a sua raiva no momento em que ela surgir. Não culpe os outros por tê-la causado. Se você ficar zangado, una-se à sua alma para estimular o ponto oculto a fortalecer o seu desejo de amar. Eleve a energia do plexo solar até o chakra do coração e relaxe na paz do amor da alma. Deixe a energia fluir até o chakra coronário e expandir-se para a unicidade do amor. Conheça a sabedoria, a compaixão e a compreensão do amor da alma. Você pode sentir a paz do amor mesmo se estiver em torno de pessoas iradas, agressivas, defensivas ou que atuem a partir de chakras do plexo solar que ainda não evoluíram. Independentemente do tipo de emoções, pensamentos ou energia que existam ao seu redor, você é que deve escolher a maneira como quer se sentir.

Você sente algum tipo de raiva – oculta ou nem tanto – com relação à pessoa com a qual você tem feito uma ligação espiritual? Eleve a energia do plexo solar até o chakra do coração. Faça uma ligação espiritual e irradie o amor tolerante, transparente e incondicional da sua alma. Você poderia dizer: "Renuncio a qualquer tipo de raiva que eu possa ter com relação a você. Assumo a responsabilidade de fazer a minha vida ir bem". Opte por não ser uma vítima e, em vez disso, afirme que você tem o poder de criar a vida que quiser. Recorde-se de alguma ocasião em que você transformou a sua raiva e agiu com calma, lucidez e amor. Pense em como você ficou contente consigo mesmo quando isso aconteceu. A transformação da raiva é um passo importante e que irá criar mudanças positivas em seu relacionamento consigo mesmo e com as outras pessoas.

Livre-se da irritação.
Em vez disso, ofereça amor.

A irritação é uma emoção forte que pode ser vivida por pessoas cujo chakra do plexo solar está despertando e cuja sensibilidade às energias circundantes está aumentando. Muitas pessoas ficam irritadas quando sua sensibilidade às energias desarmoniosas que as rodeiam aumenta antes que elas tenham aprendido a juntar-se à alma e a elevar as reações do plexo solar até o chakra do coração. Como você talvez já tenha notado quando estava em meio a pessoas irritáveis, a irritação pode ser contagiosa. Você oferece aos outros uma grande dádiva ao transformar em amor qualquer irritação que você estiver sentindo. Uma disposição animada e alegre é uma contribuição generosa para o bem-estar dos outros.

Se você estiver irritado ou cercado por pessoas que estão expressando irritação, una-se à sua alma e eleve a energia do plexo solar até o chakra do coração, até poder sentir a serenidade do amor. Perdoe a si mesmo por ter reagido de forma indesejável às energias à sua volta. Irradie um amor transparente ao fazer a ligação espiritual. Perdoe as outras pessoas por serem irritáveis. Permaneça calmo e irradie para elas as diversas qualidades do amor da alma, tais como um amor magnético, tolerante e amplificador.

Respeite a si mesmo estabelecendo limites.

Respeite seu ritmo, suas necessidades e seu caminho espiritual. Se você não conseguir estabelecer limites, dizer onde termina você e começam os outros, se você sentir os sentimentos dos outros como se fossem seus, eleve a energia do plexo solar até o chakra do coração. Lembre-se das ocasiões em que você de fato estabeleceu limites e, mesmo assim, as pessoas continuaram a amá-lo.

Irradiando o amor da alma, você consegue ficar num estado de amor tranqüilo e sereno, qualquer que seja o estado emocional das outras pessoas. A partir desse estado de amor, você vai fazer o que é bom para si mesmo e para a sua alma e não o que as outras pessoas querem que você faça. Não importa se as outras pessoas mudam ou correspondem ao seu amor. Ao oferecer amor, você sempre desperta os chakras do coração. Decida se você quer ou não continuar a conviver com pessoas que não o respeitam. Acredite que todos os seus relacionamentos podem ser amorosos, solidários e contribuir para enriquecê-lo como ser humano.

Entrega ao Amor

Contato com a Alma

Pratique a elevação da energia do plexo solar até o chakra do coração em uma ou mais das seguintes circunstâncias, com o propósito de aumentar a capacidade de entregar-se ao amor:

1. Estude e observe os seus sentimentos e sua disposição de ânimo no dia de hoje. Transforme uma emoção negativa em amor elevando-a até o chakra do coração. Sinta a serenidade do amor.
2. Detecte a energia não-evoluída do plexo solar nas relações das pessoas umas com as outras ou com você. Eleve a energia do plexo solar até o chakra do coração e sinta a serenidade do amor. Irradie um amor transparente.
3. Preste atenção no seu corpo, para identificar as energias não-evoluídas do plexo solar menos evidentes. Observe se você está retesando o corpo ou restringindo a respiração: considere isso um sinal para elevar a energia do plexo solar até o chakra do coração.
4. Descubra quais são as energias emocionais das outras pessoas às quais você tem maior probabilidade de reagir. Durante a meditação, procure modificar regularmente a sua reação a esse tipo de energia. Observe mudanças em sua capacidade de permanecer calmo, quando você estiver fisicamente próximo desse tipo de energia.
5. Observe se você está reagindo à vontade de alguma outra pessoa com relação a você, em vez de agir de acordo com a sua própria vontade. Eleve a energia do plexo solar até o chakra do coração e siga a vontade da sua alma.
6. Identifique qualquer impulso para agir, falar ou pensar de maneira hostil, quando estiver perto de alguém. Em vez disso, ofereça amor.

7. Descubra quais acontecimentos, pessoas ou situações fazem com que você fique irritado ou zangado. Eleve a energia do plexo solar até o chakra do coração e transforme a raiva e a irritação em amor, compaixão e aceitação.

Capítulo 13

O Amor da Alma

A luz circula entre os seus três chakras do coração,
elevando você até um estado de amor da alma.
Você se torna consciente da Presença Universal do Amor.

Você fez a ligação entre os chakras do coração, coronário e do plexo solar. Ao fazer a ligação entre esses centros, promover a circulação de energia entre eles e praticar as qualidades do amor da alma, você pode entrar num estado de amor expandido. Você entra num estado de amor a partir do qual os atos, as palavras e os pensamentos corretos fluem naturalmente. As pessoas têm descrito esse estado como consciência cósmica, unidade de consciência, consciência de Cristo ou viver em contato com a Fonte. Nesse estado você sente a sua unicidade com a rede da vida da qual você é parte. Você pode expressar os ideais mais elevados da sua alma, servir aos outros tal como faz a sua alma e, também como ela, passar a se interessar pelo bem-estar do grupo. Você pode receber e irradiar o amor dos Iluminados. Eu chamo a esse estado de *amor da alma.*

Para fazer a ligação entre os chakras do coração e a luz e entrar mais plenamente num estado de amor da alma, você precisa chamar a sua alma até você e unir-se a ela. Sinta a jóia do chakra do coração fundindo-se com a jóia da alma. Sinta a serenidade do amor. A sua alma envia tanta luz ao chakra do coração que a luz sobe até o chakra coronário. Se quiser, você pode produzir o som de "om". Expanda-se para a unicidade do amor, sentindo o universo mais amplo do qual você é parte. Quando a energia e a luz estiverem fluindo entre os chakras do coração e coronário, você terá feito a primeira ligação entre os chakras do coração.

Faça soar o "om" enquanto você observa sua alma irradiando a vontade que ela tem de amar para ativar o ponto oculto, e assim fortalecendo o seu desejo de amar. Não há problema se você sentir essa energia passando através do seu chakra do coração no caminho entre o chakra coronário até o ponto oculto. Com essa ligação entre o chakra coronário e o ponto oculto, no chakra do plexo solar, você terá feito a segunda ligação entre os chakras do coração.

Observe enquanto o ponto oculto absorve energia do ponto brilhante. Faça uma ligação final, elevando o ponto oculto do chakra do plexo solar até o chakra do coração ao mesmo tempo que você produz o som de "om". Fortaleça a sua capacidade de renunciar às emoções, desejos e reações que o separam do amor da sua alma.

Faça a luz circular entre os chakras do coração.

Energia e luz estão agora circulando entre os chakras do coração. Você pode visualizar a luz fluindo entre esses chakras do modo como você quiser. Um fluxo circular de energia e luz se forma entre o chakra do coração, o chakra coronário e o chakra do plexo solar. (Veja ilustração na página 160.) Não importa o modo como você visualiza os chakras; o importante é você sentir a energia enquanto ela circula para cima e para baixo.

Sinta a presença da sua alma enquanto você inspira e eleva a energia do chakra do coração até o chakra coronário. O chakra coronário está ligado a todos os outros chakras e promove o equilíbrio entre eles. Ele torna mais harmoniosos os padrões de luz entre os chakras e o modo como eles trabalham juntos. Expire e observe enquanto a sua alma envia a vontade de amar desde o chakra coronário até o ponto oculto do chakra do plexo solar. Ao inspirar novamente, eleve a energia desde o chakra do plexo solar até o chakra do coração. Cada vez que a energia passa através do chakra do coração, a jóia do chakra do coração fica mais brilhante e mais bonita. Continue a elevar continuamente a energia até o chakra coronário. Com a próxima expiração, envie a energia para baixo, até o ponto oculto. Você pode fazer a ligação com os chakras do coração usando esse ciclo de respiração ou, simplesmente, imaginando a luz e a energia fluindo entre eles. A energia e a luz fluem para cima, desde o chakra do coração até o chakra coronário e, então, desce graciosamente, num movimento belo e contínuo, até o chakra do plexo solar. A energia, então, eleva-se até o chakra do coração, repetindo o fluxo cíclico entre os chakras.

Adicione Luz Solar ao ciclo de energia que liga os chakras do coração. Imagine a Luz Solar acima de você, descendo através do chakra coronário, chegando até o ponto oculto do seu chakra do plexo solar e, então, subindo para os chakras do coração e da cabeça. Faça a Luz Solar circular através dos chakras do coração. A Luz Solar faz com que a ligação entre os chakras do coração fique mais bonita à medida que a energia sobe até o chakra coronário, desce até o ponto oculto e volta a subir até o chakra do coração.

Convide o Ser de Amor para entrar no chakra do coração e observe como isso altera o modo como você vive o estado de amor da alma. O Ser de Amor desperta por completo os seus chakras do coração, ajudando-o a passar para o próximo passo do despertar do coração. Quando o Ser de Amor juntar-se a você, observe o seu chakra do coração ficar mais radiante de amor. Sinta o movimento da energia entre os chakras do coração ficar mais fluido e mais bonito. Sinta a serenidade do amor enquanto você imagina o modo como o Ser de Amor sente essa serenidade. Imagine-se ligado à unicidade da mesma maneira que o Ser de Luz. Deixe essa ligação com o Ser de Amor fortalecer a sua vontade de amar e a sua capacidade de entregar-se ao amor.

Veja como o seu chakra do coração
se transforma numa esfera de luz dourada.

Imagine a luz se movendo entre os chakras do coração como uma luz de grande beleza, circulando livremente num fluxo uniforme e harmonioso. Entoe o "om" em voz alta ou para si mesmo várias vezes enquanto distribui a luz entre os chakras do coração. Você está observando uma luz vibrante e resplandecente movendo-se para cima e para baixo. A luz está ficando iridescente. Luzes elétricas e pulsáteis se movem cada vez mais rápido, até você não conseguir mais seguir o movimento. Todos os chakras do coração estão ligados entre si e a energia e a luz estão fluindo entre eles. Quando isso acontece, o seu chakra primário do coração inflama-se com o amor da alma. A sua jóia transforma-se numa esfera dourada de luz, viva, tremeluzente e radiante. O chakra do coração passa a ter o aspecto de um sol brilhante, com raios de luz brotando a partir dele e estendendo-se em espiral por mais de um metro para além do seu corpo. Passe algum tempo sentindo o brilho e a beleza do seu chakra primário do coração tal como ele se encontra agora.

Ligue-se com a Presença Universal do Amor.

Ao despertar os chakras do coração, você fica mais consciente da Presença Universal do Amor, também chamada de Oceano Universal de Amor. Uma vez que você a tiver sentido, fazendo circular a energia entre os chakras do coração, você estará apto a reconhecer a sua presença simplesmente ao pensar nela. Olhe pela janela ou examine atentamente a área ao seu redor. Imagine que, com os seus olhos interiores, você consegue sentir um campo de amor, uma presença viva de amor que perpassa todas as coisas, incluindo objetos, pessoas, plantas e animais. Esse campo de amor é um aspecto de Deus, da Deusa, da Unicidade, da Fonte e de Tudo-Que-Existe. Ele pode ser visto como um campo de luz vibratória e sentido como puro amor. Esse campo de amor contém todas as qualidades do amor da alma, e qualidades do amor que são ainda mais elevadas. Ele aceita e permite, amplifica e harmoniza. Ele é transparente, firme, constante e duradouro. Ele faz com que todas as energias fiquem mais bonitas. Ele expande, unifica e conecta. Faça uma pausa por um momento e sinta essa enorme presença de amor que permeia todas as coisas. Sinta a vitalidade, a consciência e o amor que ela irradia.

Você talvez tenha se perguntado: "O universo é amistoso? Ele está a meu favor ou contra mim?" Saiba que o universo é absoluta e incondicionalmente a seu *favor*! A Presença Universal do Amor está sempre presente, agindo a seu favor e para o seu maior bem. Essa é a substância divina de amor que constitui a essência do universo. Faça circular a luz entre os chakras do coração e una-se a essa presença de amor. Deixe que ela o abrace e o envolva. Ela está avançando incessantemente rumo a experiências e relacionamentos que irão abrir o seu coração. Ela está continuamente trabalhando a seu favor.

Ao fazer a ligação com a alma, despertar os chakras do coração e tornar-se consciente da Presença Universal do Amor, você está despertando do estado de inconsciência que o fez esquecer-se de quem é e de quem você sempre foi. É impossível ficar fora desse campo de amor, pois ele é uma parte de você. Você é feito de amor. Ao despertar os chakras do coração, você esta ganhando consciência, acordando e conhecendo a si mesmo como um ser cheio de amor. Você não está na verdade *se tornando* amor, pois você já *é* amor. Você está eliminando aquelas energias que escondem o amor que existe dentro de você. Você está voltando a se ligar com as partes de si mesmo que sabem amar. Você está se lembrando da sua ligação com os Seres de Luz e com as forças do amor, dos quais você sempre foi parte. À medida que os seus chakras do coração ficam mais bonitos, graças à luz da sua alma, desaparecem todas as coisas que contribuem para ocultar o amor que existe dentro de você, e então você se transforma em alguém capaz de receber e transmitir claramente o amor da sua alma. Você torna-se o ser de amor que você já é.

Seja criativo ao fazer a ligação
entre os chakras do coração.
Use a imaginação.

A variedade de maneiras de se fazer ligação e o fluxo de luz e energia entre os chakras do coração é tão grande quanto o número de pessoas. Não há problema se você não conseguir visualizar ou sentir o movimento da energia entre os centros. A simples intenção de fazer a ligação entre os chakras do coração e imaginar-se fazendo isso é o que basta. A sua imaginação é uma força criativa que atua sobre os centros para modificá-los e alterar o modo como eles funcionam juntos. Inspirar e imaginar luz e energia fluindo para cima – e expirar imaginando luz e energia fluindo para baixo – é uma maneira muito poderosa de fazer uma ligação entre os chakras do coração e despertá-los.

Se você puder visualizar uma luz fazendo a ligação entre os centros, analise as cores que ela contém. Além disso, você talvez possa ouvir, com os seus ouvidos interiores, um som, um murmúrio ou uma nota. As cores e sons serão diferentes para cada um de vocês, pois eles irão conter as cores, as vibrações e as notas específicas de cada alma. Algumas pessoas sentem uma pulsação, uma vibração ou algum tipo de sensação física ao fazer a ligação entre os chakras do coração. Você pode ou não ter alguma sensação física. Você poderá sentir mais amor, paz, expansão ou qualquer uma das qualidades do amor da alma que você já conhece. Você poderá também sentir uma mudança em sua perspectiva, como se você pudesse observar a si mesmo fazendo a ligação entre os centros tanto a partir de dentro como a partir de fora do corpo. Algumas pessoas não notam coisa alguma no momento em que fazem a ligação entre os chakras do coração. Elas só sentem os efeitos depois, até mesmo horas ou dias mais tarde.

Muitas pessoas dizem que se sentem mais sábias, mais livres, mais plenas e completas quando fazem a energia circular entre os chakras do coração. Elas ficam menos preocupadas em agradar a personalidade das pessoas e têm mais facilidade para sentir que atos de amor devem ser realizados para respeitar a alma das pessoas. Elas têm mais coragem para parar de fazer aquelas coisas que os outros querem que elas façam, mas que elas próprias não querem fazer.

Qualquer experiência que você tenha ao fazer a ligação entre os chakras do coração é válida. Não espere sentir-se iluminado e totalmente repleto de amor simplesmente por ter feito uma ligação entre os chakras do coração. Esse ato irá ajudá-lo a dar os próximos passos no caminho que conduz ao despertar do seu coração. Isso tornará mais fácil a ligação com a Presença Universal do Amor, para que você possa sentir e agir de forma mais amorosa com relação a si mesmo e aos outros.

O modo como você sente o amor da alma pode se alterar, dependendo do seu estado de humor, das pessoas que estão ao seu redor e das circunstâncias em que você se encontra. Você poderá sentir mais nitidamente o movimento e a ligação entre os centros quando estiver num estado de meditação. Pode ser que você simplesmente note que prefere falar ou fazer coisas com mais amor e, contudo, não sinta a luz se movendo entre os chakras do coração. Você talvez não tenha nenhuma experiência que possa identificar como sendo decorrente do fato de seus chakras do coração estarem despertos e interligados. Continue irradiando amor e fazendo a luz circular entre os centros. Saiba que, assim como você, os seus chakras do coração estão despertando.

Agora que você aprendeu a fazer a ligação entre os chakras do coração e a estimular a circulação de energia entre eles, procure praticar isso durante a meditação até conseguir sentir mais facilmente a luz e o movimento que os interligam. Ao fazer circular a luz e a energia entre os chakras do coração, você consegue trazer para si qualquer uma das qualidades do amor da alma que você já conheceu ou, então, experimentar simultaneamente todas elas. Familiarize-se com o estado de amor da alma que a ligação entre os chakras do coração pode criar para você. A partir desse estado de amor da alma você pode agir, falar e levar o seu amor até a humanidade de maneiras que estejam em harmonia com toda a vida. Você pode fazer profundas contribuições para indivíduos e grupos. Quando você age a partir desse estado de amor da alma, os seus atos podem ajudar a aliviar o sofrimento dos outros. O despertar dos chakras do coração oferece às outras pessoas a oportunidade de despertar seus próprios chakras do coração – se elas assim o quiserem – pela sua presença e pelo seu exemplo.

Faça circular a energia entre os chakras do coração enquanto você se prepara para encontrar as pessoas.

Explore o estado de amor da alma que se torna possível quando você faz a ligação entre os chakras do coração e desperta para a presença do amor que está dentro de você. Faça essa ligação várias vezes por dia, em várias situações e perto de diferentes tipos de pessoas. Faça-a também em diferentes disposições de humor e circunstâncias, da mesma forma como você fez a ligação com a sua alma junto a diferentes pessoas, em diferentes lugares e quando você estava com diferentes disposições de humor. Observe como a ligação entre os chakras do coração fica muito mais fácil quando você está calmo do que quando está passando por emoções fortes. Sinta a Presença Universal do Amor à sua volta. Use a força do seu amor para aumentar a sua capacidade de amar.

Acorde de manhã e faça a energia circular entre os chakras do coração durante alguns instantes, até você conseguir sentir o seu centro primário do coração como uma luz brilhante que se estende por muitas dezenas de centímetros para além do corpo físico. Sinta o amor dentro de você. Sinta a Presença Universal do Amor ao seu redor. Em seguida, pense nas pessoas que você conheceu ao longo do dia. Faça uma ligação espiritual com essas pessoas e imagine a Luz Solar sobre vocês. Você está preparando o terreno para uma ligação ainda maior. Depois de fazer isso, observe qualquer lampejo intuitivo ou sensação relativa à sua futura relação com elas. Convide o Ser de Luz para entrar no seu chakra do coração se você estiver antevendo uma situação difícil que irá desafiá-lo a sentir e a agir com amor. Repita esses passos quando estiver perto dessas pessoas e observe de que modo eles podem ajudá-lo a expressar o amor da alma.

Você pode fazer a energia circular entre os chakras do coração e estabelecer uma ligação espiritual com as pessoas em muitas situações diferentes. Faça isso quando você quiser ter uma sensação de paz, sentir-se conectado, expandir o seu amor, fortalecer a sua vontade de amar e renunciar a pensamentos e sentimentos hostis. Estimular a circulação da luz entre os chakras do coração pode ajudar você a descobrir como agir com amor e, então, tomar essas providências.

Distribua energia entre os chakras do coração quando você estiver em situações difíceis, tal como acontece quando você está às voltas com crianças malcomportadas, situações de tensão no local de trabalho, problemas com a família ou amigos ou com dificuldades para lidar com qualquer energia emocional forte e desequilibrada proveniente das outras pessoas. Ligue os chakras do coração também quando você estiver em meio a energias amorosas e alegres. Sinta os seus chakras despertos do coração em lugares espirituais para poder sentir mais facilmente sua alma e os Seres de Luz. Depois que você já tiver sentido o amor decorrente da circulação de luz entre os chakras do coração, torna-se possível recriar esse estado seja por meio de recordações e da utilização desse processo ou, então, passando diretamente para o estado de amor da alma. Faça circular energia entre os seus chakras do coração sempre que você quiser aprofundar a sua experiência de amor da alma.

Sirva à alma das pessoas em vez de servir à personalidade delas.

A maioria das pessoas irá responder à sua irradiação de amor da alma de maneiras maravilhosas e surpreendentes. Você em geral terá um relacionamento agradabilíssimo com pessoas e, em troca, receberá muitas dádivas de amor. Todavia, nem todas as pessoas irão reagir de forma positiva ao amor da alma. Algumas talvez não apresentem nenhuma reação. Outras poderão reagir de maneira hostil. Se isso acontecer, não pense que fez algo de errado.

Quando você age com o amor da alma, os seus atos nem sempre agradam a personalidade das outras pessoas. Não se deixe controlar pelas reações dos outros. Se você tiver certeza de estar agindo com o amor da alma, não se preocupe se as pessoas não o amarem ou não gostarem de você por causa dos seus atos. Você poderia pensar numa criança que, às vezes, precisa de limites e que, para o seu próprio bem, precisa ter negada a satisfação de alguns de seus desejos. Conquanto a sua conduta talvez não o torne popular, você saberá que se comportou com amor e que, em última análise, fez o que era melhor para essa criança.

Ao amar como a sua alma ama, você não mais está interessado em agradar os outros para que eles o amem. Você quer fortalecer as pessoas, o que pode ou não significar fazer coisas que sejam do agrado da personalidade delas. Às vezes, amar os outros como ama a sua alma significa tomar providências que eles talvez não aprovem ou que os desagrade, tais como ser firme ou estabelecer limites. Se os outros o amarem apenas quando você fizer o que eles querem, isso significa que eles não estão lhe oferecendo o verdadeiro amor, mas sim a energia não-evoluída do plexo solar.

Seja paciente. Com o tempo, as pessoas acabarão por reconhecer a sabedoria dos seus atos e apreciar a sua coragem em oferecer-lhes um amor que as ajudou a se tornarem mais fortes. Se elas não fizerem isso, você ainda terá a paz que decorre do conhecimento de que você respeitou e serviu tanto a sua própria alma quanto a delas.

*Ame a si mesmo tal como você
é neste exato momento.*

Ao praticar e ler sobre o amor da alma, você poderá ter diversas reações. Você poderá sentir-se inspirado a expressar o amor da alma com mais freqüência. Além disso, uma parte de você poderá sentir-se sobrecarregada ou se rebelar contra a expressão de tanto amor. Você poderá descobrir uma subpersonalidade que esteja com medo de que agir de forma tão amorosa possa fazê-lo transmitir a impressão de ser fraco ou vulnerável ou, então, que receie que os outros possam se aproveitar de você. Pode haver uma subpersonalidade que sinta que a expressão de tanto amor dá muito trabalho ou que fique deprimida ao perceber como ela poderia ser muito mais amorosa. Essas reações são normais. Ame e promova a evolução de qualquer subpersonalidade cuja voz precise ser ouvida.

O que lhe está sendo apresentado é uma visão de como você poderia amar se amasse como ama a sua alma. Observe o modo como você reage a essa nova maneira de ver as coisas. Você a usa como fonte de inspiração ou para recriminar-se pelo fato de ser como você é? Não faça com que uma maneira de agir marcada pelo amor transforme-se em uma obrigação a mais na sua lista de "deveres". Ame os outros porque isso lhe traz paz e alegria e o faz sentir-se bem. Aceite a si mesmo como você é neste exato momento, incluindo os seus sentimentos e pensamentos hostis.

Faça uma ligação com a sua alma e, sempre que possível, sinta o amor dela. À medida que o tempo passa você aumenta a sua capacidade de sentir-se amoroso numa variedade maior de circunstâncias. Depois de algum tempo você conseguirá ser amoroso sem precisar esforçar-se. Podem ser necessários anos de trabalho – ou, mesmo, várias existências – para você conseguir sentir o amor da alma de forma tão constante quanto a sua alma. Sempre que expressar o amor da alma, você estará despertando os chakras do coração.

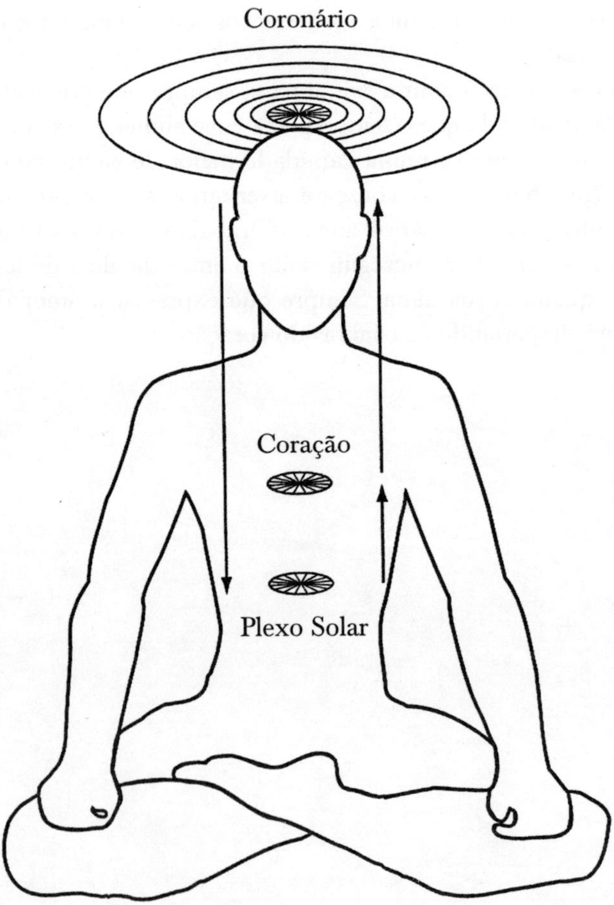

Movimento Entre os Chakras do Coração.

O Amor da Alma

Contato com a Alma

Desperte para o amor da alma fazendo a ligação entre os chakras do coração. Una-se à sua alma. Inspire e eleve a energia do chakra do coração até o chakra coronário. Expire e envie a vontade de amar da sua alma até o ponto oculto. Inspire e eleve a energia do plexo solar até o chakra do coração e, então, para o seu chakra coronário. Complete esse ciclo algumas vezes. Aumente a sua capacidade de sentir o amor da alma pelas seguintes maneiras:

1. Faça circular a Luz Solar entre os chakras do coração para fazer com que eles trabalhem em conjunto com mais beleza e perfeição.
2. Imagine o Ser de Amor diante de você. Peça ao Ser de Amor para transmitir energia a você com o propósito de estimular ou despertar os seus chakras do coração.
3. Sinta a energia mover-se cada vez mais rápido entre os seus chakras do coração até que você consiga imaginar a esfera dourada do seu chakra primário do coração resplandecente de luz e estendendo-se mais de um metro para além do seu corpo.
4. Sinta a Presença Universal do Amor envolvendo-o em amor. Afirme que o universo é amigável e que ele sempre está trabalhando para você e para o seu bem maior.
5. A partir do estado do amor da alma, irradie amor para todas as pessoas nas quais você conseguir pensar. Ao fazer a ligação espiritual, envie amor a partir da essência do seu ser.
6. Passe para um estado de amor da alma e pense nas pessoas com as quais você estará hoje. Ao fazer isso você está preparando o terreno para o surgimento de uma ligação superior entre você e essas pessoas.

Seção III

Como Criar Relacionamentos Entre Almas

Você atrai uma alma gêmea
e outras pessoas para a sua vida.
Você descobre o propósito superior
dos seus relacionamentos.
Você aprende e segue as leis
universais do relacionamento.
Você se une à sua alma para
remover os obstáculos ao amor.
Você descobre novas maneiras
de amar a si mesmo e aos outros.
Você liberta ou modifica as formas
dos relacionamentos para que eles
correspondam às novas vibrações de amor.
Você está se relacionando adequadamente
com todo mundo.

Capítulo 14

Atraindo uma Alma Gêmea

O seu chakra do coração brilha com a presença magnética da sua alma. Você faz ligações com uma alma gêmea no plano da alma.

Ao despertar os chakras do coração e praticar o amor da alma, você talvez queira trazer para a sua vida novos amigos e pessoas queridas que correspondam ao seu amor e que possam estar à altura do seu novo nível de amor. Você talvez queira ter em sua vida pessoas com as quais você esteja profundamente ligado, tenha um caminho e um propósito em comum e com quem você possa estabelecer um relacionamento de alma para alma. Chamo a essas pessoas de *almas gêmeas.*

A maioria das pessoas tem mais de uma alma gêmea. Você talvez já tenha tido diversos relacionamentos desse tipo com amigos e pessoas queridas. Uma alma gêmea pode apresentar-se na forma de um cônjuge, de um amigo muito estimado, de um filho ou de um amante. A alma gêmea pode ser uma pessoa com a qual você compartilha um caminho espiritual, uma missão no mundo ou o compromisso de ser pai e mãe de certas almas. Ela pode ser alguém cujo crescimento você esteja estimulando, como um filho, por exemplo.

A sua alma gêmea pode ser alguém que já esteve com você e aprendeu lições semelhantes. Ou, então, pode ser alguém que veio ajudá-lo em seu crescimento espiritual mostrando-lhe mais coisas a seu respeito e oferecendo-lhe maneiras de abrir o seu coração. Uma alma gêmea pode ser alguém que está ligado a você desde outras existências e com quem você continua a ter um relacionamento que já passou por uma boa evolução em vidas passadas. Pode ser também que esta seja a primeira existência em que vocês ficam juntos na Terra.

Decida se você quer atrair
uma alma mais antiga, mais jovem
ou da mesma idade que você.

Definirei a *idade da alma* como a quantidade de amor, vontade, propósito e luz da alma que a pessoa consegue expressar por meio da sua personalidade. A idade da alma reflete o nível em que as pessoas estão vivendo enquanto almas e a receptividade da personalidade delas com relação à alma. Nos exemplos que se seguem, a idade de uma alma é relativa. Você pode ser uma alma muito antiga e a alma que estiver ao seu lado pode ser também muito antiga, porém mais jovem do que você. Ou, então, você pode estar com uma alma mais antiga do que você e, ainda assim, você mesmo ser uma alma antiga. Se você quer atrair uma alma gêmea para um relacionamento íntimo, decida se você quer atrair uma alma mais jovem, mais antiga ou da mesma idade que a sua alma. Você também pode deixar que a sua alma faça essa escolha.

Ter um relacionamento íntimo com uma alma mais jovem oferece a você muitas oportunidades para desenvolver a sua capacidade de ensinar, de ajudar e de fortalecer a outra alma. As almas mais jovens podem proporcionar-lhe a oportunidade de transmitir muito daquilo que você já aprendeu e de constatar o crescimento que você já conseguiu realizar. Ser professor pode ser uma atividade muito gratificante quando a alma jovem está querendo crescer e mostra-se disposta a aprender o que você tem a lhe ensinar. Se a alma mais jovem não quiser modificar-se ou crescer, você muito provavelmente vai ficar esgotado e decepcionado em vez de energizado. Se a alma for muito mais jovem do que a sua, você poderá gastar muita energia e obter poucos resultados.

Num relacionamento com uma alma mais jovem, você terá a oportunidade de desenvolver as qualidades da alma relacionadas à paciência e à compaixão. Você vai saber como agir para fortalecer os outros sem assumir a responsabilidade de cuidar da vida dessas pessoas, de salvá-las ou de poupá-las do aprendizado das lições que cabe a elas aprender. Você vai descobrir como comportar-se num relacionamento com alguém cuja visão não é tão ampla ou tão sagaz quanto a sua. Você será desafiado a ser amoroso, humilde, tolerante e bondoso. As almas mais jovens às vezes sentem-se ameaçadas por almas mais antigas e podem tentar reduzir a confiança e a força da alma mais antiga para poderem se sentir melhor com relação a si mesmas. Se você resolver juntar-se a uma alma mais jovem, certifique-se de que essa pessoa quer aquilo que você tem a oferecer e está disposta a modificar-se e a crescer. Quando for esse o caso, você poderá descobrir que é muito gratificante estar ao lado de uma alma mais jovem e acompanhar o desenvolvimento dessa pessoa.

A maioria de vocês optou por ter relacionamentos com almas que têm uma idade semelhante à sua. No caso de almas da mesma idade, vocês muitas vezes estarão crescendo no mesmo ritmo e aprendendo as mesmas lições. Existe o potencial para grande alegria e também para grandes conflitos num relacionamento entre almas da mesma idade. Você será desafiado a adquirir as qualidades da alma relacionadas ao amor que você tem por si mesmo. O grau em que você ama a si mesmo irá determinar a sua capacidade de amar a outra pessoa, a qual estará refletindo de volta para você muitas das características da sua personalidade. Um relacionamento com uma alma da mesma idade tem o potencial para ser muito íntimo, pois conhecer o outro pode ser algo muito parecido com conhecer a si mesmo. Você precisará ser vulnerável e deixar que a outra pessoa entre no seu coração. Você vai querer amar aquilo que você considerou difícil de amar em si mesmo e o fará também como uma forma de amar a outra pessoa. Você vai fazer um bem a si mesmo livrando-se da autocomiseração e da tendência para culpar os outros por tudo de ruim que lhe acontece e ao reconhecer que você só pode receber da outra pessoa aquilo que você mesmo pode dar.

Você será desafiado a acalmar as suas emoções e a descobrir onde termina você e começa a outra pessoa.

Estar num relacionamento com uma alma mais antiga traz diferentes tipos de desafios. Você talvez pense que relacionamentos com almas mais antigas sejam mais fáceis, por causa da compaixão, compreensão e luz espiritual que elas podem lhe oferecer. Estando com uma alma mais antiga, você será o aprendiz. Você terá o desafio de crescer e de renunciar a qualquer reação oriunda do plexo solar não-evoluído. Se a alma com a qual você estiver for demasiado avançada, você poderá ser chamado a crescer num ritmo excessivamente rápido. Nesse relacionamento, você terá oportunidade de aprender como amar a si mesmo sem fazer julgamentos, comparações com outras pessoas e sem sentir-se indigno ou inferior. As almas mais antigas muitas vezes conseguem se distanciar das reações da personalidade, oferecendo a você um amor mais sábio e impessoal. Pode ser, porém, que você nem sempre se sinta à vontade com esse tipo de amor. As dádivas que você recebe de uma alma mais antiga podem assumir formas diferentes daquelas que você quer, de modo que você terá de se concentrar na essência daquilo que você recebeu e não em suas expectativas quanto a determinados atos, palavras e comportamentos. Você estará junto a alguém cuja visão é mais ampla do que a sua e, assim, precisará aprender a confiar em si mesmo e a desenvolver a sua própria visão interior. Você vai precisar aprender quando se entregar à sabedoria e à orientação da outra pessoa e quando fazer as coisas de acordo com seus próprios critérios.

A alma mais antiga pode ter muito a oferecer num relacionamento e ser uma companhia agradável. As almas mais antigas podem ensinar-lhe muitas coisas. Elas podem fazer muitas contribuições importantes para a sua vida por meio da sabedoria, da intuição e da visão delas. Elas podem ajudá-lo a crescer, tomando como exemplo o modo como elas vivem e pensam. Assim como em qualquer relacionamento, a convivência com uma alma mais antiga traz muitas recompensas e também muitos desafios.

Não pense que a sua
alma gêmea vai realizar
todas as suas expectativas.

Se você quiser que um cônjuge ou um amante seja a sua alma gêmea, você precisará renunciar a diversas ilusões. Uma delas é a de que a sua alma companheira é alguém junto do qual você estará pelo resto da vida. Você pode ter um relacionamento com uma alma companheira que dure algumas semanas, meses ou anos. O tempo não tem nada a ver com a qualidade da sua ligação e com a importância dela em sua vida. Você poderá ter um relacionamento com uma alma gêmea durante o resto da vida ou, então, você e a outra pessoa poderão ter aprendido tudo o que vieram aprender juntos e cumprido os propósitos superiores do seu relacionamento em apenas alguns meses ou anos. Não avalie a importância de um relacionamento com base no tempo durante o qual você e seu parceiro ficaram juntos.

Uma outra ilusão é a de que existe apenas uma única alma gêmea, que é o verdadeiro amor da sua vida. Você talvez já tenha tido uma ligação desse tipo com um cônjuge ou amante, compartilhando um vínculo repleto de amor e de solidariedade que trouxe muito crescimento para ambos. O simples fato de a ligação externa entre vocês dois ter chegado ao fim não significa que esse não tenha sido um relacionamento com uma alma gêmea. Existem diversas almas gêmeas que poderiam ser adequadas a você caso tenha chegado o momento de você ter uma alma gêmea na vida. A determinação de quem você irá atrair num determinado momento depende das lições que você precisa aprender e do caminho superior que você está escolhendo. Isso também vai depender da prontidão com que a sua alma gêmea irá juntar-se a você.

Em qualquer relacionamento com uma alma gêmea você vai precisar desistir da ilusão de que há uma pessoa perfeita à sua espera e que, depois que vocês estiverem juntos, ela vai realizar todas as suas expectativas e dar à sua personalidade tudo o que ela deseja. Não espere que a sua alma gêmea ideal seja alguém que se mostre sempre amoroso e de fácil convívio, que concorde com tudo o que você diz ou faz e que lhe traga uma vida de tranqüilidade e conforto. Você poderá passar por essas experiências em algumas ocasiões e, em outras, essa pessoa, por suas expressões não-evoluídas de amor, poderá desafiá-lo a amar como ama a sua alma. As almas gêmeas sempre lhe trazem crescimento e lhe proporcionam muitas oportunidades para despertar os seus chakras do coração. Esse processo de crescimento às vezes é fácil e às vezes não é. O relacionamento com uma alma gêmea lhe oferece maravilhosas oportunidades para trabalhar no nível da alma.

Determine se o seu próximo passo é atrair uma alma gêmea.

Antes de atrair uma alma gêmea, você vai querer juntar-se à sua alma para descobrir se esse é o seu próximo passo. Ao fundir-se com a sua alma, imagine-a iluminando o seu caminho para que você possa perceber mais facilmente quais são os seus próximos passos. Faça a energia circular entre os chakras do coração, inspirando e elevando a energia desde o chakra do coração até o chakra coronário e, depois, expirando e enviando luz para o ponto oculto. Inspire novamente e puxe a energia do plexo solar para cima, levando-a até o chakra do coração e, em seguida, para o chakra coronário, dando continuidade ao ciclo de luz que liga os chakras do coração. Encha-se com o amor e a sabedoria da sua alma. Peça que a sua alma o ajude a saber se atrair uma alma gêmea é o seu próximo passo. A partir desse estado de expansão, sabedoria e amor, avalie se é chegado o momento de atrair uma alma gêmea.

Se você não tiver a nítida sensação de que este é o momento apropriado para atrair uma alma gêmea, ou se você já andou tentando sem sucesso atrair alguma, trabalhe com as suas subpersonalidades. Descubra se alguma delas tem algum tipo de medo ou se elas estão de alguma maneira relutantes em ter uma alma gêmea. Poderá haver uma subpersonalidade que não creia ser possível um relacionamento positivo e satisfatório com uma alma gêmea. Algumas delas poderão sentir que o estão protegendo para que você não se machuque nem perca a sua liberdade. Uma das suas subpersonalidades poderá temer que um novo relacionamento dê muito trabalho e produza conflitos em sua vida. Junte-se ao seu Eu superior para promover a evolução das suas subpersonalidades. Peça-lhe ajuda e cooperação. Se você ainda não tiver certeza de que chegou o momento adequado para você atrair uma alma gêmea, pare de tentar e avalie qual é o próximo passo a ser tomado. Peça que a sua alma o ajude a reconhecer qual é a melhor maneira de empregar seu tempo e suas energias. Apenas atraia uma alma gêmea quando sentir que esse é o próximo passo – e o passo correto – a ser dado.

Conheça sua alma gêmea no plano da alma.

Quando você estiver pronto para conhecer a sua alma gêmea, concentre-se na Luz Solar, deixando que ela o eleve até o plano da alma. Chame a sua alma até você e funda-se com ela. Sinta as luzes cintilantes das várias almas no mar de luz. Pense no relacionamento que você quer ter, tal como um companheiro, um grande amigo ou um filho. Você quer atrair uma alma mais antiga, mais jovem ou da mesma idade? Ou, então, peça que a sua alma use a sabedoria dela para trazer até você a alma gêmea mais adequada com a qual você possa se desenvolver nesta fase da sua evolução.

A sua alma sabe exatamente o que fazer para chamar essa alma gêmea. Junte-se à sua alma e envie você também um chamamento dirigido à alma dessa pessoa. Em seguida, observe enquanto uma das almas do mar de luz responde e começa a deslocar-se em sua direção, chegando cada vez mais perto. Faça uma pausa por um momento, feche os olhos e inspire a beleza desse momento, a sensação de ligação e de reconhecimento. Você está com a alma de seu companheiro no nível da alma, mesmo se isso lhe parecer apenas obra da sua imaginação.

A alma dessa pessoa está feliz por estar com você. Note como essa alma é linda e grandiosa. Descubra como é estar com alguém que amplifica a sua luz, cuja evolução complementa a sua, e que está aqui para aprender e para crescer junto com você. Imagine que vocês dois estão fazendo soar a nota da alma e fundindo suas notas em uma linda sinfonia.

Irradie amor para a alma dessa pessoa. Receba o amor que a alma dela irradia para você. Sinta os lindos padrões de luz que vocês podem formar juntos. Brinquem e sintam o prazer de estarem juntos como duas almas. Pergunte mentalmente à alma dessa pessoa se ela está pronta para encontrar-se cara a cara com você. Essa pessoa precisa de tempo para preparar-se ou está pronta para conhecê-lo dentro em breve? A resposta pode não vir na forma de palavras e sim como uma sensação ou conhecimento interior. Pergunte a si mesmo e à alma da outra pessoa se existe alguma coisa que você precise fazer para preparar-se para a entrada dela em sua vida. Convide a sua alma gêmea para fazer parte da sua vida, se você sentir que está pronto para conhecer essa pessoa e se a sua alma gêmea parecer pronta para encontrar-se com você.

Torne-se magnético para a sua alma gêmea.

Quando você estiver pronto para chamar essa pessoa para participar da sua vida, você poderá fazer isso por meio do magnetismo do seu chakra do coração. Deixe a sua alma preencher a jóia do seu chakra do coração com tanto amor que ele se transformará num ímã, irradiando um amor poderoso e magnético. Sinta como a sua jóia do chakra do coração pode ser linda, magnética e brilhante. Faça uma ligação espiritual com sua alma gêmea. Correntes de amor vivo fluem a partir da jóia do seu chakra do coração, atraindo essa pessoa até você, chamando-a para fazer parte de sua vida. Acrescente a isso qualquer imagem ou sentimento que você escolheu para trazer a sua alma gêmea até você.

Sinta o seu chakra do coração e o chakra do coração da outra pessoa abrindo-se um para o outro. Quer vocês façam ou não uma ligação no plano físico, vocês agora têm uma ligação no plano da alma. Vocês podem começar a desenvolver o seu relacionamento no plano da alma, atuando juntos como duas almas. A harmonização do relacionamento entre vocês no plano da alma irá fazer com que vocês se tornem mais magnéticos um para o outro. Isso em geral traz a outra pessoa para a sua vida mais rapidamente, e o relacionamento entre vocês se inicia num nível mais elevado.

Encontrem-se aqui com a freqüência que preferirem. Faça com que essa pessoa se torne parte da sua vida e cultive aqui o amor que surgirá entre vocês quando os dois se encontrarem pessoalmente. Você pode fazer uma ligação espiritual com essa pessoa em momentos de tranqüilidade e de reflexão, sempre que você se lembrar dela. Faça a energia circular entre os chakras do coração de vocês e transmita para essa pessoa as diversas qualidades do amor da alma. Reveja os exercícios de ligação espiritual nos capítulos anteriores e, desta vez, repita-os escolhendo a sua alma gêmea como a pessoa para a qual você vai irradiar amor. Fazendo isso você estará cultivando um relacionamento com essa pessoa no nível da alma.

Acredite que uma alma gêmea de fato existe e vai aparecer.

Depois que tiver magnetizado a sua alma gêmea, você vai querer descobrir qualquer crença que você tenha e que possa impedir essa pessoa de surgir em sua vida. Crenças são conclusões a que você chega acerca da natureza da realidade. Crenças podem anular o trabalho magnético do coração ou podem reforçar o seu magnetismo e ajudá-lo a atrair para junto de si a sua alma gêmea.

Livre-se de qualquer mensagem negativa que você possa estar enviando a si mesmo, tal como: "Não existe ninguém que seja tão evoluído quanto eu, que esteja interessado nas mesmas coisas que eu" ou "É difícil conhecer pessoas novas". Se você tem trabalhado para atrair um companheiro e ainda não tem um, livre-se de qualquer crença de que o amor é difícil de encontrar, de que é impossível alguém vir a amar você ou de que não existem homens ou mulheres solteiras disponíveis.

Você tem alguma crença que lhe diga não haver nenhuma alma gêmea para você?

Trabalhe com essas crenças restritivas e procure modificá-las. Diga para si mesmo que existem almas que são tão evoluídas quanto você, que pode ser fácil conhecer uma alma gêmea, e assim por diante. Fique atento para qualquer pensamento negativo a respeito das razões pelas quais você não vai conhecer ou atrair uma alma gêmea e transforme-o numa declaração positiva sobre os motivos pelos quais você pode ter e terá um relacionamento com uma alma gêmea.

Você pode preparar-se para ter um relacionamento adorável com uma alma gêmea e tornar-se mais magnético para a sua alma gêmea abrindo-se para receber amor de todas as fontes. Receba mais amor do que você jamais recebeu em toda a sua vida. Pratique a recepção do amor a partir de todas as fontes – dos amigos, de animais de estimação, das crianças e de todas as pessoas que fazem parte da sua vida. Deixe que as pessoas o amem. Ao aprender a receber amor você se torna mais magnético para a sua alma gêmea.

Faça coisas que o levem a se sentir vivo.
Seja magnético para a sua alma gêmea.

Depois que você tiver chamado a sua alma gêmea, não viva em compasso de espera até que ela apareça. Existem coisas que você tem vontade de fazer, mas cujo início tem sido adiado porque você acha que, antes disso, a sua alma gêmea precisa estar junto a você? Faça essas coisas agora. Vá percorrer trilhas a pé, acampar, viajar e dançar; inscreva-se em cursos; comece um novo *hobby*; e expanda a sua consciência. Dedique-se ao que quer que o faça sentir-se vivo. Pergunte a si mesmo o que você acha que poderá ter com uma alma gêmea e que não terá sem ela. Você só pode receber dos outros aquilo que pode dar a si mesmo. A alma gêmea não o fará sentir-se completo. A alma gêmea não vai preencher o seu vazio interior e sim, refleti-lo. Se você quiser um amigo, um companheiro ou um filho para que eles lhe dêem mais amor, traga mais amor para a sua vida agora.

Depois que você conheceu a sua alma gêmea no plano da alma e convidou-a para entrar em sua vida, você talvez venha a descobrir que se passará algum tempo antes de encontrá-la pessoalmente. Neste momento, o seu caminho talvez não seja de união com uma outra pessoa, mas de união com a sua alma. Neste momento, você talvez possa crescer mais se não tiver um relacionamento com uma alma gêmea. Seja paciente. Quando você e a outra pessoa estiverem prontos, a sua alma e a alma da outra pessoa providenciarão para que vocês se encontrem. Continue a promover o desenvolvimento da sua ligação com a alma, trabalhe com a alma da outra pessoa e faça tudo que você tem vontade de fazer.

Atraia as pessoas com o seu chakra magnético do coração.

Além de atrair uma alma gêmea, você pode trabalhar com a sua alma e com o seu chakra magnético do coração para atrair uma variedade de pessoas para a sua vida. Estas provavelmente não são almas gêmeas. Trata-se de médicos, prestadores de serviços, empregados, empregadores, professores, padrinhos, companheiros de quarto ou outras pessoas com as quais você terá relacionamentos com propósitos específicos ou bem definidos.

Comece por pensar em alguém que você quer atrair para junto de si. Imagine tudo o que puder a respeito dessa pessoa: suas habilidades, inteligência, criatividade, desenvolvimento espiritual, bons hábitos, honestidade, integridade, proximidade, disponibilidade, período de tempo durante o qual você quer essa pessoa em sua vida, e assim por diante. Pense no resultado que você deseja e imagine essa pessoa sendo capaz de trabalhar junto com você para alcançá-lo.

Quando você tiver uma idéia de quem possa ser essa pessoa e das qualidades que você gostaria que ela tivesse, faça uma ligação com a sua própria alma. Alinhe a jóia do seu chakra do coração com a sua jóia da alma. Peça que a sua alma encha o seu chakra do coração com o amor magnético da alma até que este se transforme num ímã. Faça uma ligação espiritual com essa pessoa, sentindo a conexão entre os chakras do coração de cada um de vocês. Sinta a Luz Solar sobre vocês, atraindo-os um para junto do outro com um propósito superior. Convide essa pessoa para entrar em sua vida.

Se você tiver uma lista de nomes de pessoas dentre as quais você está tentando escolher quais você vai procurar trazer para a sua vida com um propósito específico, faça uma ligação espiritual com cada uma dessas pessoas. Durante a ligação espiritual, use a sua imaginação para sentir quais pessoas lhe parecem mais adequadas. Não existem escolhas certas ou erradas. Cada pessoa irá oferecer-lhe diferentes tipos de lições e vários caminhos de crescimento. Quando você encontrar uma ou duas pessoas que o atraiam nesse nível, torne-se magnético com o amor da sua alma, faça a ligação espiritual e convide essas pessoas para entrar em sua vida.

Atraindo uma Alma Gêmea

Contato com a Alma

Escolha a partir da relação abaixo alguma área com a qual você gostaria de trabalhar com o propósito de atrair uma alma gêmea:

1. Una-se à sua alma e peça que ela o ajude a saber se o seu próximo passo é atrair uma alma gêmea. Se não for, descubra qual *é* o seu próximo passo.
2. Se o seu próximo passo não for atrair uma alma gêmea, descubra em que sentido você está crescendo, de modo a ficar mais preparado para ter um relacionamento com uma alma gêmea.
3. Identifique e promova a evolução de qualquer subpersonalidade que não tenha certeza de querer uma alma gêmea ou cujos medos o estejam impedindo de atrair uma para junto de si.
4. Descubra e examine a crença de que você talvez precise mudar a sua maneira de comportar-se nos relacionamentos para poder atrair uma alma gêmea. Crie uma afirmação positiva a respeito dos relacionamentos e repita-a com freqüência.
5. Junte-se à sua alma gêmea no plano da alma. Trabalhem juntos como duas almas para aprofundar a ligação existente entre vocês. Dê as boas-vindas à sua alma gêmea.
6. Promova a evolução do seu relacionamento com a sua alma gêmea no plano da alma. Ao fazer a ligação espiritual, irradie as diversas qualidades do amor da alma. Receba amor da alma da outra pessoa. Envie uma mensagem telepática. Receba uma resposta. Seja tão inventivo quanto possível quando vocês estiverem trabalhando juntos como duas almas.

7. Faça uma ligação espiritual com a sua alma gêmea e sinta o magnetismo do seu chakra do coração. Convide a sua alma gêmea para fazer parte da sua vida.
8. Pense em alguma coisa que você vinha adiando até ter uma alma gêmea. Resolva fazer isso agora, para que você possa aumentar a sua vitalidade e tornar-se ainda mais magnético para a sua alma gêmea.

Capítulo 15

O Propósito Superior de um Relacionamento

Você leva o seu relacionamento para a unicidade
e o insere na moldura do universo.
Você traz a Luz Solar do propósito superior
para os seus relacionamentos.

Os relacionamentos são uma área muito importante a ser desenvolvida como parte do seu caminho para a iluminação e para a sua vida enquanto alma. Eles lhe oferecem uma maneira de abrir seu coração e de expressar o amor da alma. Eles lhe proporcionam um *feedback* e refletem de volta para você as qualidades que você está desenvolvendo em si mesmo. Os relacionamentos lhe proporcionam oportunidades para amar os outros como a sua alma ama. Eles podem mostrar-lhe todos os aspectos em que você ainda está se esforçando para conquistar a paz, o amor e a alegria da sua alma. Cada decisão que você toma no sentido de oferecer amor em vez de fechar o coração o leva para mais perto da sua alma. Os relacionamentos podem ajudá-lo a desenvolver qualidades que fazem de você um líder, um mestre ou um agente de cura. As suas ligações com os outros lhes oferecem uma oportunidade para sentir e desenvolver a infinita compaixão, tolerância e sabedoria da sua alma.

Cultivar os relacionamentos no nível da alma com seus amigos e pessoas queridas pode trazer-lhe muitas recompensas. A alegria existe quando os corações das pessoas estão em harmonia e quando eles estão sintonizados com um propósito superior. O profundo desejo de se sentir próximo das outras pessoas é uma das necessidades humanas mais fundamentais, seja entre pais e filhos, entre dois parceiros ou entre dois amigos. Você sentirá prazer, segurança e uma grande alegria de viver quando os seus relacionamentos chegarem ao nível ao qual é possível chegar quando você ama como a sua alma ama. Ao despertar os chakras do coração, você pode renunciar a qualquer medo de se aproximar das pessoas, de se magoar ou de se deixar influenciar pela negatividade delas. Você pode optar por ver as pessoas como criaturas boas e o universo, como um lugar amistoso. Você pode optar por viver com alegria e eliminar o conflito de seus relacionamentos.

O trabalho mais importante que você pode fazer para cultivar relacionamentos no nível da alma é o que é feito de alma para alma. Você já tem feito isso ao efetuar uma ligação espiritual, ao concentrar-se em sua alma e na alma da outra pessoa e ao irradiar as qualidades do amor da alma. Todas as expressões externas do amor nascem da essência do amor que existe entre você e os outros no nível da alma.

Compreenda que todos os seus relacionamentos têm um propósito superior.

Para cultivar relacionamentos no nível da alma, você talvez queira conhecer mais sobre a razão espiritual de você e a outra pessoa estarem juntos. Essas são as razões da alma para você estar envolvido num relacionamento com as outras pessoas. Um dos propósitos da sua alma para vocês estarem juntos talvez seja fazer com que vocês cresçam espiritualmente ou criem juntos coisas que acrescentem mais luz ao mundo. Talvez vocês estejam juntos para expandir a capacidade que têm de amar e de empreender todo o crescimento que cada um tem para oferecer ao outro. O seu propósito talvez seja o de orientar o crescimento de um filho e, ao fazer isso, crescer também.

Escolha alguém que seja especial em sua vida para com ele trabalhar nos processos que se seguem. Talvez você queira continuar a trabalhar com a pessoa com quem você já fez uma ligação espiritual. Fique em silêncio por um momento e deixe entrar em sua mente a imagem de alguém com quem você queira fazer uma ligação nos capítulos seguintes, com o propósito de criar um relacionamento no nível da alma. Isso pode ser feito com a mesma pessoa ou com várias pessoas que lhe vierem à mente. Depois de completar esse processo com uma pessoa, use-o para descobrir mais acerca do propósito superior de cada um de seus relacionamentos importantes.

Descubra o propósito superior de um relacionamento importante.

Quando você tiver alguém em mente, chame a sua alma até você. Una-se à sua alma e alinhe a jóia do seu chakra do coração com a jóia da sua alma. Ligue os seus chakras do coração e faça a energia e a luz circularem entre eles. Inspire e eleve a energia do seu chakra do coração até o seu chakra coronário, sentindo a serenidade e a unicidade do amor. Ao expirar, junte-se à sua alma para enviar a vontade de amar da alma até o ponto oculto. Inspire, elevando a energia do plexo solar até o chakra do coração para entregar-se ao amor. Imagine a energia circulando entre os chakras do coração até você se sentir entrando em um estado de amor da alma e puder sentir o seu chakra do coração tão brilhante quanto uma esfera de luz.

Faça uma ligação espiritual com a pessoa que você escolheu e sinta a alma da outra pessoa. Visualize o relacionamento entre vocês como sendo algo que está em harmonia com a unicidade de toda a vida. Faça a ligação com a Presença Universal do Amor, sentindo o amor que está em toda a sua volta. Pense em todo o amor que o relacionamento de vocês irá acrescentar àqueles que estão ao seu redor. Imagine a Luz Solar derramando a sua luz de propósito superior sobre vocês dois.

Para descobrir mais sobre o propósito superior, faça a si mesmo e à sua alma as seguintes perguntas: "O que viemos aprender, criar e trazer para o mundo juntos? O que esse relacionamento está nos ensinando?

Quais qualidades da alma estamos desenvolvendo? De que modo esse relacionamento está nos ajudando a nos tornarmos mais fortes, mais perfeitos e mais completos interiormente? Com que propósito as nossas almas se juntaram?" Peça que a sua alma lhe mostre que tipo de contribuição você está fazendo para a alma dessa pessoa. Quais são as dádivas mais importantes que você está oferecendo a essa pessoa? O que você está ensinando a ela? O que você está aprendendo com ela? Faça uma pausa para refletir sobre o tempo, o amor e a energia que você já dedicou a esse relacionamento. Ao olhar através dos olhos da alma, você vai descobrir que essas são as suas contribuições mais importantes – as dádivas do seu coração.

Enquanto você faz a ligação espiritual, concentre-se na Luz Solar e deixe sua luz do propósito superior realçar para você as razões que a sua alma tem para que você esteja nesse relacionamento. Trabalhe com a Luz Solar para que ela revele ainda mais acerca daquilo que vocês dois vieram criar ou aprender um com o outro. Empenhe-se em descobrir e em realizar o seu propósito superior para estar nesse relacionamento. Faça uma ligação espiritual para que o relacionamento de vocês siga esse propósito superior no dia-a-dia.

Ao pedir que a sua alma lhe traga mais informações sobre o propósito superior do seu relacionamento, você poderá receber como resposta uma sensação, um símbolo ou uma nova idéia. A sua alma tem muitas maneiras de comunicar-se com você e pode mostrar-lhe coisas acerca dos propósitos superiores desse relacionamento por meio de lampejos intuitivos, de sonhos ou de coisas que você lê. Você talvez receba essas informações no momento em que menos as espera, como, por exemplo, quando você está no chuveiro ou relaxando. Ou, então, vocês podem simplesmente agir de determinadas maneiras que refletem o propósito superior de vocês estarem juntos, mas sem nunca chegar a saber qual é esse propósito.

Sempre que você estiver com alguém, mesmo que seja com uma pessoa que você conheceu casualmente, faça uma ligação espiritual e imagine a Luz Solar sobre vocês dois, ajudando-os a realizar o propósito superior do relacionamento nesse momento. O seu propósito superior para estar com essa pessoa pode ser simplesmente o de irradiar amor.

Crie uma visão da alma para todos os seus relacionamentos.

Uma maneira de manifestar os propósitos superiores de qualquer relacionamento é declará-los para si mesmo e colocá-los no papel. Quando você registra por escrito os propósitos superiores de um relacionamento, você está criando uma visão da qual você pode se lembrar e em cuja direção você pode esforçar-se por avançar. Essa visão pode ajudá-lo a lembrar-se dos propósitos da sua alma para vocês estarem juntos, mesmo quando você estiver ocupado com os detalhes da vida quotidiana. A declaração dessa visão pode ajudá-lo a realizar o potencial do seu relacionamento, aprendendo o que você veio aprender e aumentando a luz e o amor que ambos são capazes de expressar. Quanto mais você se concentra nos verdadeiros propósitos dos seus relacionamentos, mais compensadores e satisfatórios serão todos eles.

Para desenvolver uma visão de seu propósito superior, pense na pessoa que você escolheu. Faça uma ligação espiritual enquanto a Luz Solar do propósito superior flui para dentro de vocês dois. Deixe entrar na sua mente uma idéia do propósito superior para vocês estarem juntos. Não há nenhum problema se isso vier na forma de um sentimento, pensamento ou sensação de energia; deixe que essa seja a sua visão. Se você puder, ponha no papel as suas idéias acerca do propósito superior para vocês estarem juntos. Desafie-se a expandir a sua visão a respeito do que é possível. Inclua a essência daquilo que você quer e as qualidades que você deseja desenvolver. Existem muitas visões maravilhosas que você pode ter acerca de qualquer relacionamento. Tenha confiança de que, quaisquer que sejam as idéias que lhe vierem à mente, essas serão as idéias nas quais você deve se concentrar. Se nada vier à sua mente, comece por trabalhar com algumas das possíveis visões a seguir. Delineie a sua visão, seja criativo e divirta-se!

Visões e afirmações possíveis acerca do relacionamento entre você e a outra pessoa:

- Este relacionamento contribui para o nosso crescimento espiritual e para a manifestação dos nossos propósitos superiores.
- Este relacionamento contribui para o nosso contato com nossa alma, para a expressão do amor da nossa alma e para o crescimento da nossa alma.
- Vejo o que é bom, forte e lindo em você, em mim mesmo e em nosso relacionamento.
- Eu e você trabalhamos como uma equipe, manifestando as visões e metas que temos em comum.
- Eu me comprometo com o trabalho que fazemos em conjunto.
- Eu aprofundo o nosso relacionamento, fazendo contato com a minha alma, estabelecendo uma ligação espiritual e deixando que as formas externas derivem da essência interior do amor.
- Eu aprendo aquilo que preciso aprender a partir deste relacionamento e faço isso com alegria e não com esforço e dificuldade.
- Eu me comprometo a manter uma ligação espiritual, independentemente da forma que o nosso relacionamento possa assumir.
- O nosso relacionamento fortalece, inspira e dá mais autonomia a nós dois, para que possamos nos tornar tudo o que somos capazes de ser.
- Eu apóio e oriento o seu desenvolvimento de uma maneira que respeite a sua essência e leve você para mais perto da sua alma.

Depois que você tiver formulado uma visão que reflita os propósitos da sua alma acerca do relacionamento entre vocês, coloque a afirmação dessa visão em algum lugar onde você possa lembrar-se dela com freqüência. Sempre que olhar para essa afirmação, você envia para ela mais energia, para que ela possa manifestar-se em sua vida. Se possível, converse sobre essa visão com a outra pessoa e aperfeiçoem-na juntos.

Se a outra pessoa não estiver interessada ou for incapaz de trabalhar com você para descobrir e criar uma visão, sinta-se livre para descobrir e energizar aquelas visões que se ajustem aos seus próprios propósitos para estar nesse relacionamento. Ao fazer a ligação espiritual com essa pessoa, irradie um amor tolerante e transparente, de modo que a outra pessoa não se sinta pressionada a modificar-se para corresponder à sua visão.

Use essa visão como algo pelo que lutar; não se recrimine se você ainda não a concretizou em sua vida. Leva tempo para que as visões se transformem em realidade. Ao criar uma visão, você está criando o seu futuro relacionamento. Você está expandindo o amor e a alegria potenciais que o seu relacionamento pode lhe proporcionar.

Acredite em sua capacidade de cultivar relacionamentos no nível da alma.

Depois que você tiver analisado e criado uma visão dos propósitos superiores de um relacionamento, você vai querer pôr a nu crenças que talvez o estejam impedindo de transformar essa visão em realidade. Pode se tratar de crenças que o mantêm preso a velhos comportamentos ou que o impedem de viver todo o potencial de um relacionamento. Analise as suas crenças acerca dos relacionamentos, se você tiver dificuldade para manifestar sua visão e propósitos superiores, se você perceber que está havendo uma repetição de padrões indesejáveis de relacionamento por mais ligações espirituais que você faça ou se, a despeito da sua vontade de se modificar, você se vir reagindo da mesma forma como reagia antigamente.

Fique em silêncio e faça uma ligação com a sua alma. Peça que ela lhe mostre as crenças que você talvez precise modificar para cumprir o propósito superior do seu relacionamento. A Luz Solar está brilhando acima de vocês dois, ajudando-os a tomar consciência de qualquer crença que precise ser examinada. Você pode refletir sobre tudo pelo que passou em relacionamentos do passado e do presente e deixar que isso lhe revele mais coisas acerca do que você acredita ser verdadeiro a respeito dos relacionamentos. Determinados padrões têm se repetido? Se isso estiver acontecendo, pergunte: "Em que eu preciso acreditar, acerca de pessoas ou relacionamentos, para que essas experiências ocorram em minha vida?" Essas são crenças que você tem acerca dos relacionamentos e que podem ser transformadas.

Por exemplo: você talvez ache que os relacionamentos em geral começam bem e depois vão se deteriorando. Você talvez acredite que irá repetir com os seus próprios filhos os erros cometidos pelos seus pais. Pode ser que você ache que não existem realmente amizades de verdade ou que é preciso fazer muito esforço para levar um relacionamento adiante. Você talvez acredite que você não é digno de ser amado, que as suas necessidades não poderão ser atendidas ou que as outras pessoas não estão interessadas em ter com você um relacionamento no nível da alma. Ao modificar as suas crenças, você vai transformar aquilo que você vive no dia-a-dia.

Se você descobrir uma crença negativa, modifique-a dizendo para si mesmo o oposto e transformando-a numa afirmação positiva. Se você descobrir, por exemplo, uma crença do tipo: "Nunca terei as minhas necessidades satisfeitas num relacionamento", transforme-a em "Posso ter relacionamentos que satisfazem as minhas necessidades". Descubra uma crença que possa estar impedindo-o de ter um relacionamento no nível da alma. Sinta a presença da sua alma, enquanto você se une a ela e faz a energia circular entre os chakras do coração. Pense num dos propósitos superiores do seu relacionamento. Você poderia completar a sentença: "Creio que poderia ser difícil criar o meu propósito superior neste relacionamento com [nome] porque ______________". Faça uma ligação espiritual e imagine vocês dois ligados um ao outro por um propósito superior. Diga para si mesmo alguma coisa de positivo, tal como: "Eu agora acredito que podemos cumprir juntos o nosso propósito superior porque ____________". Quando você faz uma ligação espiritual e estabelece uma ligação de alma para alma, concentrando-se em descobrir e viver o propósito superior desse relacionamento, você pode criar no nível da alma relacionamentos gratificantes e satisfatórios com todas as pessoas de sua vida.

O Propósito Superior de um Relacionamento

Contato com a Alma

Crie uma visão da alma para cada relacionamento importante que você tem. Comece por unir-se à sua alma. Faça circular a energia entre os chakras do coração. Faça uma ligação espiritual, sentindo sua alma e a alma das outras pessoas. Sinta a Luz Solar amplificando o propósito superior do seu relacionamento. Veja o seu relacionamento a partir da perspectiva do universo maior, do qual ambos fazem parte.

Para descobrir mais acerca dos propósitos superiores do seu relacionamento, faça a si mesmo e à sua alma perguntas como estas: "O que viemos aprender, criar e trazer juntos para o mundo? O que este relacionamento está nos ensinando? Quais qualidades da alma estamos desenvolvendo? Como este relacionamento está nos ajudando a ficar mais fortes, mais perfeitos e mais completos? Quais são os propósitos de nossas almas para estarmos juntos?" Crie uma visão da alma de um dos propósitos superiores para você estar num relacionamento com:

- O seu ente querido mais importante.
- Uma criança especial, como um filho, neto, sobrinho ou sobrinha.
- Seu pai, mãe, avô, avó, tia ou tio.
- Um irmão ou irmã.
- O seu melhor amigo ou um outro amigo.
- Um colega de trabalho, um subordinado ou chefe.
- Qualquer outra pessoa que seja importante em sua vida.

Ponha no papel uma visão de pelo menos um dos propósitos superiores de cada relacionamento que você escolheu. Afirme a sua crença na sua capacidade de realizar esse propósito superior.

Capítulo 16

A Criação do Relacionamento Que Você Quer

Você cria os relacionamentos que quer
seguindo as leis universais dos relacionamentos.
O exterior reflete o interior.

Você vem cultivando um relacionamento no nível da alma com alguém concentrando-se no propósito superior do relacionamento, desenvolvendo uma visão e examinando as suas crenças. Você pode dar os próximos passos para a criação de um relacionamento no nível da alma, aprendendo e seguindo as leis universais dos relacionamentos. Depois que você entender e passar a seguir esses princípios, você poderá criar o relacionamento que quiser.

Você talvez esteja tentando encontrar ou cultivar um amor perfeito em sua vida. O amor puro, claro e verdadeiro existe no nível da alma, entre almas. Mesmo a pessoa mais compreensiva nem sempre será capaz de amá-lo do modo como a sua personalidade quer ser amada. Algumas poderão chegar perto disso, mas sempre haverá áreas em que você não se sente completamente amado, compreendido e apreciado. Sabendo disso, você pode ser mais compreensivo e complacente com relação aos outros, pois sabe que eles nunca poderão satisfazê-lo por completo.

Você pode parar de procurar uma pessoa perfeita para amar ou parar de tentar modificar as pessoas com quem você está com o propósito de fazer com que sejam mais do seu agrado. Em vez disso, você pode observar de que modo aquilo que você está vivendo num relacionamento reflete algo que está ocorrendo dentro de você mesmo.

Conheça a essência do que você quer.
Quando você conhece essa essência,
muitas formas de relacionamento podem satisfazer você.

Uma lei universal dos relacionamentos é a de que, para cultivar o relacionamento que você quer, é preciso concentrar-se na essência daquilo que você quer e não numa forma específica de relacionamento. O que é a essência? É uma sensação, uma qualidade da alma; é o amor da alma que você quer. Quando falta a essência, nenhuma forma de relacionamento satisfaz. Quando ela está presente, muitas formas de relacionamento podem satisfazer você. A essência daquilo que você quer, por exemplo, pode ser uma ligação cheia de cumplicidade e de carinho. Você pensa que irá viver esse tipo de relacionamento se alguém levar você para sair e passar algum tempo com você – uma forma específica. Todavia, se essa pessoa o convida para sair e não faz uma ligação cheia de carinho, a forma "sair" não lhe trará aquilo que você quer. Todavia, se essa pessoa fizer com você uma ligação maravilhosa e cheia de carinho, muitas "formas" irão funcionar, mesmo se vocês ficarem em casa.

As pessoas muitas vezes têm idéias específicas acerca das coisas que os outros devem fazer para demonstrar amor. Você talvez queira que alguém demonstre amor por você comportando-se de maneiras específicas, tais como ouvindo-o atentamente, dando-lhe amor e afeição e reconhecendo o seu valor. Pode ser que você queira que seus filhos o ajudem nas tarefas domésticas, prestem atenção ao que você diz, sigam as suas sugestões e ajam de determinadas maneiras para agradá-lo. Você talvez queira que os seus amigos o procurem a determinados intervalos, retornem os seus telefonemas ou estejam disponíveis para fazer-lhe companhia. Você talvez queira que seu companheiro lhe dê mais apoio financeiro, dê-lhe presentes de surpresa, leve você para lugares especiais e ouça atentamente o que você tem a dizer.

Nenhuma forma exterior irá trazer-lhe alegria permanente. A personalidade nunca fica feliz por muito tempo. Quando algum dos seus desejos é satisfeito, surge uma lista de novos desejos! Quando você se abre para receber a essência daquilo que você quer, em vez de se restringir a receber apenas uma forma específica, o amor vem até você a partir de toda e qualquer pessoa, trazendo-lhe verdadeira alegria e felicidade duradoura.

Pergunte a si mesmo: "Que sentimentos, que qualidade do amor eu quero neste relacionamento?" Poderiam ser os sentimentos de serenidade, de brandura, de ligação e de harmonia. Junte-se à sua alma para trazer para si mesmo esses sentimentos e qualidades do amor, enquanto você estiver distribuindo a energia entre os chakras do coração. Inspire, elevando a energia do seu chakra do coração até o chakra coronário, para sentir a serenidade e a unicidade do amor. Expire, enviando luz do chakra coronário até o ponto oculto para fortalecer a sua vontade de amar. Inspire novamente e traga a energia do plexo solar para o chakra do coração, para entregar-se ao amor. Sinta a Presença Universal do Amor ao seu redor, aumentando a sua capacidade de expressar amor.

Pense na pessoa que você escolheu. Faça uma ligação espiritual e irradie as qualidades do amor da alma que você quer viver no seu relacionamento. Peça que a sua alma o ajude a receber lampejos intuitivos acerca de novas maneiras pelas quais você e a outra pessoa poderiam ficar juntos e que iriam contribuir para vocês viverem essas qualidades do amor. Quando você imaginar essas qualidades se manifestando em suas ligações com essa pessoa, é isso o que irá acontecer. Quando você cria as qualidades do amor da alma em seu relacionamento, as formas e estruturas correspondentes se desenvolvem de maneira natural.

Olhe além das maneiras específicas pelas quais você quer receber amor dessa pessoa e observe se ela está lhe oferecendo amor de maneiras que lhe passaram despercebidas. As pessoas em geral não lhe negam aquilo que você quer pela simples vontade de magoá-lo ou de privá-lo de amor. Muitas vezes elas estão lhe dando amor do modo como elas estavam recebendo amor ou do modo como queriam recebê-lo. Mesmo se você lhes pedir, elas talvez ainda não sejam capazes de expressar amor da maneira como você quer, pois não estão familiarizadas com esse comportamento. Isso pode parecer pouco natural ou, então, elas podem ter dificuldade em acreditar que isso seja assim tão importante para você. Você pode aproximar-se das pessoas renunciando à necessidade de receber amor de uma forma específica e descobrindo a essência do amor entre vocês dois.

Reconheça todas as maneiras pelas quais as pessoas estão lhe dando a essência do amor, possivelmente de maneiras que você talvez não tenha notado ou reconhecido. Agradeça às pessoas por toda dádiva de amor que elas lhe oferecerem. Não confie em gestos ou em aparências externas como indicação do amor que as pessoas têm por você. Em vez disso, confie na sensação de amor que existe entre vocês.

Acredite em sua capacidade de cultivar o relacionamento que você quer.

Um princípio importante na criação do relacionamento que você quer é o de que você precisa acreditar que *pode* criar aquilo que quer. Você precisará livrar-se de qualquer sentimento de ser algum tipo de vítima, incluindo sentimentos de autocomiseração, reprovação ou pensamentos de que você não pode ter aquilo que quer porque alguém o está impedindo. Existe alguém que você vem culpando pelo fato de sua vida não estar como você gostaria? Você sente que alguém o está restringindo, privando-o da sua liberdade ou causando problemas em sua vida? Reafirme o seu verdadeiro poder de criar a vida que você quer! Lembre-se de uma ocasião em que você deixou de se sentir uma vítima ou de culpar os outros pelos seus problemas e tomou providências para criar aquilo que você queria. Recorde-se de como você se sentiu em relação a si mesmo. Diga a si mesmo que você tem o poder de criar qualquer realidade que você quiser e que você está disposto a assumir a responsabilidade por isso.

Pense na pessoa que você escolheu. Você já culpou essa pessoa pelo fato de o relacionamento entre vocês não funcionar ou pelos problemas que você enfrenta em sua vida? Você se sente como se fosse uma vítima da outra pessoa em alguma área da sua vida? Em caso negativo, congratule-se por assumir a responsabilidade por sua vida. Se você de fato estiver às voltas com qualquer um desses problemas concernentes ao relacionamento, estimule o ponto oculto a sentir a vontade de amar da sua alma. Faça uma ligação espiritual e irradie um amor complacente, suave e consistente. Eleve a energia do plexo solar até o chakra do coração para livrar-se de sentimentos negativos acerca da outra pessoa. Sinta a serenidade do amor e irradie um amor tolerante.

Você poderia criar – e dizer a si mesmo – uma afirmação que expressasse a sua força interior, tal como: "Eu não atribuo mais a você a culpa por minha infelicidade ou por qualquer outra coisa. Eu agora assumo a responsabilidade de criar a minha própria felicidade". Não tente modificar os outros para que a sua vida fique melhor. Una-se à sua alma, afirme o seu poder de criar a vida e os relacionamentos que você quer e comece agora a tomar todas as providências que sejam necessárias para colocar isso em prática.

Promova o desenvolvimento de qualquer subpersonalidade que a seu ver não tem força para criar o relacionamento que você quer. Descubra se alguma delas tem medo de ser forte ou não acredita que é possível criar relacionamentos solidários e cheios de amor.

Sempre que você se sentir impotente ou assumir o papel de vítima, fortaleça a sua crença de que você é o criador da sua realidade, dizendo para si mesmo as seguintes palavras: "Posso escolher qualquer realidade que eu quiser. Estou optando por estar aqui e viver esta realidade". Independentemente do que esteja acontecendo, do modo como você está sendo tratado ou do quanto você se sinta impotente para modificar o relacionamento entre vocês, comece dizendo a si mesmo que você *de fato* tem uma escolha e que foi isso que você escolheu. Muito embora você não consiga imaginar de que forma você poderia ter escolhido as coisas que você está vivendo, fazer essa afirmação a si mesmo irá ajudá-lo a acreditar que *você* é o criador da sua vida. Reserve algum tempo para identificar as decisões que você tomou e que criaram a situação na qual você se encontra. Você não precisa que os outros lhe dêem aquilo que você quer; e a sua alma pode criar qualquer vida que você possa imaginar para si mesmo.

Concentre-se naquilo que você quer em vez de pensar nas coisas que você não quer.

Para criar aquilo que você quer num relacionamento, você precisa *saber* o que você quer. A maioria das pessoas sabe o que elas não querem e, no entanto, acham difícil pensar naquilo que de fato querem. Pare de prestar atenção ou de lamentar-se por todas as coisas que você quer e não tem. Não rumine mágoas passadas nem se recorde das ocasiões em que as pessoas o decepcionaram; em vez disso, recorde-se das ocasiões em que você se sentiu amado e apoiado. Não pense em todas as coisas que essa pessoa está fazendo e que você não quer que ela faça, mas, em vez disso, reflita sobre todas as coisas que essa pessoa faz e que você realmente aprecia. Os seus pensamentos e atos estimulam determinados comportamentos por parte das pessoas. Se você constantemente se recorda de como os outros o fizeram sofrer, eles receberão as suas imagens e irão concretizá-las, aumentando o sofrimento pelo que você já passou no passado. Sempre que você se vir com um pensamento negativo ou sentir-se aborrecido, zangado ou distante de alguém porque essa pessoa não lhe está dando aquilo que você quer, mude a sua perspectiva. Concentre-se em vez disso naquilo que está funcionando no relacionamento de vocês e use isso para viver a vida a partir da perspectiva da alma – aquela que vê paz, perfeição e beleza; que sabe que tudo está bem e que tem certeza de que o universo está trabalhando a seu favor.

Pense na pessoa que você escolheu. Preste atenção ao tipo de pensamentos que você tem acerca desse relacionamento. Você pensa no que há de errado entre vocês dois ou no que a outra pessoa está fazendo e que você não gostaria que ela fizesse? Para criar o relacionamento que você quer é preciso modificar esses pensamentos. Faça a energia circular entre os chakras do coração e passe para um estado de amor da alma. Sinta a sua ligação com todo o amor do universo. A partir desse estado de amor, pense naquilo que você de fato quer em seu relacionamento. Por exemplo: em vez de dizer "Não me ignore" diga "Gosto quando você me ouve e presta atenção em mim". Agradeça às outras pessoas quando elas se comportarem do jeito como você gosta. Se possível, declare aquilo que você quer como uma qualidade essencial do amor, tal como: "Quero sentir mais alegria, harmonia, amor e ternura entre nós". Irradie essa qualidade para a outra pessoa ao fazer a ligação espiritual.

Veja os atos das outras pessoas como espelhos. Descubra o que o comportamento delas está dizendo sobre você mesmo.

Um princípio muito importante do relacionamento é o de que você não pode mudar outra pessoa; você pode apenas transformar a si mesmo. Você não pode forçar os outros a agir de determinadas maneiras. Punir, retrair-se ou tentar forçar as pessoas a fazerem aquilo que você quer serve apenas para levá-las a opor-lhe uma resistência ainda mais forte. Isso transfere o seu poder para os outros, fazendo com que eles – e não você mesmo – se transformem na fonte das coisas de que você precisa para atender às suas necessidades. Você não pode fazer as pessoas mudarem, mas pode modificar o modo como você reage ao comportamento delas. Você pode despertar os chakras do coração e alterar as suas idéias, crenças e pensamentos. Você pode livrar-se da necessidade de que as outras pessoas modifiquem o próprio comportamento e, em vez disso, passar a amá-las e a aceitá-las assim como são. Ao agir dessa forma você consegue sentir todo o poder que você tem para fazer a sua vida prosperar – o poder de mudar a si mesmo.

Você já quis que alguém agisse de determinada maneira para agradá-lo? Una-se à sua alma para estimular o ponto oculto do seu chakra do plexo solar, fortalecendo a sua vontade de amar. Peça à sua alma para aumentar a sua capacidade de amar, de modo que você possa aceitar e amar essa pessoa mesmo se o modo como ela o trata não mudar. Eleve a energia do plexo solar para o seu chakra do coração e renuncie a seus desejos ou expectativas em relação a essa pessoa. Deixe de lado qualquer tipo de disputa que possa ter surgido quando você tentava modificar essa pessoa. Faça à sua alma perguntas como "De que modo posso mudar a minha visão do comportamento dessa pessoa? Como posso reagir de forma diferente?" Deixe que novas introvisões e entendimentos venham à sua mente. Faça uma ligação espiritual e irradie um amor transparente, amplificador e tolerante. Opte por mudar a si mesmo e o modo como você encara esse relacionamento. Sinta o poder, a luz e a vontade da sua alma fluindo através de você e dando-lhe a força e a coragem de que necessita para fazer mudanças em si mesmo e em sua vida.

Pense numa ocasião em que você aceitou o comportamento de alguém e, em conseqüência, o amor entre vocês ficou mais forte. Lembre-se da paz interior que sentiu quando você parou de tentar modificar a outra pessoa. Ao modificar a sua reação ao comportamento das pessoas, os seus relacionamentos irão se transformar. Embora o comportamento das pessoas possa mudar, você não está esperando isso como uma recompensa por seu amor e aceitação. Ao renunciar à necessidade de que as outras pessoas modifiquem o comportamento delas, você faz com que elas deixem de resistir a você e que seja mais fácil para elas agir com mais amor. Liberte-se da necessidade de obter resultados, pois você pode apenas modificar a si mesmo. Quando você modifica as suas idéias e seu comportamento, os seus relacionamentos naturalmente refletem essas mudanças. Todavia, você não pode prever as maneiras pelas quais a outra pessoa ou o relacionamento entre vocês irá mudar.

Mesmo se romper um determinado relacionamento você ainda precisará modificar a sua reação a esse tipo de comportamento pois, se não fizer isso, você provavelmente vai encontrar o mesmo comportamento num novo relacionamento. Você precisa modificar os seus padrões interiores que têm atraído esse tipo de comportamento. Você talvez precise trabalhar com a sua alma para poder livrar-se da crença de que você é uma vítima, aprender a dar mais valor a si mesmo, concentrar-se mais na essência do que na forma e seguir as leis universais dos relacionamentos. Quando isso acontecer, você atrairá alguém que vai reagir a você de uma nova maneira.

Mude os seus relacionamentos mudando a si mesmo.

Um dos princípios do relacionamento é o de que as pessoas espelham os dramas que estão se desenrolando dentro de você mesmo. O comportamento das outras pessoas com relação a você reflete algo que você está fazendo a si mesmo. Crie o relacionamento que você quer encarando todas as coisas que estão acontecendo em seu relacionamento como um reflexo de alguma coisa que está acontecendo dentro de si mesmo. Você talvez pense que, se ao menos a outra pessoa tivesse agido diferente, o relacionamento entre vocês poderia ser melhor. Quando você aprende a ver os atos das outras pessoas como reflexos de algo que está se passando dentro de si, você pode usar o que está acontecendo entre vocês para aprender mais sobre si mesmo.

As pessoas o tratam do modo como você se trata. Se alguém o está rejeitando, por exemplo, você poderá investigar e descobrir que, de alguma maneira, você está rejeitando uma parte de si mesmo ou da sua alma. Talvez você esteja rejeitando os seus impulsos mais profundos ou reprimindo os seus sentimentos. Se alguém estiver erguendo barreiras entre vocês, pergunte a si mesmo em que áreas você está erguendo barreiras em sua vida. Se alguém o estiver ignorando, negligenciando ou criticando, descubra de que maneiras você está ignorando, negligenciando e criticando a si mesmo.

Pense em alguma coisa que você gostaria de mudar na maneira como uma outra pessoa o está tratando. Una-se à sua alma e pergunte a si mesmo: "De que maneira o modo como essa pessoa está me tratando reflete o modo como estou tratando a mim mesmo? De que modo a atitude ou comportamento que eu quero que a outra pessoa corrija reflete alguma coisa que preciso transformar em mim mesmo?" Agradeça à outra pessoa por ela lhe proporcionar uma oportunidade de aprender mais sobre si mesmo com essa situação. Una-se à sua alma e sinta a sua vontade de amar quando ela ativa o ponto oculto. Eleve a energia do plexo solar para o chakra do coração para livrar-se de qualquer sentimento de raiva ou de reprovação. Tome a decisão de mudar o seu padrão interior que está sendo refletido por essa pessoa. Depois que tiver feito isso, você não vai mais precisar que a outra pessoa reflita esse comportamento para você, e ela ficará livre para agir de maneira diferente. Se o comportamento dessa pessoa não mudar, você provavelmente vai resolver buscar a companhia de pessoas que de fato reflitam a sua nova maneira de tratar a si mesmo.

Reconheça as escolhas que
você está fazendo a cada instante
num relacionamento.

A cada momento você está fazendo escolhas que determinam se você está ou não expressando o amor da alma e criando o relacionamento que você deseja. Nenhuma escolha é tão insignificante a ponto de não fazer nenhuma diferença no resultado final. O amor pelos outros começa com uma consciência maior das escolhas, atos e decisões que você faz a cada momento. Os grandes relacionamentos não são criados por nenhum grande acontecimento. Eles são construídos por uma série de pequenas decisões quotidianas em que você opta por agir com bondade, amor e complacência. Crie harmonia onde haja desarmonia. Use as suas palavras para curar e fortalecer as outras pessoas. Você pode ter relacionamentos que tragam alegria ao seu coração e um sorriso para o seu rosto. Você pode sentir os outros olhando para você com olhos cheios de amor. Você pode criar os relacionamentos que você quer!

A Criação do Relacionamento Que Você Quer

Contato com a Alma

Para criar o relacionamento que você quer é preciso que você modifique a si mesmo. O seu mundo exterior é um reflexo do seu mundo interior. Escolha a partir da lista abaixo uma maneira de mudar a si mesmo para dar um passo à frente no caminho que leva à criação do relacionamento que você quer.

1. Pense na qualidade do amor da alma que você quer viver nesse relacionamento. Faça uma ligação espiritual e irradie essa qualidade para a outra pessoa.
2. Se você estiver vivendo uma situação da qual você não gosta, afirme que você está optando por ter essa experiência porque, ao fazer isso, você também estará afirmando que tem o poder de modificá-la.
3. Concentre-se naquilo que você quer num relacionamento e não naquilo que você não quer. Agradeça e reconheça os méritos da outra pessoa por todas as maneiras pelas quais ela lhe dá amor.
4. Reflita a respeito da maneira pela qual alguém o está tratando e que não o agrada. Descubra de que modo isso reflete a maneira como você está tratando a si mesmo em alguma área. Tome a decisão de tratar a si mesmo de forma diferente.
5. Se houver algum drama se desenrolando entre você e uma outra pessoa, peça que a sua alma o ajude a reconhecer e a modificar qualquer drama que esteja ocorrendo dentro de você e sendo refletido dessa forma.

6. Pense numa mudança que você gostaria que a outra pessoa fizesse. Irradie um amor receptivo e modifique a sua visão acerca do comportamento dessa pessoa.
7. Reserve um momento para reconhecer pelo menos cinco coisas que estão dando certo em seu relacionamento com alguém.

Capítulo 17

A Eliminação dos Obstáculos ao Amor

Você renuncia às coisas que o separam do amor da sua alma por você e pelos outros. Você descobre o amor em cada situação.

Ao praticar o amor da alma você está aprendendo uma nova aptidão. Haverá muitas ocasiões em que você vai lembrar-se de expressar o amor da alma e ocasiões em que você não o fará. Você poderá defrontar com situações nas quais terá dificuldade para aceitar ou amar uma outra pessoa. Você poderá lembrar-se de uma maneira superior de agir e, mesmo assim, optar por comportar-se das mesmas maneiras antigas e hostis. Expressar o amor da alma de forma regular e constante representa um grande desafio. Você precisa concentrar-se contínua e repetidamente no amor para poder despertar os chakras do coração.

Você não precisa ser perfeito na expressão do amor da alma. Não seja duro consigo mesmo se você tiver um dia ruim, sentir-se hostilizado ou mostrar-se incapaz de expressar uma certa dose do amor da alma numa determinada situação. O importante é a direção na qual você está progredindo. Congratule-se consigo mesmo todas as vezes em que você conseguir expressar o amor da alma e perdoe a si mesmo por todas as ocasiões em que não conseguir.

Comece a eliminar os obstáculos ao amor sentindo o amor que a sua alma tem por você. Perdoe e ame a si mesmo por descobrir e dissipar todos os sentimentos ou pensamentos hostis que você possa ter com relação a si mesmo. Observe se você está criticando, julgando ou recriminando a si mesmo por ser como é. Você só pode amar os outros na medida em que ama a si mesmo. Receba o amor da sua alma por você sempre que se lembrar de fazer isso.

Tome mais consciência do seu relacionamento.

A dissolução dos obstáculos ao amor requer uma consciência dos pensamentos, das palavras e dos atos que você expressa com relação à outra pessoa. Pense na pessoa que você escolheu. O quanto você está consciente da outra pessoa – de sua essência, de seu ser e de sua alma? Até que ponto você está consciente de si mesmo e de sua intenção de ser amoroso quando está com essa pessoa?

Dissolver os obstáculos ao amor e criar um relacionamento entre almas não requer que vocês tenham um vínculo nem tampouco que estejam juntos o tempo todo. Essa dissolução requer que você tenha uma consciência cada vez maior das suas relações com as pessoas, de modo que você possa expressar de forma mais constante o amor da alma, independentemente do modo como você se sinta ou de como a outra pessoa esteja se comportando.

Faça uma representação mental da pessoa com quem você está cultivando um relacionamento no nível da alma. Como é o dia dessa pessoa? Qual o seu nível de consciência a respeito da realidade dessa outra pessoa? Faça uma ligação espiritual e ligue-se com a alma dessa pessoa. Sinta a realidade através dos olhos dela. Que dádiva de amor você poderia dar a essa pessoa hoje? Veja a si mesmo fazendo isso e trazendo mais lucidez e consciência para o relacionamento entre vocês dois.

Pense positivamente acerca de seus relacionamentos.

Para dissolver os obstáculos ao amor você vai querer eliminar as críticas e substituí-las por elogios, apoio e assistência. Uma atitude solidária ajuda as pessoas a realizar o seu potencial. Pense em uma ocasião em que você recebeu um elogio – como você se sentiu bem consigo mesmo e motivado a se sair ainda melhor.

Se você quiser fazer com que os outros parem de criticá-lo, pare primeiro de criticar a si mesmo. Pense em alguma coisa pela qual você tem criticado a si mesmo. Una-se à sua alma, alinhando a jóia do chakra do coração com a jóia da alma. Inspire, elevando a energia do chakra do coração até o chakra coronário. Expire, enviando a vontade de amar da sua alma até o ponto oculto do chakra do plexo solar. Inspire e eleve a energia do plexo solar até o chakra do coração. Absorva a brandura e a paciência, a paz e a serenidade do amor da alma. Ao elevar a energia do plexo solar até o chakra do coração, renuncie a qualquer necessidade de tratar a si mesmo com hostilidade. A partir desse espaço de amor, transforme essa autocrítica numa apreciação do seu próprio valor. Pense em todas as coisas boas que você está fazendo e em quanto você já progrediu nessa área que foi objeto de sua crítica.

Pense na pessoa com a qual você optou por fazer uma ligação espiritual. Você tem criticado essa pessoa por algum motivo? A partir de um estado do amor da alma, crie uma mensagem afetuosa para levar amor e apoio à outra pessoa. Você poderia dizer mentalmente a si mesmo alguma coisa como: "Liberto-me de minhas críticas com relação a você. Eu o aceito tal como você é. Amo, apóio e reconheço o que há de bom em você". Você poderia acrescentar: "Eu o aprecio e o amo por ___________". Pense no maior número de coisas que você pode apreciar nessa pessoa. Reconheça o quanto ela avançou, em vez de se concentrar no quanto ela ainda tem de percorrer. Procure a beleza e a bondade dentro dessa pessoa. Reconheça a freqüência com que você se concentra no que há de bom e lindo nas pessoas e assevere o seu desejo de fazer isso com freqüência ainda maior.

O que aconteceria se, todas as vezes em que você se visse criticando os outros ou pensasse em alguma coisa que eles poderiam ter feito melhor ou em que deveriam ter prestado atenção, você, em vez disso, perguntasse a si mesmo: "De que modo as críticas que faço a estas pessoas aplicam-se a mim?" Mesmo se você achar que não existe nenhuma maneira pela qual as suas observações a respeito dos outros aplicam-se à sua própria vida, disponha-se a investigar as maneiras pelas quais isso talvez seja possível. Pense na outra pessoa como uma representação de um aspecto de si mesmo. Pergunte-se: "Será que, de alguma maneira, eu mesmo estou fazendo aquilo que estou criticando na outra pessoa?" Examine cuidadosamente a sua própria vida. A essência daquilo que você critica numa outra pessoa em geral é uma qualidade que você está procurando desenvolver em si mesmo. Você talvez tenha essa característica em menor grau ou a expressa de uma outra maneira.

Elogie e reconheça os méritos das pessoas quando elas demonstrarem qualidades e comportamentos que você aprecia. As pessoas em geral se saem melhor nas coisas pelas quais você as elogia. Respeite a sua luz e a dos outros pensando e falando de forma positiva em seus relacionamentos. Destaque o que há de bom e você terá ainda mais coisas boas surgindo na sua vida.

Resolva o conflito entregando-se ao amor.

Mesmo nos melhores relacionamentos você poderá se ver num conflito. Se você estiver em meio a uma briga ou discussão com alguém, una-se à sua alma. Use a inspiração para elevar a energia do chakra do coração até o chakra coronário. Ao expirar, una-se à sua alma para enviar a vontade de amar e promover a ativação do ponto oculto. Imagine que qualquer energia negativa que exista no interior da outra pessoa e que tenha estimulado o ponto brilhante do seu chakra do plexo solar seja absorvida pelo ponto oculto e, então, elevada até o chakra do coração. Se a situação for muito crítica para que você consiga recordar-se desses passos, simplesmente eleve a energia do plexo solar até o chakra do coração vezes e vezes seguidas, até que você possa sentir a paz do amor da alma. Em vez de pensar na energia da outra pessoa como sendo uma energia negativa, imagine-a como uma dádiva de energia pura que você pode fazer circular entre os chakras do coração para despertá-los ainda mais. No nível da alma não existe energia boa nem ruim. Existe simplesmente energia. O modo como você usa essa energia é que determina a utilidade que ela terá para você.

Você pode trazer a serenidade do amor para qualquer área de conflito ou discordância entre você e as outras pessoas. Comece por juntar-se à sua alma e enviar a sua vontade de amar para o ponto oculto. Eleve a energia do plexo solar até o chakra do coração e continue a fazer isso até você conseguir sentir a serenidade do amor da alma ao mesmo tempo que pensa nessa área de conflito. Faça a ligação espiritual, sinta a sua alma e a alma da outra pessoa e irradie um amor sereno, tolerante e transparente. Afirme a sua intenção de se relacionar com amor criando uma afirmação interior que você possa dizer a si mesmo e que lhe traga paz, tal como: "Liberto-me de qualquer conflito que exista entre nós. Eu me abro para todo o amor que seja possível. Renuncio ao que quer que exista dentro de mim mesmo e que represente um obstáculo ao nosso amor".

Reconheça qualquer sentimento hostil que você possa ter com relação à outra pessoa. Não se obrigue a sentir amor. Continue elevando a energia do plexo solar até o chakra do coração e não pare enquanto não puder renunciar a qualquer desejo de ferir a outra pessoa, por meio de atos ou de palavras hostis. Ame e estimule o desenvolvimento das subpersonalidades que ainda lhe pareçam zangadas ou ofendidas. Não se prenda a uma situação ou a um determinado resultado. Concentre-se na luz interior dessa pessoa e não em qualquer área de escuridão. Tome consciência da Presença Universal do Amor, a qual engloba e permeia essa situação com amor.

Junte-se à alma da outra pessoa
para acabar com os obstáculos ao amor.

Poderá haver ocasiões em seu relacionamento nas quais você se sentirá incapaz de agir de uma forma que lhe permita expressar o amor da alma. Comece com o entendimento de que toda situação é temporária. As coisas *vão* mudar. Muitas vezes você cria situações para as quais parece não haver solução, de modo que você se vê desafiado a ir para um nível mais elevado para encontrar as respostas e, num meio-tempo, recorre a recursos que você nem sequer imaginava ter. Amar uma outra pessoa lhe proporciona muitas oportunidades para crescer.

Para sair de um atoleiro, ou você fica à espera de que alguma coisa aconteça ou pode trabalhar com sua alma, despertando os chakras do coração e trazendo o amor da alma para transformar a situação. Em vez de se entregar ou se sentir num beco sem saída, una-se à sua alma. Deixe a energia circular entre os chakras do coração. Sinta a serenidade da alma, expanda e desenvolva o seu amor e entre em sintonia com a vontade de amar da sua alma. Eleve a energia do plexo solar até o chakra do coração, para transformar e purificar energias mais densas que possam existir entre você e a outra pessoa.

Faça uma ligação espiritual e ligue-se à alma da outra pessoa. Peça às duas almas que elas trabalhem juntas para encontrar uma solução que seja boa para vocês dois. Acredite que essa tal solução de fato existe e vai surgir. Se você continuar ansioso com essa situação, eleve a energia do plexo solar para o chakra do coração vezes e vezes seguidas até conseguir sentir a paz do amor da alma. Quando você conseguir fazer isso, irradie as qualidades de harmonia, compaixão e paciência do amor da alma. Convide o Ser de Amor para entrar no seu chakra do coração e irradie para a outra pessoa esse amor elevado.

Se for possível, perdoe a outra pessoa. Procure descobrir de que modo essa situação está lhe oferecendo uma oportunidade para você despertar os chakras do coração e aproximar-se da sua alma. Pergunte a si mesmo de que modo o drama que se desenrola entre vocês está refletindo alguma coisa que ocorre dentro de você. Pergunte a si mesmo o que você poderia mudar em seu comportamento para solucionar esse drama. Tenha confiança de que a sua alma e a alma da outra pessoa irão trabalhar num nível superior para encontrar soluções. Aja somente quando você tiver a sensação de que estará agindo com amor e fazendo a coisa certa. Continue a pensar e a falar de forma positiva acerca do relacionamento em questão e a visualizar apenas coisas boas e elevadas ocorrendo entre vocês dois.

Sinta a força que existe na sua capacidade de ser vulnerável.

Para ter relacionamentos afetuosos você precisará manter o seu coração aberto e mostrar-se disposto a ser vulnerável. Você não quer construir barreiras que afastam as pessoas de você. Os muros servem mais para aprisioná-lo do que para manter os outros a distância. Para ter relacionamentos no nível da alma, você vai precisar derrubar as barreiras que ergueu entre você e os outros, pois elas são obstáculos ao amor. Procure manter sempre o coração aberto, mesmo quando você estiver em situações difíceis. Ao agir assim, você desperta os chakras do coração e se aproxima da sua alma.

Quando você está disposto a ser vulnerável, não há nada que você tenha de defender. Você não precisa desculpar-se, explicar-se ou distanciar-se dos outros. Você aceita a si mesmo tal como é. Você não tenta passar uma imagem de perfeição para que os outros o tenham em bom conceito. Você deixa de sentir-se inferior ou superior aos outros. Você tem consciência da força decorrente de deixar os outros verem que você não é perfeito. Você reconhece o seu próprio valor e o fato de que você é uma pessoa maravilhosa e digna de ser amada tal como é.

Depois que conseguir ser vulnerável, você deixa de lado o orgulho para que surja mais amor entre você mesmo e as outras pessoas. Se alguém parecer estar zangado ou magoado com você, o relacionamento entre vocês poderá melhorar se você perguntar a si mesmo e à outra pessoa de que modo vocês poderiam mudar a maneira de oferecer amor um ao outro. Você está disposto a fazer um exame sincero de si mesmo, a admitir as ocasiões em que você agiu com hostilidade e a fazer uma oferta de paz. Você procura descobrir quais pensamentos, crenças e sentimentos o separam dos outros e está disposto a modificá-los. Você está suficientemente seguro de si para saber que não há nenhum problema se você não puder ser perfeito e amoroso o tempo todo. Você pode perdoar e aceitar a si mesmo e, assim, mostrar-se mais aberto e vulnerável no trato com os outros. Você pode encorajar e estimular os outros a se mostrar mais abertos e vulneráveis quando estiverem com você. Pense nas ocasiões em que as pessoas baixaram a guarda e, deixando de lado o orgulho, construíram pontes em vez de muros. Você provavelmente já sentiu que é mais fácil amar e aceitar as pessoas quando elas se dispõem a mostrar-se vulneráveis. Recorde-se de uma ocasião em que você se deixou ser vulnerável e alguém mostrou-se afetuoso e compreensivo.

Traga para a mente a pessoa que você escolheu. Identifique uma área em que você tem erguido barreiras entre vocês, achando que você não seria amado se revelasse o seu verdadeiro eu nessa área. Você pode estar protegendo a si mesmo ou tentando passar uma imagem que você acha que irá fazê-lo dar a impressão de ter mais valor ou de ser mais digno de ser amado. Ou, quem sabe, a outra pessoa talvez esteja aborrecida com você e, por isso, você precisa ser mais aberto para ouvir as queixas dela e, dessa maneira, poder modificar seu modo de agir e resolver os problemas do relacionamento.

Enquanto estiver pensando nessa área ou situação em que ergueu barreiras entre você e uma outra pessoa, faça a energia circular entre os seus chakras do coração. Veja a si mesmo mais sensível e vulnerável, nada tendo a defender. Você tem compaixão por si mesmo e pela outra pessoa. Imagine-se abandonando as suas defesas e mostrando-se disposto a ser visto tal como você é. Crie uma afirmação que você possa repetir para si mesmo e que reflita essa decisão. Você poderia dizer: "Ofereço a você um amor que é confiante, aberto e vulnerável. Quero que você me veja como realmente sou".

Peça que a sua alma o ajude a derrubar os muros que você possa ter construído em torno do coração nessa área específica. Você poderia imaginar um muro simbólico em torno do coração e a sua alma irradiando um amor que põe abaixo esse muro. Além disso, se for apropriado, você poderia dizer para a outra pessoa: "Quero saber como posso amá-la de uma maneira que seja do seu agrado. Estou disposto a descobrir de que modo eu poderia expressar melhor o meu amor por você".

Quando você se mantém aberto e vulnerável, sem precisar defender-se ou proteger-se, você consegue acabar com os obstáculos ao amor. Não importa como a outra pessoa age ou se essa pessoa o aceita ou não quando você se mostra humilde e vulnerável. Você afirmou o seu valor, você se deixou ser visto assim como é e derrubou os muros que havia em torno do seu coração que o impediam de expressar o amor e de despertar os chakras do coração.

Liberte-se da necessidade de salvar as pessoas.

Você pode acabar com os obstáculos ao amor libertando-se da necessidade de salvar as pessoas de seus problemas. Você pode amar os outros como ama a sua alma simplesmente deixando que eles assumam a responsabilidade pela própria vida. Tomar conta dos outros, preocupar-se com a vida das outras pessoas e solucionar os problemas delas pode ocupar uma parcela tão grande de sua atenção e das suas emoções que não lhe restará nenhuma energia para empregar em sua própria vida e em seu caminho espiritual. Quando pára de salvar os outros, você consegue se libertar de qualquer ressentimento que possa ter por causa de todo o tempo e energia que você gastou com eles. Quando você salva as outras pessoas, você pode acabar se achando uma vítima, se elas não aproveitarem a sua ajuda do modo como você gostaria, se continuarem a criar problemas semelhantes ou se elas esperarem e exigirem que você continue a salvá-las.

Aprenda a reconhecer quando você está ajudando os outros porque sente que eles não possuem força ou capacidade para resolver os próprios problemas. Quando você sentir um impulso de ajudar as pessoas, achando que irá "salvá-las" ou que assim as dispensará de aprenderem as lições que a vida lhes reserva, trate de parar! Você poderá descobrir que a sua vontade de ajudar os outros na verdade decorre de sua própria necessidade de sentir-se melhor ou de incomodar-se ou preocupar-se menos com os problemas dessas pessoas. Parta do pressuposto de que as pessoas têm a capacidade de resolver os próprios problemas, mesmo se você não puder imaginar como elas irão fazê-lo. Conquanto a sua alma esteja interessada em ajudar as pessoas, ela não interfere com a vida dos outros. Ela deixa que as pessoas tenham idéias próprias, que vivam do modo como escolheram viver, que aprendam com os próprios erros e que cheguem ao sucesso por si mesmas.

A sua alma sabe que uma das maneiras mais importantes pelas quais as pessoas podem crescer e ficar fortes é assumindo a responsabilidade por si mesmas e pela própria vida. Ela sabe que as pessoas se esforçaram muito para produzir as suas circunstâncias atuais – por mais difíceis ou desagradáveis que elas sejam – para terem a oportunidade de aprender e de crescer. Quando as pessoas sofrem as conseqüências de seus atos, isso lhes proporciona a motivação necessária para modificar a vida. Salvar as pessoas faz com que elas fiquem mais fracas e não mais fortes.

É mais importante dar às pessoas instrumentos que as ajudem a melhorar a própria vida do que salvá-las dos problemas que elas provocaram. Se você não souber ao certo se está salvando as pessoas ou fortalecendo-as com a sua ajuda, pergunte a si mesmo se a sua ajuda está proporcionando a essas pessoas os instrumentos necessários para mudar a própria vida ou, simplesmente, resolvendo temporariamente um problema recorrente. Elas estão se empenhando para modificar a si mesmas e os pensamentos e crenças que criaram sua condição atual ou estão fazendo o papel de vítima e esperando que você ou alguma outra pessoa vá resolver os problemas que elas criaram? Se as pessoas fazem o papel de vítima e esperam que os outros as ajudem, sem tomar nenhuma atitude nesse sentido, ajudá-las em geral significa salvá-las. Se as pessoas estão lutando para sair da situação em que estão e assumir a responsabilidade por terem criado esses desafios, a sua ajuda em geral contribui para fortalecê-las.

Pense na pessoa que você escolheu. Una-se à sua alma e peça que ela lhe mostre se, de alguma maneira, você está poupando essa pessoa de aprender as próprias lições ou solucionando os problemas dessa pessoa e assumindo responsabilidade demais pela vida dela. Faça uma ligação espiritual e irradie um amor transparente. Faça a energia circular entre os chakras do coração e lembre-se de elevar a energia do plexo solar até o chakra do coração. Crie uma afirmação que traduzirá o modo como você pretende expressar amor, tal como: "Eu renuncio à necessidade de salvá-lo. Transfiro para você e para sua alma a responsabilidade de cuidar da sua vida. Faço isso porque reconheço que você tem dentro de si toda a força interior, a sabedoria e os recursos necessários para resolver os seus próprios problemas". Sinta o amor sereno de sua alma, um amor que não precisa *fazer* nada. Livre-se de qualquer desejo que você possa ter com relação a essa pessoa e deixe que ela faça o que quiser. Lembre-se de alguma ocasião em que você se recusou a salvar alguém que acabou se saindo muito bem sem a sua ajuda. Se você ainda ficar tentado a salvar alguém ou não tiver certeza se a sua ajuda irá tornar essa pessoa mais forte ou mais fraca, una-se à sua alma e peça que ela lhe mostre o que ela faria nessa situação.

Ajude os outros oferecendo-lhes o amor da alma.

Quando você perceber que as pessoas estão com problemas, sentindo-se magoadas ou enfrentando situações desesperadoras, a coisa mais importante que você pode fazer é continuar seu trabalho com a alma. Para ajudar as pessoas nessas circunstâncias, faça uma ligação espiritual e irradie amor. Peça que o anjo da guarda, a alma ou o Ser de Amor dessas pessoas as ajudem. Se elas estiverem atoladas numa situação aparentemente sem esperança, seja criativo e irradie uma imagem de algo como uma porta ou um caminho de luz que elas possam encontrar ou outras imagens que possam ajudá-las. Envolva-as com amor e luz. Afirme que elas têm poder, sabedoria e força para lidar com qualquer circunstância que elas tenham criado ou na qual se encontrem.

Talvez pareça falta de amor recusar-se a fazer alguma coisa para salvar as outras pessoas ou para solucionar os problemas que elas próprias causaram. O amor da alma nem sempre é compassivo e condescendente. Às vezes, a melhor coisa que você pode fazer é ficar firme e não ceder, deixando que as pessoas encontrem as suas próprias soluções, em vez de resolver ou assumir os problemas delas. Muito embora as personalidades dessas pessoas talvez não se mostrem gratas ou satisfeitas por você deixá-las sofrer as conseqüências dos próprios atos, a alma delas vai rejubilar-se com a oportunidade que elas terão de crescer com as situações que criaram em sua vida. Ao recusar-se a salvar as pessoas e, em vez disso, irradiar-lhes amor, você permite que elas ganhem a confiança, o poder pessoal e a força interior decorrentes da capacidade de resolver os próprios problemas.

Se depois de todo o trabalho interior, você sentir uma forte necessidade de agir, faça isso. A sua ação agora irá decorrer da sua ligação no nível da alma e será um impulso da alma e não uma reação da personalidade com o propósito de salvar a outra pessoa ou dispensá-la de aprender as próprias lições. Embora a sua alma não salve as outras pessoas, ela sempre estará trabalhando com a alma delas para fazer com que se tornem suficientemente fortes e independentes para elevar a consciência, encontrar e seguir um caminho superior, tornarem-se uma luz mais perfeita e servir aos outros.

Contato com a Alma

Pense em alguém com quem você gostaria de ter um relacionamento melhor, eliminando os obstáculos ao amor. Una-se à sua alma, faça uma ligação espiritual e siga uma ou mais das seguintes sugestões:

1. Tome mais consciência do relacionamento entre vocês dois. Ao longo das próximas horas ou dias, observe se os pensamentos que você tem acerca desse relacionamento e as escolhas que você está fazendo refletem a realidade que você quer criar. Eles são positivos, solidários e cheios de amor?
2. Mentalmente ou por meio de palavras, diga a essa pessoa algumas das coisas de que você mais gosta e que aprecia nela.
3. Pense em alguma coisa que você andou criticando nessa pessoa. Pergunte a si mesmo: "De que modo as críticas que fiz a essa pessoa aplicam-se a mim ou a minha vida?"
4. Resolva o conflito estimulando o ponto oculto com a vontade de amar da sua alma e elevando a energia do plexo solar até o chakra do coração. Faça uma ligação espiritual e peça que a sua alma e a alma da outra pessoa encontrem uma solução que seja satisfatória para ambas as partes.
5. Se em algum aspecto você andou erguendo uma barreira entre você e a outra pessoa, imagine a sua alma irradiando um amor que põe abaixo essa barreira.
6. Seja vulnerável e pergunte a alguém que você ama: "Como posso amar você de uma maneira que seja do seu agrado? Estou pronto para aprender uma forma melhor de expressar o meu amor por você".

7. Antes de ajudar outra pessoa, pergunte a si mesmo se você está agindo para o bem dessa pessoa, para que ela se torne mais sábia e mais forte, ou se você está tentando salvá-la das conseqüências dos seus próprios atos. Em seguida, faça uma ligação espiritual e irradie o amor da alma.

Capítulo 18

A Descoberta de Novas Maneiras de Amar

Você aprofunda o seu relacionamento com a sua alma
e se liga mais profundamente à alma das outras pessoas.
Você encontra e segue o caminho do amor
que é exclusivamente seu.

Ao despertar os chakras do coração e fazer a ligação espiritual, você passa a ter novas introvisões, perspectivas e sentimentos acerca dos seus relacionamentos. A sua visão acerca do que você quer nos relacionamentos poderá mudar. Maneiras antigas de se relacionar com as pessoas – e que funcionavam no passado – talvez não pareçam apropriadas para a pessoa na qual você está se transformando. Aquilo que você quer de um relacionamento poderá mudar à medida que você muda os seus valores e expande as suas metas e sonhos. Você poderá sentir um anseio cada vez maior por contatos no nível da alma e talvez queira passar o tempo com as pessoas de uma forma diferente. Agora que você criou uma visão de seus relacionamentos, aprendeu as leis universais dos relacionamentos e acabou com os obstáculos ao amor, você está pronto para descobrir novas maneiras de amar a si mesmo e aos outros.

Ao despertar os chakras do coração, você toma consciência de que há um "relacionamento correto" a ser mantido com cada pessoa de sua vida. Imagine todos os relacionamentos de sua vida indo bem e proporcionando-lhe uma oportunidade de amar como ama a sua alma. O relacionamento correto é estabelecido primeiramente no nível da alma, por meio de um contato de alma para alma. Depois que trabalhar no nível da alma, você e a outra pessoa poderão encontrar novas maneiras de ficar juntos, as quais irão ajudá-los a expressar o amor da alma e a realizar o propósito superior do relacionamento de vocês.

Siga o seu próprio caminho.
Não trilhe nenhum caminho
que não seja o seu.

Um passo importante a ser tomado para você poder aceitar novas maneiras de amar e para libertar-se das antigas consiste em investigar os padrões de relacionamento que você aprendeu com os seus pais. Você pode libertar-se dessas maneiras de se relacionar com os outros, as quais não lhe servem mais. Alguns dos padrões dos seus pais e das maneiras como eles viviam a vida são muito preciosos, e você vai querer incorporá-los a sua vida. Alguns dos padrões dos seus pais não são adequados para a pessoa que você é e não permitem que você expresse o amor que está despertando dentro de si. Você pode deixar de lado qualquer hábito, padrão, visão e meta de relacionamento que você aprendeu com os seus pais e que não servem mais para você; em vez disso, você pode escolher o seu próprio modo de ser. Você pode relacionar-se com os outros de maneiras novas que são diferentes do modo como os seus pais se relacionavam um com o outro e com as demais pessoas.

Em virtude da profunda lealdade e amor por seus pais (ainda que você tenha ostensivamente se rebelado ou resistido à vontade deles), muitos de vocês não se permitem ter relacionamentos melhores ou uma vida melhor do que a deles. Inconscientemente, você talvez tenha limitado a quantidade de alegria, de amor, de sucesso ou de abundância que aceita para si mesmo. Ou, então, você poderá estar querendo concretizar alguns dos sonhos que os seus pais tiveram para si mesmos ou para você, em vez de procurar realizar seus próprios desejos ou seguir o caminho que a sua alma traçou para você.

Você pode sentir mais amor, mais alegria e viver mais intensamente do que os seus pais. Você pode ter relacionamentos melhores, um coração mais aberto e um caminho espiritual diferente daquele dos seus pais. Para começar, una-se à sua alma. Faça circular energia e luz entre os chakras do coração e passe para um estado de amor da alma. Inspire e eleve a energia do chakra do coração até o chakra coronário, sentindo a paz do amor da alma e expandindo-se para a unicidade do amor. Expire e junte-se à sua alma para enviar luz desde o chakra coronário para estimular o ponto oculto, aumentando a sua vontade de amar a si mesmo. Inspire e eleve a energia do plexo solar até o chakra do coração. Liberte-se dos desejos e expectativas que os outros tenham com relação a você e com os quais você não esteja de acordo.

A partir desse estado de sabedoria, expansão, serenidade e amor, faça uma ligação espiritual com a sua mãe. Não importa se você a conhece ou se ela está viva ou não. Você pode trabalhar com sua mãe biológica ou com qualquer pessoa do sexo feminino que sirva de modelo para esse importante papel feminino em sua vida. Agradeça a ela por todas as dádivas que você recebeu.

Imagine-se como uma criança pequena andando por um caminho de luz, de mãos dadas com essa mulher. Num dado momento, sinta o caminho em comum bifurcando-se. Você está andando em seu próprio caminho de luz, que é diferente do caminho dela. Você leva consigo todas as dádivas que você quer manter e todo o amor que recebeu. Você renuncia a todos os hábitos e padrões que não fazem parte do seu caminho de amor. No fim de seu caminho, há um sol cálido, semelhante ao sol do entardecer. À medida que você prossegue em seu caminho, esse sol aumenta todas as qualidades que são as qualidades, as visões, os sonhos e o caminho da sua alma. Ele o ajuda a se livrar de tudo que não pertence a você em seu caminho. Veja a sua mãe seguindo outro caminho de luz. O seu caminho e o dela poderão ser paralelos ou seguir em direções diferentes. Você agora está caminhando firmemente em seu próprio caminho e avançando rumo à luz.

Depois de terminar esse processo com a sua mãe, repita-o com o seu pai ou com alguma pessoa do sexo masculino que sirva de modelo para esse importante papel masculino em sua vida. Agradeça-lhe por todas as dádivas que dele recebeu e por todo o amor que ele lhe deu. Liberte-se de qualquer sonho, meta e padrão de personalidade do seu pai que você não queira adotar para si. Siga o caminho de amor que é apenas seu e de mais ninguém. Veja-se caminhando em seu próprio caminho rumo à luz.

Preste atenção ao ritmo da sua alma. Reserve algum tempo para ficar sozinho.

Você pode descobrir novas maneiras de amar observando quanto tempo você quer passar com os outros e quanto tempo quer passar consigo mesmo. À medida que você se aproxima da sua alma, a quantidade de tempo que você quer passar com as pessoas pode diminuir. Você poderá passar a valorizar o tempo que você passa sozinho, recarregando suas energias, meditando, ligando-se à sua alma ou, simplesmente, existindo. É importante reservar algum tempo para ficar sozinho e poder ouvir o seu eu interior e sentir-se equilibrado. Não se recrimine nem diga a si mesmo que há algo de errado com seus relacionamentos se você quiser passar mais tempo sozinho. Pense numa ocasião em que você passou algum tempo sozinho, simplesmente ficando quieto. Lembre-se de como você se sentiu bem. É nos momentos de silêncio, quando você está sozinho, que a sua alma pode trabalhar melhor com você para enviar-lhe energia e idéias.

Algumas pessoas poderão sentir-se ameaçadas se você quiser dispor de tempo para ficar sozinho ou para fazer coisas das quais elas não participem. Você poderá se sentir desleal e culpado por estar querendo mais tempo para si mesmo. Cônjuges, filhos e amigos podem ter muitas expectativas a respeito da quantidade de tempo que eles querem que você passe ao lado deles. Pare de sentir que você precisa comportar-se de acordo com as idéias que as outras pessoas fazem acerca do tempo que você tem a obrigação de dedicar a elas. Você pode amar de novas maneiras, dando a si mesmo permissão para ficar sozinho o tempo que precisar.

Imagine que você tem um reservatório de energia. Visualize um medidor cuja escala vai de vazio a cheio. Feche os olhos por um momento e veja o que marca o medidor do seu reservatório de energia. Peça que a sua alma lhe mostre o que você poderia fazer para abastecer-se com mais energia. Quanto tempo você precisaria ficar sozinho para recarregar as suas energias? O que você poderia fazer com o seu tempo para poder desenvolver-se e sentir-se revitalizado? Pense numa ocasião em que você realmente cuidou bem de si mesmo. Recorde-se de como, depois disso, você teve muito mais amor e energia para dar aos outros. Reconheça que, quando cuidou bem de si mesmo, você ofereceu aos outros uma dádiva: a presença de um ser relaxado, revitalizado e energizado.

Faça uma ligação espiritual com a pessoa que você escolheu. Mentalmente, agradeça desde já a essa pessoa por ela lhe dar a liberdade de usar o seu tempo do modo como você bem entender. Você poderia dizer mentalmente: "Obrigado por me dar tempo e espaço para fazer o que preciso para me sentir equilibrado, para me ligar à minha alma, para recarregar as minhas energias e para sentir o meu próprio ritmo e caminho". Preste atenção aos seus impulsos para ficar sozinho, pois trata-se de ocasiões em que a sua alma está chamando você para receber a luz, a alegria, a vontade, a presença, a força, o amor ou qualquer outra das qualidades dela que irão contribuir para melhorar a sua vida.

Trabalhe com qualquer subpersonalidade que tenha medo de que você possa perder o amor dessa pessoa se reservar algum tempo para ficar sozinho. Passar algum tempo sozinho, fazer as coisas de que você gosta e sentir a sua alma pode ajudá-lo a se ligar à unicidade e a criar mais harmonia entre você e o universo. Mesmo se você tiver filhos pequenos, é importante dispor de algum tempo para ficar sozinho e refazer-se. Faça uma ligação com as almas de seus filhos e agradeça a elas por lhe permitirem ter algum tempo para ficar sozinho. Pense nas maneiras pelas quais os seus filhos poderiam receber cuidados enquanto você faz uso do tempo de que necessita para si. Quando o seu reservatório estiver cheio você terá mais luz, amor e energia para dar a eles.

Dê às outras pessoas a chance de fazerem o que bem entendem com o tempo e com a vida delas. Faça uma afirmação para si mesmo com o propósito de não deixá-lo se esquecer de agir da mesma maneira. Você poderia dizer alguma coisa como: "Concedo a todas as pessoas da minha vida permissão para viverem no ritmo de sua alma e para fazerem o que precisarem para se sentirem equilibradas e para recarregarem as suas energias". Desenvolva e ame todas as subpersonalidades que possam relutar em dar aos outros a liberdade de fazer o que quiserem. Converse com qualquer subpersonalidade – e promova o desenvolvimento dela – que sinta que as pessoas possam abandoná-lo, afastarem-se ou tirar proveito de você caso você lhes conceda muita liberdade. Quando você fizer isso, as pessoas vão amá-lo ainda mais, nunca menos.

Cultive imagens elevadas e positivas acerca de si mesmo. Peça que os outros ajam da mesma forma.

Descubra novas maneiras de amar transformando as imagens que você tem das pessoas amadas e trabalhando junto com elas para alterar as imagens que elas têm de você. Pela manutenção de imagens e pensamentos elevados e positivos a respeito do outro, vocês dois poderão deixar de lado a maneira antiga de se relacionar um com o outro – que poderá estar impedindo o progresso de ambos – e encontrar novas maneiras de se relacionarem.

Os relacionamentos podem tornar-se menos gratificantes quando as pessoas se apegam a imagens e idéias ultrapassadas acerca do outro, com base no que a outra pessoa era e não na pessoa em que cada um se transformou. Você talvez queira distanciar-se de alguém porque você evoluiu e cresceu e, no entanto, a outra pessoa não reconheceu ou não se sentiu grata pelas mudanças que você realizou. Quando amigos, pais, filhos, cônjuges ou outras pessoas queridas pensam em você tal como você costumava ser e não em quem você é agora, pode ficar difícil agir de maneiras diferentes. As pessoas lhe dão uma maravilhosa dádiva de amor quando têm uma visão elevada a seu respeito, acreditando em você e em seu potencial, mesmo que você ainda não o tenha manifestado.

Reflita sobre a imagem que a pessoa que você escolheu tem a seu respeito. Essa pessoa tem uma imagem elevada de você? Essa pessoa acredita no potencial que você tem ou, ao contrário, está sempre lembrando-o de seus defeitos? Você gosta da imagem que essa pessoa reflete de volta para você? Se não gostar, atualize essa imagem. Para que os outros possam ter uma imagem positiva a seu respeito é preciso que você tenha imagens positivas acerca de si mesmo.

Sinta a presença da sua alma. Pense numa área da sua vida com relação à qual a outra pessoa está refletindo de volta para você uma imagem negativa ou se apegando a uma idéia antiga acerca de como você costumava ser. Represente em sua mente a imagem que você quer que a outra pessoa tenha de você nessa área. Faça uma ligação espiritual e irradie para a outra pessoa a sua nova auto-imagem nessa área. Você pode fazer isso quando estiver meditando ou quando estiver na presença dessa pessoa. Se você perceber que ela está falando ou agindo de uma maneira que reflete uma imagem a seu respeito que não corresponde à pessoa que você de fato é, faça uma ligação espiritual e irradie a imagem que você quer que essa pessoa tenha nessa área. Ao fazer a ligação espiritual, imagine a Luz Solar e a luz da sua alma dissolvendo qualquer imagem negativa ou ultrapassada que a outra pessoa esteja lhe enviando acerca de você mesmo. Quando você faz isso, a outra pessoa pode ou não modificar os seus conceitos a seu respeito. Todavia, a coisa mais importante que você está fazendo é manter com firmeza uma auto-imagem positiva. Você vai querer agir e falar de acordo com essa nova imagem e não voltar aos velhos comportamentos que reforçam a imagem ultrapassada que a outra pessoa tem de você.

Reconheça o potencial de grandiosidade em si mesmo e nos outros.

Você talvez precise atualizar as imagens que tem das pessoas que você ama. Pense na pessoa com quem você fez uma ligação espiritual.

Você tem uma imagem ultrapassada dessa pessoa, a qual você precisa atualizar? Identifique pelo menos uma área em que você poderia ter uma imagem menos evoluída dessa pessoa. Pense em uma nova visão que você poderia ter em relação a essa pessoa. Faça uma ligação espiritual e irradie sua imagem atualizada até essa pessoa. Você poderia dizer mentalmente algo do tipo: "Eu agora vejo você como ____________ e irei manter essa visão positiva a seu respeito para ajudá-lo a crescer e a se desenvolver". Firme o compromisso de identificar e transformar outras imagens negativas que você possa ter dessa pessoa.

Não se limite a atualizar as imagens que você tem dos outros; reconheça também a grandiosidade interior das pessoas. Comece por identificar a sua própria grandiosidade. Una-se à sua alma e sinta sua beleza e sua luz. Reflita sobre todas as qualidades maravilhosas da alma que você já expressa. Faça uma revisão da sua vida e observe como você sempre sentiu que havia alguma coisa especial cuja realização cabia a você. Você sabe que existem sementes de grandiosidade dentro de você, que estão apenas esperando as condições apropriadas para brotarem. Reflita sobre como você está se tornando uma luz mais bonita e mais perfeita a cada momento.

Pense na pessoa que você escolheu e faça com ela uma ligação espiritual. Convide o Ser de Amor para entrar no seu chakra do coração a fim de que ele o ajude a enxergar o que há de melhor e mais elevado nessa pessoa. Imagine a Luz Solar sobre vocês dois, ajudando-o a sentir ou a ver mais claramente parte da grandiosidade interior dessa pessoa. Imagine que o véu que esconde a luz da alma dessa pessoa está agora se dissipando e que, por fim, a luz radiante da alma brilha em todos os níveis. Sinta o potencial para o amor que existe dentro dessa pessoa, mesmo se ela ainda não for capaz de expressar amor de forma constante. Peça que a sua alma lhe mostre algumas das qualidades da alma que essa pessoa tem dentro de si, na forma de sementes à espera do momento adequado para germinar. Concentre-se nessas jóias de luz, e não dê atenção a qualquer zona de trevas que você venha a sentir. Lembre-se de como você reconheceu o potencial e a grandiosidade dessa pessoa quando vocês estiveram juntos pela primeira vez. Observe de que modo a atualização da imagem que você tem dessa pessoa promove a abertura e a expansão da energia entre vocês dois, enquanto você se concentra no potencial e na grandiosidade dessa pessoa.

Com o propósito de fortalecer a sua decisão de reconhecer o que há de bom e lindo na pessoa que você escolheu, você poderia fazer para si mesmo a seguinte afirmação: "Amo e reconheço a sua grandiosidade interior e também amo aquelas partes de você que ainda não estão evoluídas". Reconheça que há um lado bonito nessa pessoa, mesmo se vocês estiverem em meio a um desentendimento ou se a outra pessoa parecer estar de mau humor ou pouco receptiva.

Concentrar-se naquilo que há de bom na outra pessoa vai ajudá-lo, portanto, a manifestar e a trazer aquelas qualidades para a sua vida. Você talvez descubra que as pessoas agem com mais amor quando você reconhece tudo o que há de bom e toda a luz que existe dentro delas. Ao perceber a luz dentro dos outros, você os ajuda a conhecer e a expressar essa luz.

Leve a sério o seu crescimento espiritual.

Leve a sério o seu crescimento e evolução espiritual para aumentar o seu amor por si mesmo e para ter mais amor para oferecer aos outros. Crescendo, você terá mais para oferecer em seus relacionamentos. Você estará em condições de agir e de fazer coisas que tornam os seus relacionamentos mais bem-sucedidos. Você tem sua atenção voltada para um propósito superior, a sua visão se expande e você tem crenças que favorecem o sucesso de seus relacionamentos.

Quando leva a sério o seu crescimento espiritual você passa a ter cada vez mais fé e confiança em si mesmo e em sua capacidade de fixar limites e de irradiar um amor inabalável e consistente. Quando você está comprometido com o desenvolvimento da sua vida, você não teme que um relacionamento vá impedi-lo de crescer, de se expandir e de realizar o seu caminho e propósito superiores. Você vê os seus relacionamentos como uma parte do seu caminho superior, os quais fazem uma contribuição para a sua vida e oferecem-lhe uma oportunidade de crescer por meio do aprendizado do amor.

Ligue-se freqüentemente com a sua alma e deixe que ela lhe mostre o que você poderia fazer para crescer espiritualmente. Acredite que meditar, ligar-se à sua alma, transformar as suas subpersonalidades, despertar os chakras do coração e fazer um trabalho interior é uma das maneiras mais valiosas de empregar o seu tempo. Transforme as suas atividades diárias na prática espiritual de expressar amor.

Diga mentalmente para as pessoas queridas: "Eu apóio o seu processo de iluminação".

É importante apoiar o crescimento das outras pessoas. À medida que crescem espiritualmente, elas poderão amá-lo de maneiras novas e mais elevadas, embora esse não seja o motivo pelo qual você está apoiando o crescimento delas. Pense na pessoa que você escolheu. Faça a luz circular entre os chakras do coração e passe para um estado do amor da alma. Estenda o seu apoio incondicional ao crescimento, ao sucesso e à iluminação da outra pessoa. Deseje do fundo do coração que essa pessoa querida seja feliz, realizada e bem-sucedida. Reserve um momento para imaginar essa pessoa tornando-se iluminada. Envie uma mensagem mental para essa pessoa nos seguintes termos: "Apóio sinceramente o seu processo de iluminação". Trabalhe com as suas subpersonalidades que talvez tenham medo de que, se outra pessoa for feliz e realizada, ela poderá deixar de amá-lo ou de querê-lo perto de si. Uma das maiores dádivas que você pode dar aos outros é manter uma imagem mental em que elas se tornam iluminadas.

Estude e aprenda técnicas que possam ajudá-lo a se relacionar melhor.

Reserve algum tempo para aperfeiçoar seus relacionamentos, aprendendo técnicas que possam ajudá-lo a se relacionar melhor. Descubra novas maneiras de amar ouvindo fitas, lendo livros, assistindo a fitas de vídeo ou fazendo cursos. Os relacionamentos lhe oferecem uma oportunidade de abrir o coração. Apóie e cultive os seus relacionamentos, de modo que eles possam refletir o amor da alma que existe dentro de você. Respeite os seus relacionamentos como um caminho de luz e como um veículo para despertar os chakras do coração.

A Descoberta de Novas Maneiras de Amar

Contato com a Alma

Una-se à sua alma e, a partir da relação abaixo, escolha uma nova maneira de se amar. Ou, então, seja criativo e imagine novas maneiras de amar a si mesmo ou alguma outra pessoa.

1. Pense num padrão de relacionamento que seu pai ou sua mãe têm ou tiveram. Resolva se você quer ou não ter esse padrão. Se não o quiser, trabalhe com a sua alma para livrar-se dele.
2. Procure com os seus olhos interiores o medidor do seu reservatório de energia. Até que nível seu reservatório está cheio? Fique em silêncio e peça que a sua alma lhe dê novas idéias de como voltar a enchê-lo.
3. Peça que a sua alma lhe mostre com que freqüência ela gostaria que você se unisse a ela para receber todas as dádivas que ela quer lhe dar. Quantos contatos a sua alma quer que você faça no próximo dia, semana ou mês?
4. Pense numa imagem que você gostaria que uma pessoa querida tivesse de você. Conserve essa imagem firmemente consigo enquanto você faz uma ligação espiritual e a irradia para essa pessoa.
5. Pense numa imagem nova e positiva que você poderia ter de uma pessoa querida. Envie essa imagem para a outra pessoa, ao fazer uma ligação espiritual.
6. Reconheça o potencial de grandiosidade que existe dentro da outra pessoa. Veja o brilho da alma dessa pessoa ultrapassando todas as barreiras que escondem a luz dela.

7. Mentalmente ou em voz alta, diga para uma pessoa querida: “Eu apóio sinceramente o seu processo de iluminação”. Envie hoje essa mesma mensagem a alguém que lhe seja completamente estranho.
8. Diga: “Eu apóio o seu processo de iluminação com todo o meu ser”. Leve a sério o seu crescimento espiritual para ter mais amor a oferecer aos outros.

Capítulo 19

Modificação ou Interrupção de um Relacionamento

A sua alma magnetiza e atrai. A sua alma manda embora. Tudo que é bom e lindo prospera. Tudo que não serve mais aos propósitos da alma é descartado.

À medida que o seu contato com a alma se aprofunda e os seus chakras do coração despertam, você poderá descobrir que a sua vida está mudando. Velhas questões ou padrões de relacionamento do passado podem vir à superfície para que você os examine. O seu amor em expansão e sua auto-imagem em processo de aperfeiçoamento podem fazer com que você se sinta menos satisfeito com sua atual situação, com seus relacionamentos ou com o modo como certas pessoas o tratam. Ao renunciar às atitudes, pensamentos, crenças e energias que obstruem o caminho do amor, aquilo que você deseja num relacionamento pode mudar. Este pode ser o momento de deixar para trás o passado e aquilo que você criou, pois a sua alma irá inspirar novas visões e sonhos, novas metas e aspirações.

À medida que você cresce espiritualmente, os seus relacionamentos poderão mudar de maneiras que sirvam para apoiá-lo. As pessoas poderão evoluir junto com você. Ou, então, talvez elas não cresçam da mesma forma como você está crescendo. Elas ainda poderão estar em processo de expansão, mas avançando numa direção diferente da sua ou num ritmo diferente.

À medida que os seus chakras do coração vão despertando, você começa a curar os seus aspectos interiores que lhe parecem ser pouco amados e aceitos. Quando se sente mais pleno e completo, você quer relacionamentos que sejam solidários e afetuosos e que o enriqueçam e o apóiem. Você quer ser tratado de uma maneira digna. Você se recusa a ser parte de qualquer drama que o faça sentir-se inferior aos outros, ter pena de si mesmo ou sentir-se uma vítima. Você não quer ter esses sentimentos e deixa de colocar-se em situações nas quais eles são gerados. Você não quer mais estar em meio a pessoas cuja vida não esteja indo bem ou que tentem atraí-lo para seus eternos dramas e dilemas. Você não quer mais viver em meio a pessoas que se queixam constantemente da vida, mas não fazem nada para resolver os seus problemas. Em vez disso, você quer estar cercado de pessoas cuja vida está correndo bem, que estão fazendo uma contribuição para a humanidade e que estão evoluindo e estabelecendo contatos no nível da alma.

Você talvez queira modificar o seu relacionamento com alguém ou abandonar um relacionamento porque você já aprendeu tudo o que você e a outra pessoa vieram aprender um com o outro. Você talvez tenha cumprido o propósito superior que serviu de motivo para vocês permanecerem juntos. Às vezes você precisa deixar de relacionar-se com uma determinada pessoa porque ela, de alguma forma, tem sobre você uma influência prejudicial. Você talvez precise manter uma distância maior dela ou não ficar perto de determinadas pessoas. Você talvez já esteja pronto para deixar de lado velhas formas que não funcionam mais para você e encontrar para os seus relacionamentos uma nova forma que permita que ambos continuem a crescer, a realizar os seus propósitos superiores e a expressar mais amor.

Respeite a ligação que vocês têm no nível da alma, independentemente do que aconteça à forma exterior do relacionamento de vocês.

Antes de romper, mudar ou restringir o seu relacionamento com alguém, junte-se à sua alma e faça uma ligação com a alma da outra pessoa. Comprometa-se a respeitar a beleza e a força da ligação de vocês no nível da alma, independentemente das mudanças que possam ocorrer na forma externa de seu relacionamento. Se você estiver decidindo se deve ou não modificar ou romper um relacionamento com alguém, pense nessa pessoa agora. Una-se à sua alma e faça uma ligação espiritual com essa pessoa. O relacionamento mais importante que você tem com essa pessoa é o relacionamento com a alma dela. Harmonize-se com a alma dessa pessoa e irradie o amor da alma. Afirme o seu compromisso de respeitar a ligação que tem com a alma dela, qualquer que seja a forma exterior assumida pelo relacionamento de vocês. Diga mentalmente à outra pessoa: "Eu me comprometo a ter um relacionamento no nível da alma a despeito de quaisquer mudanças que possam ocorrer na forma exterior do nosso relacionamento".

Livre-se das formas que não servem mais para você.

A sua alma é magnética. Ela pode ser transparente e deixar as energias passarem através de você. A sua alma também rejeita energias que ela não quer. Ela pode repelir energias que não são apropriadas, tais como aquelas que ocultam ou enfraquecem a sua luz. Reflita sobre o modo como funciona o ímã. Uma extremidade atrai certas energias e a outra extremidade as repele.

Você talvez conheça pessoas que ainda não desenvolveram a capacidade de repelir as energias que não se ajustam à sua essência. Elas poderão optar por relacionamentos com pessoas enérgicas que parecem governar a vida delas. Não censure ou critique essas pessoas por serem vítimas incapazes de estabelecer limites ou por não ter vontade própria. Elas talvez pareçam incapazes de proteger a si mesmas ou às pessoas que amam. Compreenda que elas estão aprendendo uma importante lição da alma: como repelir e não ser receptivo a determinadas energias. Às vezes as pessoas atraem relacionamentos com aqueles que parecem tomar conta da vida delas para que possam aprender e se fortalecerem à medida que são desafiadas a estabelecer limites. A melhor maneira de você ajudá-las é se concentrar na essência dessas pessoas e na luz que existe dentro delas. Isso as ajuda a sentir também a própria essência. Tenha uma visão clara de que elas irão aprender a rejeitar e a descartar aquelas energias que ocultam ou obscurecem a luz delas. Aceite-as e ame-as, em vez de condená-las ou censurá-las por serem fracas. Sinta a serenidade do amor da alma e irradie um amor tolerante, sereno e transparente.

Você pode unir-se à sua alma para fortalecer a sua própria capacidade de rejeitar e de livrar-se das energias que não se ajustam à pessoa que você é. Sinta a jóia do chakra do coração alinhar-se com a jóia da sua alma. Recorde-se de como você se fundiu com a sua alma e o seu chakra do coração tornou-se magnético, graças ao amor da alma. Desta vez, imagine que a sua alma está trabalhando de maneira diferente. A sua alma está modificando o seu magnetismo de modo a expelir as energias que não são apropriadas para ela. A partir do centro de amor dentro do seu coração, a sua alma repele as energias que são mais densas ou inferiores às suas vibrações. Imagine-se livrando-se daquelas energias do universo que você tem aceitado, mas que não são mais apropriadas para você. Você pode sentir a energia saindo em qualquer nível – físico, emocional ou mental. Qualquer padrão, hábito ou energia dos outros que você tem aceitado e que não se ajustam a você estão sendo eliminados por sua alma.

Pense na pessoa com quem você tem criado um relacionamento no nível da alma. Peça que a sua alma o ajude a eliminar qualquer energia que você tenha captado dessa pessoa e que não se ajuste a você. A sua alma sabe exatamente quais energias deve aceitar, em relação a quais energias deve mostrar-se transparente e de quais energias deve livrar-se. Ela sempre está se tornando uma luz mais bonita e mais perfeita. Una-se à sua alma e deixe-a descartar aquelas energias que você tem aceitado dessa pessoa e que não são apropriadas para você, tais como certos pensamentos, sentimentos e crenças. Faça uma ligação espiritual e sinta a pura luz do amor da alma que agora existe entre vocês dois.

Em seguida, repita esse processo com uma pessoa com quem você tenha um relacionamento cuja forma quer mudar. Ao livrar-se daquelas energias que não lhe são adequadas, você talvez precise se distanciar dessa pessoa, parando de vê-la por completo ou ficando junto dela apenas em determinadas ocasiões e com propósitos específicos. À medida que você trabalha nesse nível interior para eliminar aquelas energias existentes entre vocês dois e que não refletem mais a pessoa que você é, as formas e expressões externas do relacionamento de vocês irão mudar. Não se esqueça de amar a alma da outra pessoa independentemente de qualquer mudança que ocorra no relacionamento de vocês.

Descubra se uma mudança em sua vida vai melhorar o relacionamento entre vocês.

Antes de pôr fim a um relacionamento ou de mudá-lo, verifique se você está agindo assim porque o relacionamento não está indo bem ou porque a sua própria vida não vai indo bem. Às vezes as pessoas querem romper um relacionamento íntimo porque estão muito estressadas e essa lhes parecer ser a única saída para melhorar uma vida que não vai indo bem. Às vezes as pessoas abandonam um relacionamento porque acham que a vida delas é monótona ou porque percebem que não estão mais vivendo "intensamente". Volte a atenção para seu mundo interior e pergunte a si mesmo: "Se eu estivesse feliz com a minha vida ou se tivesse uma vida menos estressante e mais alegre, será que eu ainda iria querer romper esse relacionamento?"

Às vezes as pessoas querem romper um relacionamento porque não conhecem nenhuma outra maneira de estabelecer limites e fronteiras. Elas acham que precisam acabar com o relacionamento para poder ficarem livres das expectativas e exigências das outras pessoas. Pergunte a si mesmo: "Se eu conseguisse estabelecer limites e parasse de me sentir obrigado a satisfazer as expectativas que essa pessoa tem a meu respeito, será que eu ainda iria querer acabar com esse relacionamento?" Ao aprender a estabelecer limites e a respeitar a si mesmo e às suas necessidades, você talvez venha a descobrir que passou a gostar novamente da companhia dessa pessoa.

Decida se você precisa ou não mudar a forma do seu relacionamento.

Ao trabalhar com a sua alma para livrar-se daquelas energias que não se ajustam a você, pode ser que você esteja tentando decidir se deve abandonar por completo um determinado relacionamento, distanciar-se um pouco dessa pessoa ou continuar o relacionamento efetuando mudanças. Não se recrimine se você tiver dificuldade para tomar uma decisão. Romper um relacionamento ou fazer mudanças pode ser uma decisão importante e difícil se se tratar de um relacionamento íntimo e de longa data, particularmente se essa decisão influenciar a vida de muitas pessoas. Algumas pessoas continuam juntas muito tempo depois que a essência do amor acabou, pois acham que não têm razões suficientemente boas para partir. Ou, então, elas acham que não têm os recursos interiores ou exteriores necessários para acabar o relacionamento. Às vezes as pessoas permanecem porque têm medo de ficar sozinhas ou de magoar a outra pessoa.

Talvez você esteja se debatendo sem sair do lugar e esgotando suas forças na tentativa de decidir se você deve continuar um relacionamento ou encerrá-lo. Se for esse o caso, passe algum tempo num estado de amor da alma, fazendo uma ligação entre a sua alma e a alma da outra pessoa. Reveja o propósito superior para vocês estarem juntos num relacionamento e avalie se vocês o cumpriram. Pergunte se ainda há alguma coisa que vocês precisem fazer ou criar juntos. Peça que a sua alma lhe mostre se permanecer nesse relacionamento é parte do seu caminho mais elevado. Ou, então, peça para saber se o relacionamento entre você e a outra pessoa está completo e se chegou o momento de alterar a forma dele. Você possivelmente não irá receber – na verdade, é bem improvável que você receba – respostas imediatas. Todavia, por intermédio de seus sonhos, sentimentos e de qualquer acontecimento que ocorra, você irá começar a ter mais consciência das mudanças que precisa fazer. Vocês dois poderiam firmar o compromisso de continuar juntos e trabalhar o relacionamento para descobrir se esse caminho ainda é viável. Trabalhe com as crenças e padrões que possam estar impedindo-o de ter um relacionamento cheio de amor. Dê a si mesmo alguns meses para que as coisas mudem, antes de voltar a perguntar a si mesmo se você deve ou não deixar esse relacionamento. Suspenda a batalha interior consigo mesmo e deixe a decisão final para mais tarde. Continuando a viver junto com a outra pessoa, em algum momento você vai saber se essa escolha faz parte do seu caminho mais elevado e representa o desejo da sua alma.

Não sinta que você precisa de uma razão para mudar a forma de um relacionamento.

Muitas pessoas continuam num relacionamento ou esperam para realizar mudanças até encontrar bons motivos para fazer isso. Você não precisa justificar a sua partida, o fato de querer reservar mais tempo para si mesmo ou a decisão de modificar a forma de um relacionamento. Na verdade, é melhor que você não dê explicação nenhuma aos outros se a razão for a de que você acha que a outra pessoa desapontou-o de alguma maneira. Isso poderia fazer com que vocês dois ficassem com uma sensação de fracasso. Em vez disso, encare qualquer mudança como faz a sua alma: reconhecendo que vocês tiveram sucesso en realizar o aprendizado que vieram fazer juntos, que vocês cumpriram o propósito superior ficando juntos e que agora é o momento de enveredar por um novo caminho e de encontrar novas formas de relacionamento para ambos.

Se você sentir que esse relacionamento está completo para você em sua forma atual, faça uma afirmação para si mesmo a respeito de como você quer encarar a sua transição. Você poderia dizer: "Saio de nosso relacionamento com amor. Considerarei que o nosso relacionamento foi bem-sucedido e alcançou o seu propósito". Pense em como você se tornou mais afetuoso consigo mesmo e com os outros desde que começou esse relacionamento. Reflita sobre tudo o que você aprendeu e sobre o quanto você cresceu.

Vejam o seu relacionamento como um sucesso e tenham isso em mente ao longo de todas as mudanças, de modo que vocês possam sentir que foram bem-sucedidos ao fazer a transição na forma do relacionamento. Algumas pessoas acham que sucesso significa ficar junto da outra pessoa para sempre e sentem que fracassaram quando um relacionamento termina ou tem sua forma alterada. Você e a outra pessoa talvez queiram redefinir o que é sucesso para vocês, tal como ter sucesso em constituir uma família, realizar aquilo que vocês se propuseram a fazer, aprender aquilo que vocês vieram aprender juntos, desenvolverem-se espiritualmente em alguma área e assim por diante. Considere todos os seus relacionamentos bem-sucedidos, mesmo aqueles que acabaram. Vocês estão mudando a forma do seu relacionamento porque sentem que essa é a coisa certa a fazer, porque sabem que chegou o momento de fazer isso e porque, bem no fundo, vocês sabem que essa é a melhor coisa a fazer.

Receba a força e a coragem
da sua alma ao modificar a
forma de um relacionamento.

Às vezes, você sabe que é o momento de romper ou modificar um relacionamento e, no entanto, você não consegue encontrar dentro de si força ou coragem para isso. Você talvez ache que a outra pessoa depende de você e não será capaz de arranjar-se ou de sobreviver sem a sua presença. Você poderá sentir uma profunda lealdade, muito embora o relacionamento tenha sido difícil para você ou tenha desrespeitado a pessoa que você realmente é. Você poderá ter medo de ficar só e sentir que qualquer relacionamento é melhor do que nenhum. Você talvez careça de recursos para ir embora ou tenha medo da reação da outra pessoa se você fizer isso. O seu companheiro, cônjuge ou amigo talvez seja uma pessoa maravilhosa e você não quer magoá-lo, afastando-se. Você poderá achar que a outra pessoa ficará furiosa com você, podendo até mesmo feri-lo se você partir, distanciar-se ou mudar a forma do relacionamento entre vocês.

Comece por examinar as razões pelas quais você tem medo de interromper ou de modificar esse relacionamento. Tome uma das razões e anote-a num pedaço de papel. Transforme-a numa afirmação positiva. Se você tiver escrito, por exemplo, "Tenho medo de deixar ou de modificar esse relacionamento porque isso poderia magoar a outra pessoa", diga em vez disso "Tenho confiança de que fazer as coisas que são do meu mais elevado interesse também cria o maior bem possível para a outra pessoa". Elimine qualquer medo de que você possa ser uma pessoa má só porque está respeitando a sua alma e as suas próprias necessidades e, em vez disso, pense que você está seguindo a sua sabedoria mais profunda e que, ao fazer isso, você vai proporcionar à outra pessoa uma oportunidade de crescer e de se desenvolver.

Eis alguns medos que são comuns entre as pessoas que estão considerando a possibilidade de modificar um relacionamento ou sair dele: medo de perder completamente a outra pessoa, medo de não conseguir encontrar uma pessoa melhor para amar, medo da solidão, medo de que ninguém irá amá-las, medo de ficar sem dinheiro e medo de que a outra pessoa não consiga sobreviver sem elas. Você talvez tenha esperança de que a outra pessoa mude e viva sonhando acerca de como o relacionamento poderia ser, em vez de encarar os fatos e reconhecer o que esse relacionamento de fato é para você. Reserve algum tempo para identificar os seus medos. Escreva uma declaração positiva que você irá dizer várias vezes para si mesmo para reafirmar que você tem o poder de criar aquilo que quer. Ao fazer essa afirmação você terá mais coragem para fazer o que precisa ser feito.

Você poderá achar que a outra pessoa não o deixará afastar-se ou modificar o relacionamento entre ambos. Você poderá ter medo de que as conseqüências do término do relacionamento sejam terríveis demais. Se for esse o caso, una-se à alma da outra pessoa e peça a ambas as almas que os ajudem a se afastar um do outro ou a realizar as mudanças que precisam ser feitas no relacionamento. Se você tiver um relacionamento íntimo com alguém irascível ou propenso à violência, eleve a energia do plexo solar até o chakra do coração, até você poder sentir e irradiar a serenidade do amor. Recuse-se a ser uma vítima. Tenha compaixão por si mesmo. A sua vida é tão importante quanto a vida da outra pessoa. Diga a si mesmo que você *pode* viver num ambiente amistoso e solidário, junto com pessoas que o amam e o respeitam. Afirme a sua liberdade dizendo para si mesmo: "Sou livre. Farei o que for mais elevado e melhor para mim e para a minha vida". Se você achar que não dispõe dos recursos necessários para partir ou para modificar o seu relacionamento com a outra pessoa, invoque o poder da sua alma com mais freqüência. Peça que ela trabalhe com você para criar os recursos de que você necessita, tais como aconselhamento psicológico, pessoas para ajudá-lo, um emprego, assistência financeira e o que quer que você necessite.

Peça que a sua alma o ajude
a sair de um relacionamento
de forma harmoniosa e com amor.

Se você resolveu partir ou mudar um relacionamento, trabalhe no nível da alma com a outra pessoa. Assim como você fez com relação a seus pais, imagine que você esteve andando junto com essa pessoa por um caminho de luz, e agora os caminhos de vocês estão se separando. A Luz Solar está sobre vocês dois. Cada um de vocês está se tornando uma luz mais bonita e mais perfeita a cada instante e, agora, vocês precisam tomar caminhos diferentes para poder continuar a crescer e a evoluir, gerando mais luz. Olhe para os dois caminhos. Como você imagina que eles serão quando vocês se separarem um do outro? Por exemplo: os seus caminhos seguem paralelos até uma certa distância e, depois, tomam rumos diferentes?

Sair de um relacionamento ou modificar sua forma pode constituir um desafio. Faça tudo para só dizer e pensar coisas boas a respeito da outra pessoa. Se ela estiver tentando fazê-lo sentir-se culpado ou se você tiver emoções negativas que queira transformar, eleve a energia do plexo solar para o seu chakra do coração. Faça isso sempre que você sentir que está reagindo a energias não-evoluídas do seu próprio plexo solar ou do plexo solar da outra pessoa. Lembre-se, você está reduzindo ou modificando o seu envolvimento no nível da personalidade. Você ainda pode amar a alma dessa pessoa. Peça que ambas as almas os ajudem para que as mudanças no relacionamento entre vocês dois possam ocorrer da forma mais harmoniosa, amorosa e mais equilibrada possível. Imagine uma partida ou transição sem problemas. Encare o relacionamento como um sucesso. Reflita sobre tudo o que vocês realizaram, aprenderam e criaram juntos e sobre a sua capacidade aumentada de amar a si mesmo e os outros.

Perdoe aqueles que o deixarem.

Às vezes você altera a forma de um relacionamento ficando do lado de alguém que o abandona ou que o vê com menor freqüência. À medida que você cresce e se modifica, as pessoas poderão reagir a isso de maneiras diferentes. Algumas irão se regozijar com o aumento de sua luz e força interior. Algumas não chegarão a notar ou, então, isso não fará nenhuma diferença para elas. Algumas poderão sentir-se ameaçadas e tentar controlar você para impedi-lo de mudar. Algumas pessoas poderão afastar-se porque não estão prontas para acompanhá-lo à medida que o seu amor se torna mais elevado, puro e equilibrado. Elas talvez ainda tenham necessidade de ficar num relacionamento que possibilite o tipo de lição que vocês estavam aprendendo juntos, antes de você mudar. Nesse caso, elas muito provavelmente irão romper o relacionamento. Elas poderão até mesmo encontrar uma outra pessoa e, junto com ela, repetir os padrões de relacionamento que tiveram com você. Essa pessoa poderá ensinar a elas aquilo que você não pode mais ensinar, por você já ter aprendido essas lições.

Se alguém estiver deixando ou tiver deixado você, estiver se afastando de você, demonstrando indiferença ou rejeitando-o, não fique pensando nas coisas que você poderia dizer ou fazer para trazer essa pessoa de volta. Reflita sobre o modo como os atos dessa pessoa estão refletindo algo que está ocorrendo dentro de você. Pergunte-se se você mesmo não esteve se afastando desse relacionamento. Talvez você não tenha estado emocionalmente disponível ou tenha estado fisicamente ausente durante algum tempo. Você provavelmente teve muitas dúvidas sobre o relacionamento ou esteve recebendo mensagens interiores – que você não transformou em ação – para mudar ou abandonar o relacionamento.

Para curar a dor de ser abandonado ou de sair de um relacionamento, e para trabalhar essa dor e fazer dela uma oportunidade para despertar os chakras do coração, una-se à sua alma. Reconheça seus sentimentos feridos e eleve-os desde o seu chakra do plexo solar até o seu chakra do coração, onde eles serão curados e liberados. Convide o Ser de Amor para entrar na jóia do seu chakra do coração e ajudá-lo. Deixe a dor dissolver-se na luz que abre ainda mais as pétalas do chakra do coração. Afirme que você é uma pessoa digna de ser amada, que você tem valor e que não há nada de errado com você que tenha sido causa dessa separação.

Mesmo se você não conseguir imaginar como isso seja possível, a partida da outra pessoa talvez seja a melhor coisa que poderia acontecer para vocês dois. Ela pode criar circunstâncias que lhe permitirão amar essa pessoa mais facilmente quando vocês começarem a se relacionar de novas maneiras. O fim do relacionamento pode estar liberando você para começar um relacionamento com uma outra pessoa, a qual estará à sua altura em seu novo nível, além de proporcionar-lhe mais tempo para dedicar-se à sua própria vida e conhecer a sua alma. Lembre-se e afirme que nada nunca vai embora a não ser que alguma coisa melhor esteja vindo. Você tem dentro de si tudo o que você precisa para criar relacionamentos magníficos e afetuosos no nível da alma.

Modificação ou Interrupção de um Relacionamento

Contato com a Alma

A partir da lista abaixo, escolha uma atividade e dedique-se a ela para modificar ou interromper um relacionamento de forma afetuosa.

1. Diga mentalmente para a alma dessa pessoa: "Eu me comprometo a manter com você um relacionamento no nível da alma a despeito de qualquer mudança que possa ocorrer na forma exterior do nosso relacionamento".
2. Peça que a sua alma lhe dê mais orientações acerca das mudanças que você precisa fazer para ter um relacionamento adequado com a outra pessoa. Você precisa fazer mudanças simples, romper completamente a ligação exterior entre vocês dois ou adotar uma medida intermediária?
3. Reflita sobre isto: "Será que eu ainda iria querer modificar ou romper esse relacionamento se eu estivesse feliz e entusiasmado com a vida?"
4. Se você tem andado à espera do momento certo para criar uma razão suficientemente boa para romper ou modificar o relacionamento, afirme que você pode afastar-se ou efetuar mudanças sem precisar justificar a sua decisão ou ter um motivo para agir assim.
5. Reflita sobre o quanto vocês foram bem-sucedidos ao concluir aquilo que vieram criar ou realizar juntos. Encare o seu relacionamento como sendo um sucesso.
6. Se você estiver abandonando ou querendo modificar um relacionamento, peça que a sua alma o ajude a fazer isso com amor, tranqüi-

lidade e harmonia. Faça uma imagem mental de que as mudanças irão ocorrer pacificamente.

7. Se alguém partiu ou está se afastando de você, e se você está sentindo raiva ou sofrendo, considere esses sentimentos e eleve-os desde o chakra do plexo solar até o chakra do coração, onde eles serão curados e liberados.

Seção IV

Como Receber e Irradiar Amor

Você se junta à celebração do amor
para convocar os Grandes e
despertar os chakras do coração da humanidade.
Você recebe e irradia o amor que eles transmitem.
Você faz círculos de amor
para levar propósito e harmonia superiores
para os seus relacionamentos com
familiares, amigos e grupos de pessoas.
Você se junta aos Seres de Luz
para irradiar amor para as pessoas que dele necessitam.
O amor por si mesmo, o amor da alma, o amor de grupo,
o amor da humanidade e o amor da vida
prevalecem em todas as dimensões.

Capítulo 20

A Celebração do Amor

Você se junta a um grupo
para evocar as forças beneficentes dos Grandes
e despertar os chakras do coração da humanidade.

Muitos de vocês têm se perguntado como podem ajudar a humanidade a lidar com os enormes desafios com os quais ela está defrontando. Às vezes, esses desafios podem parecer grandes demais para que os atos de uma única pessoa possam fazer alguma diferença. Todavia, existe uma coisa importante que você pode fazer – algo que funciona e que faz uma diferença no resultado final: você pode juntar-se a outras pessoas para chamar os Grandes e pedir-lhes que mandem seu amor e ajuda para a humanidade. Você pode receber o amor dos Grandes e tornar-se um ponto de luz através do qual o amor deles possa fluir para a humanidade. Você pode irradiar amor para amigos, pessoas queridas, conhecidos e grupos de pessoas. Você pode ensinar as crianças a amar. Você pode ser um exemplo de amor pelas suas palavras e pelos seus atos.

Aqueles a quem chamo de Grandes incluem os Mestres, os Seres de Luz, os Iluminados e Seres que são ainda mais elevados. Quando um número suficiente de pessoas desejar a evolução da humanidade e chamá-los para ajudar, os Grandes sentirão o impacto desse chamamento e irão responder. Os Grandes são tão poderosos que uma centelha da energia deles pode ajudar a produzir mudanças de grande magnitude. Eles podem estimular e acelerar a evolução da humanidade por meio de transmissões de amor, luz e energia. Os Grandes enviam energia para elevar a humanidade sempre que as pessoas estão prontas para receber sua ajuda e puderem usá-la para evoluir. Quando as pessoas se juntam para chamá-los para o bem da humanidade e não para benefício próprio, os Grandes podem produzir um bem enorme. Como você sempre tem livre-arbítrio, os Grandes não podem fazer nada *por* você; para produzir mudanças você precisa optar por fazer uso da energia que recebe deles.

Junte-se à celebração do amor no plano da alma.

Na cerimônia que se segue, a qual irei chamar de *celebração do amor*, você vai juntar-se às almas de outras pessoas para chamar os Grandes para ajudar a humanidade a despertar os chakras do coração. Você pode receber o amor dos Grandes nos seus chakras do coração para despertá-los ainda mais. Você pode irradiar o amor dos Grandes para a humanidade, ajudando-os a produzir uma consciência de amor e de unicidade que irá favorecer a descoberta de soluções para os problemas mundiais.

A celebração do amor ocorre no plano da alma. Como nesse plano não existe tempo, você pode chegar a essa celebração em qualquer momento e sempre que você chegar ela estará em curso. O poder de um grupo para ajudar os Grandes a despertar os chakras do coração da humanidade aumenta cada vez que uma pessoa se junta a ele. Todos vocês que vierem irão atuar como receptores e transmissores do amor que os Grandes enviam à humanidade.

Para tornar-se parte da celebração do amor e chamar os Grandes, viaje até o Templo, no plano da alma. Vá até o centro do pátio e chame sua alma para que ela se junte a você. Sinta a presença dela cheia de amor. Passe para um estado de amor da alma ao mesmo tempo em que faz a energia circular entre os chakras do coração. Sinta a paz do amor. Inspire e eleve a energia do chakra do coração até o chakra coronário, sentindo harmonia com todas as almas. Expire e se junte à sua alma para estimular o ponto oculto, aumentando a sua vontade de amar a humanidade e todas as formas de vida. Inspire novamente, elevando a energia do plexo solar até o seu chakra do coração e, em seguida, até o chakra coronário, renunciando aos desejos que o impedem de amar. Observe a luz se deslocando cada vez mais rápido entre os chakras do coração, até que você não consiga mais acompanhar o movimento dela. A luz que circula entre os seus chakras do coração torna-se uma luz elétrica, resplandecente e radiante. O seu chakra primário do coração transforma-se numa enorme esfera de luz que se estende até bem além do seu corpo. Você está repleto de amor da alma. Você sente a sua ligação com a Presença Universal do Amor.

Encontre-se com as almas de todos os que estão ali. Comece por saudar as almas de todos os que estão lendo este livro e participando desta celebração do amor. Todos vocês estão criando uma linda, tremeluzente e radiante luz do coração. Imagine-se ligando o seu chakra primário do coração com o chakra do coração de cada pessoa que se encontra ali. Todos aqueles que estão nesse lugar oferecem-lhe amor e fazem uma ligação com você por meio do coração. Observe como esse grupo está sempre maior cada vez que você vem aqui, pois a cada dia mais e mais pessoas estão despertando os chakras do coração e se juntando a ele.

Existem milhões de pessoas que estão trabalhando para despertar a humanidade. Chamarei a essas pessoas de *obreiros da luz*. Observe o mar de luz no plano da alma e sinta as almas de outros obreiros da luz. Eles poderão aparecer como pontos de luz que brilham quando você pensa neles. Convide as almas de todos os obreiros da luz deste planeta a se juntarem a você para chamar os Grandes e pedir que eles venham despertar os chakras do coração da humanidade. Sinta milhares e, depois, dezenas de milhares de obreiros da luz respondendo ao seu chamado e juntando-se a você. Com a sua ajuda, está se formando um enorme grupo. Você não é o único a achar que existe um modo de vida melhor, mais compassivo e mais cooperativo, um modo de vida que esteja em harmonia com a Terra e com todo tipo de vida. As mudanças ocorrem quando as pessoas que pensam assim se juntam. Sinta a força, o poder e a luz no grupo que agora está se formando no plano da alma para chamar os Grandes. Convide outras pessoas para se juntar a vocês, incluindo a alma de seus amigos, familiares e pessoas queridas. Faça uma ligação com o coração para ligá-los ao grupo mais amplo que está se formando.

Evoque os Grandes para que eles despertem os chakras do coração da humanidade.

A celebração do amor está começando. Todos vocês que estão ali se juntam para enviar um pedido para que os Grandes ajudem a humanidade. Faça isso sentindo o seu amor pela humanidade. A partir das profundezas do seu ser, deseje uma vida melhor para todas as pessoas do planeta. Descubra a sua enorme capacidade de amar, enquanto você se junta aos outros para trabalhar para o bem da humanidade. O que evoca os Grandes é o seu amor pela humanidade e a força de seu desejo de que a humanidade evolua. Todos os presentes agora se concentram em pedir que os Grandes ajudem a humanidade. Todos deixam de lado os desejos e interesses individuais e se concentram em amar a humanidade e a zelar por ela.

Os Grandes começam a se reunir, começando pelos Seres de Luz, os Mestres e os Iluminados. Observe os Seres de Luz que o ajudaram quando você se fundiu com a sua alma e despertou os chakras do coração. Todos os Seres de Amor com os quais cada um de vocês trabalhou vão agora juntar-se à celebração. O Ser de Amor com o qual você está ligado lhe pergunta: "Você está pronto para dar este passo? Você está pronto para expressar mais amor do que jamais fez antes? Você está pronto para ser uma fonte de amor para os outros por meio de seus pensamentos, atos e palavras? Você está pronto para despertar os chakras do coração pelo amor pela humanidade e por todo tipo de vida?" Para usar a energia que os Grandes enviam, você vai precisar estar disposto a dar o melhor de si para expressar amor, sabedoria e compaixão; praticar as qualidades do amor da alma e tornar-se um exemplo de amor para os outros. Quando você estiver pronto, diga: "Aceito esta oportunidade para fazer uma contribuição para a humanidade".

Agora todos se juntam para enviar um chamamento aos Grandes que são ainda mais evoluídos do que aqueles que já estão presentes. Os Seres de Luz fazem soar uma nota de amor, uma nota que contém muitas subnotas e muitas harmonias. Essa nota é tão rica que abrange muitas dimensões, tocando a alma e o coração de todos. As comunidades superiores se juntam, seguidas pelas almas de todos os que estão ali. Esse chamamento fica mais forte e poderoso. Junte-se aos demais presentes para chamar os Grandes, os quais têm a capacidade de transmitir poderosas energias e ajudar a humanidade a despertar os chakras do coração. Você talvez queira entoar o "om" para contribuir com sua nota para o chamamento dirigido aos Grandes.

O chamamento desse grupo é tão poderoso que atrai a atenção deles. Observe enquanto ouvem o chamado que todos estão dirigindo a eles. Eles dirigem sua atenção para todos vocês.

Receba o amor dos Grandes no seu chakra do coração.

Há um longo e profundo silêncio. É quase como se o universo tivesse feito uma pausa em sua respiração. O tempo pára. Os Grandes irradiam o amor que será transmitido para todos vocês que estão participando dessa celebração do amor. Por seu intermédio esse amor vai chegar à humanidade.

Os Grandes iniciam a transmissão do amor. A eles se juntam todos os Mestres, Seres de Amor e Iluminados, os quais adicionam o seu amor à transmissão. Uma onda de amor magnético e radiante é enviada a você, que aceitou essa oportunidade. Receba essa transmissão em seu chakra primário do coração. Distribua essa poderosa energia de amor através dos chakras do coração, passando para um estado ainda mais profundo de amor da alma. Cresce a sua capacidade de unir-se à Presença Universal do Amor e de conhecer a si mesmo como um ser digno de amor.

Em seguida, os Grandes enviam um amor amplificador para aumentar todo o amor que existe dentro de você, esperando para vir à tona. A irradiação deles amplifica as suas freqüências especiais de amor que você irá levar para a humanidade, de modo que você possa conhecer melhor as singulares dádivas de amor que você tem a oferecer. Diga para si mesmo: "Reconheço e respeito o amor que está dentro de mim. Sei que essa é uma das dádivas mais importantes que tenho para oferecer à humanidade".

Os Grandes enviam a você uma outra transmissão de amor para ajudá-lo a reconhecer o amor que está ao seu redor a cada momento, fortalecendo a sua ligação com a Presença Universal do Amor e com todo o amor que existe dentro de você. Receba essa emanação de amor no chakra do coração. Diga para si mesmo: "Eu encontro amor a cada momento. Sigo pelo caminho do amor". À medida que aumenta a sua capacidade de reconhecer o amor em toda situação e a todo momento, você ajuda os outros a despertarem os seus chakras do coração.

Os Grandes enviam-lhe uma outra transmissão de amor para ajudá-lo a aumentar o seu potencial para o amor nesta existência. Receba esse amor e diga para si mesmo: "Eu me abro para o meu potencial de amor. A cada momento aumenta o meu potencial de receber e de irradiar amor". Deseje o crescimento do seu potencial de amor, de modo que você possa tornar-se uma fonte do bem ainda mais poderosa e uma fonte de amor para a humanidade e para todo tipo de vida. Reconheça de que modo esse seu gesto é parte do seu propósito superior de receber e de irradiar luz para os outros.

Os Grandes enviam uma última transmissão de amor para ajudar todos vocês a se libertarem do passado. Se você estiver carregando alguma culpa ou existir alguma coisa da qual se envergonhe, se você se sentir mal com relação a coisas que você tem feito e que não foram tão elevadas e amorosas como você gostaria, ou se você tiver alguma recordação dolorosa ou desagradável, auto-críticas ou arrependimentos, você pode transferi-los aos Grandes para que esses sentimentos sejam transformados. Se houver alguma situação que você esteja ruminando, desejando ter feito alguma coisa melhor ou ter dito algo diferente, deixe-a de lado agora. Ao libertar-se da dor, você aumenta a quantidade de energia positiva disponível para todas as pessoas.

Diga para si mesmo:
"Hoje é o primeiro dia
de uma nova vida de amor".

Ponha a mão sobre o coração e receba uma transmissão dos Grandes que irá libertá-lo do seu passado e de qualquer sofrimento que ele esteja lhe causando. Ao receber o amor deles, diga para si mesmo: "Eu agora me liberto do passado com amor". Os Grandes têm uma enorme compaixão. Eles tomam o seu sofrimento para eles mesmos e o transformam em amor. Receba o amor de volta e use-o para preencher os espaços que continham a sua dor. Ao transferir o seu passado para os Grandes e receber de volta uma irradiação de amor, as partes do seu coração que estavam fechadas poderão se abrir. E você tem ainda mais amor para oferecer à humanidade.

À medida que os seus chakras do coração despertam, imagine que você está levantando véus e deixando que a luz de seu coração torne-se visível para sua família, amigos e conhecidos. Muitos de vocês esconderam a luz e o amor dentro de si mesmos quando descobriram que as pessoas à sua volta não sabiam como reagir a ele. Chegou o momento de você erguer os véus e ser visto como a pessoa sábia e compassiva que você é. Imagine como você poderia fazer uma contribuição ainda maior para a humanidade se estivesse pronto para ser visto mais plenamente como você de fato é. Deixe a luz do seu coração tornar-se visível para todas as pessoas que você conhece. Você poderia imaginar-se retirando camadas de casacos, suéteres e roupas, revelando simbolicamente o amor e a luz que existem dentro de si. Ao receber as transmissões de amor enviadas pelos Grandes, o seu chakra do coração fica mais radiante do que jamais foi. Ele é uma linda esfera de luz, uma pequena estrela ou sol, cujos raios de luz vão bem além do seu corpo, tocando todo ser vivo à sua volta com o brilho do amor.

Sinta a força e a luz que
estão disponíveis quando você se junta
aos outros obreiros da luz.

Agora que você está repleto com o amor dos Grandes, irradie amor e receba o amor de todos os obreiros da luz que estão ali com você. Imagine-se em perfeita harmonia com os outros obreiros da luz. O trabalho que você faz ajuda o trabalho deles e o trabalho que eles fazem ajuda o seu. Cada um de vocês está fazendo a sua parte num grande plano. Ao ligar-se aos outros trabalhadores da luz, você pode ter acesso ao amor e ao apoio que está disponível por essa ligação. Você está fazendo importantes ligações no plano da alma, as quais podem trazer para a sua vida muitas pessoas novas e maravilhosas. Vocês são em número suficiente para fazer uma diferença no rumo das coisas, e o mundo já está começando a mudar por causa disso.

Você está pronto para irradiar o amor dos Grandes para a humanidade. Imagine o amor se expandindo em espiral a partir de todos os seus chakras do coração e chegando até aqueles que são mais receptivos a ele. A luz do amor está sendo aumentada em todo o mundo. Primeiramente uns poucos corações despertam e, em seguida, um número cada vez maior, até a luz do coração envolver o mundo inteiro. O amor se espalha pelo mundo todo, envolvendo o globo na luz iridescente do amor.

A maioria dos problemas com que defronta a humanidade – tais como guerra, pobreza e fome – poderia ser solucionada com amor. À medida que mais pessoas forem despertando os chakras do coração, a ganância se transformará em partilha, a competição em cooperação e as pessoas começarão a assumir a responsabilidade pela solução dos problemas que afligem a humanidade. As mudanças na humanidade irão ocorrer primeiramente na forma de mudanças interiores – pelo contato entre almas e pelo despertar dos chakras do coração.

As crises com as quais defronta a humanidade estão ensinando as pessoas a trabalhar juntas e, ao mesmo tempo, oferecendo-lhes a oportunidade de despertar os chakras do coração. A humanidade está desenvolvendo a consciência de grupo à medida que a presença do amor fica mais forte. Muitas pessoas estão se tornando mais conscientes de que elas fazem parte de um todo maior. À medida que a humanidade for buscando soluções para os seus desafios, as pessoas irão criar visões compartilhadas, cooperarão entre si para transformá-las em realidade e tomarão medidas que irão colocar o bem comum acima das necessidades de qualquer indivíduo ou nação.

Compreenda a importância do que você está fazendo. Todos vocês ali presentes estão aceitando um papel maior na evolução da humanidade ao receber amor dos Grandes e irradiarem-no para a humanidade. Haverá um momento em que esse processo alcançará um grande número de pessoas e os chakras do coração de milhões de pessoas irão despertar. Mudanças positivas irão surgir mais rapidamente do que você julgaria ser possível. Agradeça aos Grandes por sua resposta e apoio. Faça soar um último "om", enquanto você imagina os chakras do coração das pessoas despertando e o amor se espalhando pelo mundo todo.

A Celebração do Amor

Contato com a Alma

Volte freqüentemente a participar da celebração do amor para chamar os Grandes e receber suas transmissões de amor. Em cada uma dessas ocasiões, una-se à sua alma, faça a energia circular entre os chakras do coração e experimente todos ou alguns dos passos seguintes:

1. Viaje ao plano da alma e vá ao Templo. Ligue-se ao coração de todos os grupos de pessoas que estão ali, incluindo aqueles que estão lendo este livro, os obreiros da luz e todos os demais.
2. Junte-se a todos os outros no Templo com o propósito de chamar os Grandes, fazendo soar o "om". Quando os Grandes responderem, receba no chakra do coração o amor magnético e radiante enviado por eles. Em seguida, receba deles uma transmissão especial que amplifica as suas freqüências especiais de amor que você levará para a humanidade. Diga: "Reconheço e respeito o amor que existe dentro de mim".
3. Aceite a transmissão que lhe ajuda a encontrar amor aonde quer que vá e que fortalece a sua ligação com a Presença Especial do Amor. Diga para si mesmo: "Encontro amor a cada momento. Sigo o caminho de amor".
4. Absorva a transmissão que aumenta o seu potencial para o amor. Diga: "Aumenta a cada momento o meu potencial para receber e irradiar amor".
5. Receba a transmissão que o ajuda a esquecer o passado. Sinta a abertura das partes do seu coração que estavam fechadas. Diga: "Eu agora me liberto do passado. Hoje é o início de minha nova vida de amor".
6. Irradie amor para a humanidade. Deixe o amor espalhar-se em espiral a partir do seu chakra do coração e chegar até aqueles que são mais receptivos. Observe enquanto outros corações despertam, envolvendo o globo numa luz iridescente de amor.

Capítulo 21

A Criação de Círculos de Amor

Você forma círculos de amor para levar amor da alma, harmonia e propósito superior a todos aqueles com os quais você entra em contato. Você cria relacionamentos corretos com todas as pessoas.

Você aprendeu a estabelecer uma ligação espiritual, a fazer circular luz e energia entre os chakras do coração e a passar para um estado de amor da alma. Você já chamou os Grandes e recebeu suas transmissões de amor no chakra do coração. Você agora está pronto para aprender a se ligar com o coração de muitas pessoas ao mesmo tempo pela criação de círculos de amor. Criar um círculo de amor é uma maneira de irradiar amor da alma para grupos de pessoas com os quais você tem uma ligação. Você pode criar um círculo de amor quando estiver junto a grupos de pessoas ou em qualquer ocasião simplesmente pensando nelas. Você pode criar círculos de amor com seus familiares, amigos, vizinhos e com grupos sociais, esportivos ou com grupos formados por colegas de trabalho. Você pode formar círculos de amor em todo lugar aonde você for, com o propósito de levar amor e ficar em harmonia com todas as pessoas à sua volta. Você pode criar um círculo de amor levando um propósito superior a uma situação de grupo. Ao fazer um círculo de amor você pode elevar e expandir todos os padrões de luz entre você e os outros, tornando-os mais bonitos. Você pode expandir-se para a unicidade do amor e unir-se à Presença Universal do Amor, oferecendo o seu amor aos outros. Você pode ajudar todas as pessoas do grupo – isto é, todas as que consigam entrar em ressonância com a sua irradiação – a ter uma ligação mais elevada, mais fluida e mais harmoniosa umas com as outras.

Receba as dádivas de amor que a sua família tem a lhe oferecer.

Você pode criar um círculo de amor com todas as pessoas de sua família, levando propósito superior, harmonia, paz e amor a todas as suas relações familiares. Você pode oferecer a todos que estiverem prontos uma oportunidade para avançar até o próximo estágio do despertar do coração. Você pode reunir a essência do amor das gerações passadas e enviar essa essência para as futuras gerações.

Viaje até o plano da alma e una-se à sua alma. Observe o mar de luz e chame para junto de você as almas dos membros da sua família: filhos, pais, irmãos, cônjuges, companheiros, avós, tios, sobrinhos, etc. Não tente identificar a alma de cada uma dessas pessoas. Imagine todas essas almas se aproximando em resposta ao seu chamado e formando um círculo em torno de você. Sinta a alma de todas essas pessoas e, em seguida, preste atenção aos chakras do coração de cada uma delas.

Faça a energia circular entre os seus chakras do coração. Sinta a paz do amor enquanto você eleva a energia do chakra do coração para o chakra coronário, expandindo o seu amor. Observe a sua alma estimulando o ponto oculto e fortalecendo a sua vontade de amar todas as pessoas de sua família. Eleve a energia do plexo solar até o chakra do coração, libertando-se de todas as disputas de poder. À medida que a luz do seu coração torna-se mais bonita, imagine que você está se fundindo com a Presença Universal do Amor, a qual leva amor a todos. Imagine raios de luz saindo da esfera dourada do seu chakra do coração e chegando ao chakra do coração de todos os que formaram um círculo ao seu redor. É como se você estivesse no centro de um círculo. Raios de luz que brotam do seu chakra primário do coração e chegam até os chakras do coração das outras pessoas formam os raios desse círculo. Sinta a Luz Solar sobre vocês. Chame essa luz até você, observando enquanto ela envia raios de luz que descem pelo seu chakra coronário e chegam até o seu chakra do coração. A Luz Solar sai do seu chakra primário do coração e chega até todas as pessoas que fazem parte do círculo ao seu redor, adicionando sua luz do propósito superior a todas as suas ligações familiares. Ela ajuda sua alma a fazer com que os padrões de energia entre você e os membros de sua família tornem-se mais bonitos, harmoniosos e cheios de amor.

Irradie uma qualidade do amor da alma, tal como um amor tolerante, amplificador e transparente, através desse círculo de amor. Pense nas suas freqüências especiais de amor que serão levadas para toda a humanidade e irradie o seu amor para todos os membros da sua família. Irradie para sua família o amor que você recebeu dos Grandes. Imagine todas essas pessoas dando a você a permissão para serem preenchidas e tornarem-se felizes e enviando-lhe seu apoio e suas bênçãos. Envie apoio a elas e mantenha uma visão em que todas as pessoas de sua família são bem-sucedidas, realizadas e iluminadas.

No plano da alma você pode irradiar e receber amor das almas de seus ancestrais. Chame as almas deles até você e imagine-as juntando-se ao seu círculo de amor. Elas enviam-lhe o melhor de tudo que elas aprenderam como almas. Receba o amor que elas têm por você. Você faz parte da geração futura que, em parte, coube a elas criar. Abra-se para todas as dádivas de amor que elas têm para lhe oferecer.

Sinta a essência do amor que é especial para a sua linhagem familiar; essa é uma das razões pelas quais você escolheu nascer nessa família. Chame até você as almas das gerações futuras. Crie um círculo de amor junto com elas. Irradie para as gerações futuras a essência do amor que faz parte da sua linhagem familiar. Irradie para elas todas as dádivas de amor que os seus ancestrais acabaram de dar a você. Imagine que a sua família – passada, presente e futura – esteja criando um lindo padrão de luz constituído da luz combinada da alma de cada um dos seus membros. Peça que a sua alma e a Luz Solar dissolvam tudo o que esteja ocultando essa luz, de modo que a essência do amor torne-se mais nítida e mais bonita a cada geração.

Crie relacionamentos maravilhosos com todos os seus amigos.

Você pode fazer um círculo de amor para ter ligações mais harmoniosas, solidárias e amorosas com todos os seus amigos. No plano da alma, chame as almas de todos os seus amigos atuais. A Luz Solar está sobre você, enviando um raio de luz que desce pelo seu chakra coronário e chega ao seu chakra do coração. Amor e luz brotam do seu chakra primário do coração e chegam a todos os seus amigos, criando um círculo de amor. Se você estiver tendo conflitos com amigos, envie a vontade de amor da sua alma para estimular o ponto oculto em seu chakra do plexo solar e eleve a energia do chakra do plexo solar até o chakra do coração.

Tome a resolução de sentir a serenidade do amor da alma com todos os seus amigos e de permanecer em seu centro de amor independentemente do que esteja se passando em sua vida ou na deles. Escolha e irradie várias qualidades do amor da alma que você gostaria de sentir com mais freqüência na companhia de seus amigos, tais como serenidade, expansão, amor e compaixão. Irradie perdão para todas as pessoas, sentindo a serenidade que decorre da aceitação e do amor incondicional. Irradie o amor dos Grandes para todos os seus amigos com o propósito de ajudá-los a despertar os chakras do coração. Expanda-se para a unicidade e sinta a Presença Universal do Amor ao seu redor. Ao fazer isso você está oferecendo essa ligação a todas as pessoas com as quais você está fazendo um círculo de amor.

Quando você faz um círculo de amor, aqueles que podem responder ao seu amor irão chegar mais perto, até você ficar cercado de pessoas que podem receber o seu amor, entrar em ressonância com ele e correspondê-lo. Você pode ter relacionamentos maravilhosos com todos os seus amigos. Chame até você as almas dos seus futuros amigos. Observe enquanto elas se juntam ao seu círculo de amor. Irradie amor para todas elas e receba o amor que volta para você. O amor que você recebe de volta aumenta o amor que você tem para dar. Ao fazer esse círculo de amor você está atraindo novos amigos para a sua vida, os quais podem receber e retribuir o amor que você tem a oferecer.

Eleve a energia do grupo com um círculo de amor.

Você pode criar um círculo de amor e irradiar o amor da alma para qualquer grupo do qual você faça parte, tal como um grupo social, comunitário, esportivo, profissional ou religioso. As pessoas desse círculo podem ser seus sócios, vizinhos, chefes, empregados ou colegas. Você pode fazer o círculo de amor quando estiver sozinho, meditando ou numa conferência, festa ou reunião de qualquer tipo.

Trabalhe com a Luz Solar e crie um círculo de amor sempre que você quiser ligar-se a um grupo de pessoas com um propósito superior e fazer com que os padrões de luz entre você e o grupo fiquem mais belos. Crie um círculo de amor para elevar e desenvolver a energia do grupo. Você pode fazer o círculo de amor para ajudar a cumprir os propósitos da alma e pelas razões práticas que levaram à formação do grupo.

Pense num grupo de pessoas com o qual você gostaria de criar um círculo de amor. Faça uma ligação com a sua alma. Distribua energia entre os chakras do coração e passe para um estado de amor da alma. Sinta o amor sereno, incondicional, receptivo e transparente da sua alma. Sinta como ela eleva, expande, une e interliga todas as energias. Deixe a sua vontade de amar se tornar mais forte e eleve a energia do chakra do plexo solar para o chakra do coração para transformar em amor qualquer disputa de poder. Receba em seu chakra do coração os raios de luz da Luz Solar e irradie amor para os outros através dos seus círculos de amor. Imagine que todas as suas ligações com esse grupo irão refletir o amor que você agora é capaz de receber e irradiar.

Não espere resultados imediatos ou mensuráveis. Em vez disso, preste atenção e observe qualquer mudança em si mesmo ou no seu relacionamento com os membros do grupo ao longo dos próximos dias ou semanas. Você poderá descobrir mudanças maravilhosas em seu relacionamento com os membros do grupo. Observe qualquer mudança na eficácia do grupo, na capacidade das pessoas para trabalharem juntas, na clareza com que são definidas as metas do grupo, etc.

Se você estiver trabalhando com o círculo de amor para trazer harmonia a um ambiente ou situação difícil e não houver nenhuma melhora ou mudança, você saberá que ofereceu todo o amor que esse grupo pode absorver. Você precisará decidir se quer continuar ligado a esse grupo, encontrando paz mesmo na situação em que o grupo está, ou se você quer encontrar um outro grupo que possa corresponder ao amor da alma ou cujos propósitos estejam mais de acordo com os seus.

Fique em harmonia com todas as pessoas do seu bairro e da sua cidade.

Crie um círculo de amor com todos os seus vizinhos e com todas as pessoas da sua cidade para ficar em harmonia com eles. Ligue os seus chakras do coração com os chakras do coração das pessoas de sua rua, de uma pequena área em torno do lugar onde você mora ou do prédio onde fica o seu apartamento. Irradie amor para todos os seus vizinhos através do seu círculo de amor. Envie mentalmente suas bênçãos a todos os seus vizinhos, independentemente do que você sinta com relação a eles. Deseje o melhor para todos. Em várias ocasiões, quando você estiver andando pela rua ou entrando em sua casa, por exemplo, reserve algum tempo para fazer um círculo de amor e irradiar o amor da alma para todos os seus vizinhos.

Faça o círculo de amor com todas as pessoas da sua cidade ou da região em que você mora. Ao irradiar o amor da alma e a Luz Solar através do seu círculo de amor, você pode ajudar a tornar mais belos os padrões de luz existentes entre você e as almas de todos os que moram em sua cidade. As almas das pessoas que são receptivas ao amor que você está irradiando irão enviar amor de volta para você. O seu amor é transparente; ele passa através daqueles que não são receptivos sem incorporar qualquer uma das características dessas pessoas e sem lhes passar nada de sua própria energia. Ao fazer o círculo de amor e irradiar amor para todas as pessoas da sua cidade, você está atraindo para si mesmo oportunidades de fazer novos amigos, relacionar-se melhor com as pessoas e cumprir parte do propósito de sua alma de oferecer amor aos outros.

Fique em harmonia com todas as formas de vida. Crie círculos de amor aonde quer que você vá.

Aonde quer que você for, crie círculos de amor para oferecer luz e amor a todas as pessoas ao seu redor e ficar em harmonia com elas. Faça um círculo de amor com as pessoas quando você estiver numa loja, num restaurante, no teatro, no aeroporto, num hospital ou em qualquer outro lugar público. Crie círculos de amor em seminários, reuniões ou em qualquer outro tipo de encontro. Lembre-se sempre de visualizar a Luz Solar acima de você, de modo que possa propagar uma energia proveniente de uma fonte superior a você e a sua alma. Você pode convidar o Ser de Amor para entrar no seu chakra do coração com o objetivo de irradiar para as outras pessoas esse amor sutil e de nível elevado, especialmente quando você estiver com outras pessoas ou às voltas com situações que careçam de mais harmonia, amor, cura ou paz. Irradie para a humanidade a sua freqüência especial de amor. Sinta a Presença Universal do Amor ao seu redor e ofereça essa energia aos outros para que eles fiquem mais conscientes da ligação que têm com essa presença de perfeito amor.

Você pode ou não observar os resultados decorrentes da criação de círculos de amor com as pessoas. Você poderá encontrar, às vezes, pessoas que reagem de maneiras maravilhosas e, outras vezes, terá apenas um sentimento de mais amor, serenidade e expansão que lhe indicará que o seu amor está sendo recebido. Criar círculos de amor é uma forma maravilhosa de estar em harmonia com o universo e de acrescentar luz a qualquer grupo do qual você faça parte.

Lembre-se de que, ao fazer ligações espirituais e criar círculos de amor, você está plantando sementes de amor que irão germinar e florescer no momento apropriado. Pode levar dias, semanas ou meses para que as mudanças que você está criando com esse trabalho tornem-se realidade. Os seus relacionamentos *vão* mudar para melhor. Não se preocupe se eles não mudarem da noite para o dia. Dia a dia, minuto a minuto, você está fazendo novas escolhas que cedo ou tarde irão se manifestar na forma de mudanças visíveis e positivas em sua ligação com os outros. As grandes mudanças em geral são o ápice de muitos milhares de pequenas ações e decisões. Seja paciente e saiba que, cedo ou tarde, todo o amor da alma que você está irradiando irá produzir mudanças importantes e positivas em seus relacionamentos.

A Criação de Círculos de Amor

Contato com a Alma

Selecione a partir da lista abaixo um grupo de pessoas com o qual possa criar um círculo de amor.

- Sua família atual, seus ancestrais e gerações futuras.
- Seus amigos do passado, do presente e do futuro.
- Um grupo do qual você faça parte, como um grupo de trabalho, um grupo religioso, esportivo, e assim por diante.
- Seus clientes, pacientes ou alunos.
- Seus vizinhos e pessoas da sua região ou cidade.

Faça um círculo de amor unindo-se com a sua alma e fundindo a jóia do chakra do coração com a jóia da sua alma. Faça circular energia e luz entre os chakras do coração até que o chakra coronário primário esteja radiante de amor. Observe enquanto raios de luz saem do seu chakra do coração e tocam o chakra do coração de todas as pessoas do grupo.

1. Concentre-se na Luz Solar enquanto ela desce através do seu chakra coronário e toca todas as pessoas do grupo, tornando mais belos os padrões de luz entre você e os outros.
2. Irradie várias qualidades do amor da alma, tais como um amor amplificador, transparente, terno, duradouro, tolerante e harmonioso.
3. Irradie o amor dos Grandes para o grupo.
4. Ligue-se à Presença Universal do Amor e ofereça essa ligação através do seu círculo de amor.

5. Traga o Ser de Amor para dentro do seu chakra do coração e irradie para as outras pessoas esse amor sutil e de elevado nível.
6. Irradie o amor especial que é unicamente seu e cujo destino é ser oferecido à humanidade.

Capítulo 22

Irradiação de Amor

Você se junta aos Seres de Luz e a outros obreiros da luz para irradiar amor. Você se torna uma luz mais bonita e perfeita à medida que irradia amor para os outros.

Você recebeu as transmissões dos Grandes e criou círculos de amor para irradiar amor para as outras pessoas. Você já está pronto para trabalhar com os Mestres, com os Iluminados e com os Seres de Luz para irradiar amor para a humanidade, para grupos de pessoas necessitadas, para as crianças e para outros reinos. Trabalhar com os Seres de Luz para irradiar amor para aqueles que estão evoluindo ou que dele necessitam é uma das maneiras mais rápidas e eficientes de despertar os chakras do coração.

Você não precisa criar círculos de amor para poder juntar-se aos Seres de Luz e irradiar amor. Você não está mais no centro do círculo, recebendo e distribuindo amor para os outros. Em vez disso, você está se juntando a outros trabalhadores da luz para ajudar os Seres de Luz por meio da irradiação de amor para vários grupos, para a humanidade e para outros reinos. Ao juntar-se aos Seres de Luz que estão ajudando um determinado grupo, você pode irradiar o amor da alma, deixando os Seres de Luz encaminharem o seu amor para onde ele irá produzir o maior benefício possível.

Você pode trabalhar com os Seres de Luz para irradiar amor sempre que quiser. Você pode irradiar amor como parte de sua meditação diária ou durante ocasiões especiais em que essa ajuda é mais necessária, assim como na ocasião de uma crise nacional ou mundial. Depois que você tiver irradiado amor, pergunte se é apropriado efetuar algum tipo de trabalho externo para dar forma ao trabalho interior que você fez. O trabalho interior não substitui a ação externa, se essa for indicada. É importante realizar primeiramente o trabalho da alma – irradiar amor – porque, ao fazer isso, você pode descobrir mais facilmente quais são as formas e ações externas mais apropriadas. Às vezes, depois de você ter trabalhado no nível da alma, não será necessário realizar nenhum trabalho externo. Em outras ocasiões, poderá haver muitas providências a serem tomadas.

Junte-se aos Seres de Luz para irradiar amor durante uma crise mundial.

Você pode irradiar amor para ajudar os que passam por situações de emergência no seu país ou no resto do mundo, tais como guerras, terremotos, erupções vulcânicas, incêndios, inundações e furacões. Se você se sentir inclinado a ajudar, reserve um momento para sentar-se em silêncio e enviar o amor da alma para as pessoas envolvidas. Una-se à sua alma e faça a energia circular entre os chakras do coração. Passe para o estado de amor da alma e sinta a sua ligação com a Presença Universal do Amor. Una-se a todos os Seres de Luz e obreiros da luz que estão ajudando nessa crise específica. Imagine que o amor da alma está saindo do seu chakra do coração e tocando todos os afetados por essa crise. O seu amor soma-se ao reservatório de energia espiritual que está sendo gerado. Os Mestres e os Seres de Luz que estão trabalhando com esse grupo irão encaminhar o seu amor exatamente para o local onde ele é mais necessário.

Se você estiver numa região afetada por um desastre ou estiver às voltas com uma emergência, repita o mesmo processo. Una-se à sua alma. Eleve para o chakra do coração todos os medos, preocupações ou outras energias indesejáveis que você esteja absorvendo do ambiente. Faça a energia circular entre os chakras do coração e passe para um estado de amor da alma. Receba as transmissões do amor sereno e tranqüilizador que está sendo enviado a você pelos Seres de Luz e obreiros da luz que estão irradiando amor para todas as pessoas afetadas por essa situação. Sinta a Presença Universal do Amor que está sempre ao seu lado. Diga a si mesmo: "Estou sempre protegido e seguro onde quer que eu esteja". Convide o Ser de Amor para estar no seu chakra do coração. Depois que você tiver recebido amor, irradie amor para todas as pessoas da sua região que precisem de apoio e de conforto. Ligar-se a todo o amor que está sendo irradiado é uma maneira maravilhosa de permanecer calmo e de saber que você está seguro e protegido independentemente do que esteja acontecendo ao seu redor.

Junte-se à sua comunidade e ajude no plano físico da maneira que lhe parecer adequada. Grandes catástrofes como inundações, incêndios, terremotos ou guerras proporcionam muitas oportunidades para se praticar amor. Nessas ocasiões, as pessoas freqüentemente estão mais abertas para receber amor e mais aptas a expressar o amor que têm dentro de si.

Se você estiver precisando de ajuda ou tiver perdido seus haveres ou sua casa, procure praticar o ato de receber amor e de deixar que os outros lhe dêem amor. Saiba que cada coisa que você perde na vida acabará sendo substituída por algo melhor. Afirme que existe um propósito superior para o que está acontecendo, mesmo se você ainda não o tiver compreendido. Tenha em mente que esse acontecimento produzirá algo de bom e fique atento para todas as coisas boas que ele traz.

Irradie amor para melhorar as condições daqueles que estão precisando de ajuda.

Você pode trabalhar com os Seres de Luz para irradiar amor para grupos de pessoas que estejam precisando de ajuda, apoio ou encorajamento. Ou, então, você pode pedir para receber orientação quanto ao destino mais adequado para suas irradiações de amor. Alguns Seres de Luz estão trabalhando com as pessoas para ajudá-las a fundir-se com a alma. Outros estão irradiando amor para todos os corações que estão abertos para recebê-lo. Outros Seres de Luz estão dissipando o medo e os pensamentos negativos que envolvem o planeta, enquanto outros estão gerando novos pensamentos de amor e de cooperação. Alguns Seres de Luz estão trabalhando no plano da alma para promover a paz global e aliviar a fome.

Existem muitos grupos para os quais você pode enviar amor. Você pode irradiar o amor da alma para pessoas que estão internadas em hospitais ou para aqueles que estão doentes, agonizando ou sofrendo. Você pode irradiar o amor da alma para aqueles que não têm onde morar, para os viciados em drogas ou para aqueles que sofreram abusos e maus-tratos. Se você recebeu alguma solicitação de uma instituição de caridade e gostaria de ajudar de uma forma importante, irradie amor para essa instituição. Imagine a sua luz magnética do coração ajudando essas instituições a atrair todo o amor, ajuda e recursos de que precisam para cumprir os seus propósitos superiores. Você pode juntar-se aos Seres de Luz para irradiar amor para qualquer grupo de pessoas, como parte de seu caminho para a iluminação e como uma maneira eficaz de despertar os chakras do coração. Você talvez queira pensar em um grupo específico para o qual irá irradiar o amor da alma e, em seguida, juntar-se aos Seres de Luz e irradiar o amor da alma para o grupo em questão.

Envolva as crianças com o amor da alma.

Existem muitas crianças no planeta atualmente, e muitas mais estão nascendo a cada momento. O seu amor pode fazer uma diferença na vida delas. Você pode envolver todas as crianças com o amor da alma para ajudá-las a encontrar e a realizar o propósito superior da vida delas. Reserve um momento para fechar os olhos e pensar nas crianças. Una-se à sua alma, faça circular luz e energia pelos chakras do coração e irradie amor para as crianças simplesmente pensando nelas. Imagine-se juntando-se a outros obreiros da luz para enviar mentalmente às crianças e recém-nascidos uma mensagem: "Nós lhes damos as boas-vindas e lhes agradecemos por toda a luz que vocês estão trazendo a este mundo. Nós reconhecemos quem vocês são e os apoiamos na realização do seu propósito superior. Vocês não estão sozinhos. Vocês são parte de um maravilhoso grupo de obreiros da luz e estamos aqui, cercando-os de amor". Envie qualquer outra mensagem que lhe pareça apropriada, enquanto você envolve a alma deles com seu amor, apoio, incentivo e proteção.

Quando você estiver com crianças, faça uma ligação espiritual e reserve um momento para sentir a alma delas. Diga-lhes mentalmente que você reconhece quem elas são e irradie para elas o amor da alma. Observe o modo como as crianças reagem às suas mensagens interiores. Talvez elas respirem fundo, olhem você nos olhos ou se abram de alguma maneira ao receber o amor que você está lhes enviando. Mesmo se não houver nenhuma mudança visível, a sua transmissão de amor e o seu reconhecimento de que elas existem são uma grande dádiva para todas as crianças.

Realize o seu potencial para o amor amando a humanidade.

Para tornar-se um ponto de luz através do qual os Grandes possam atuar, o seu amor precisa ser abrangente e tolerante. Ao expandir o seu amor para toda a humanidade, você aumenta a sua capacidade de contribuir para grupos de pessoas cada vez maiores. Pratique a expressão da tolerância e da abrangência com todos aqueles com quem você se encontrar ou nos quais pensar. Apague de seus pensamentos os conceitos de "nós" e "eles". Fique atento para todas as ocasiões em que você se apanhar pensando nas pessoas e rotulando-as como sendo diferentes de você. Imagine que alguém que você classificou como "estranho" seja seu amigo, incluindo pessoas de diferentes culturas, religiões, raças ou países; pessoas que têm crenças ou opiniões opostas às suas; e pessoas que agem de maneiras que você não aprova. Que tal lhe pareceria o mundo se todas essas pessoas não fossem mais "estranhos" e sim amigos? Todas elas seriam pessoas a serem amadas. Você tem uma enorme capacidade de amar. Incluir toda a humanidade em seus pensamentos de amor talvez lhe pareça mais fácil do que você imaginava.

Reserve um momento para pensar num grupo que você acha que se opõe às coisas em que você acredita. Você consegue irradiar amor para esse grupo, muito embora você talvez não concorde com o ponto de vista dele? Você consegue abrir o coração e sentir a condição humana que você e essas pessoas têm em comum, as preocupações e os interesses cotidianos semelhantes? Se você tiver dificuldade para irradiar amor para essas pessoas, imagine-se fazendo uma ligação com a alma delas no plano da alma. Veja com que facilidade você pode harmonizar, estreitar, expandir e iluminar o seu relacionamento com elas nesse nível.

Reflita a respeito de sua vida e de suas atividades. Existem áreas em que você criou uma dicotomia "nós/eles" em sua vida, tais como no seu local de trabalho, num grupo social ou no seu círculo de familiares e amigos? Observe de que modo você poderia eliminar qualquer barreira que o separa das outras pessoas. Não se obrigue a ser afetuoso e a amar a todos. Aceite qualquer sentimento que você tenha e que o separe dos outros e continue elevando-o até o chakra do coração.

Junte-se aos Seres de Luz para irradiar amor para a humanidade e sinta que você e todas as outras pessoas fazem parte de um mesmo todo. Imagine todas as pessoas tornando-se mais sábias, mais amorosas e mais ligadas à própria alma, pois é isso o que está acontecendo. Em vez de se desesperar por causa do modo como as pessoas agem, compreenda que todas elas estão fazendo o melhor que podem. Elas ainda não despertaram plenamente os chakras do coração e não estão conscientes da Presença Universal do Amor. Pratique a expressão do amor pela humanidade, incluindo tanto os erros e as fraquezas das pessoas quanto sua beleza e seus pontos fortes. Aprendendo a amar a humanidade, você terá mais facilidade para amar a si mesmo.

Ajude o reino animal a evoluir.

Parte do propósito superior da humanidade é ajudar os outros reinos, tal como o reino animal, em sua evolução. Para ligar-se aos animais e irradiar-lhes o amor da alma, você pode usar as mesmas técnicas que usou para irradiar amor para as pessoas. Os animais têm alma e chakras do coração. Você pode fazer com eles uma ligação espiritual, conectar-se a eles e irradiar-lhes todas as qualidades do amor da alma que você aprendeu.

Além de irradiar amor para animais isolados, você pode trabalhar com todo o reino animal ou, então, com grupos específicos de animais, como ursos, gatos, cães, aves, golfinhos, baleias, animais de fazenda ou de laboratório, borboletas, répteis ou insetos. Você talvez queira pedir que a sua alma lhe mostre quais são os grupos que podem auferir maior benefício com o seu amor ou com os quais você deve trabalhar porque isso faz parte do seu caminho.

Comece por pensar nos tipos de animais com os quais você quer trabalhar. Irradie amor do modo como você aprendeu a fazer, juntando-se aos Seres de Luz e aos obreiros da luz que estão ajudando o reino animal em sua evolução. Se você tiver optado por trabalhar com um determinado tipo de animal, peça para juntar-se aos Seres de Luz que estão em estreito contato e trabalhando em favor da evolução desse grupo de animais. Imagine o Amor se expandindo em espiral a partir do seu chakra do coração. Você está enviando amor da alma para esses animais para ajudá-los a dar os próximos passos evolutivos, para amenizar-lhes a dor e o sofrimento e para transformar os medos que eles possam ter. Ao fazer isso, os Seres de Luz que estão trabalhando com esses grupos irão distribuir o seu amor e luz onde quer que ele produza maiores benefícios. Imagine um mundo que ajuda esses animais a ter uma vida maravilhosa, cheia de alegria, crescimento e amor.

Apóie as plantas na evolução delas.

Parte do propósito superior da humanidade é ajudar o reino vegetal em sua evolução. As plantas evoluem criando novas espécies e ficando mais bonitas. Una-se à sua alma, passe para um estado de amor da alma e junte-se aos Seres de Luz que trabalham em estreito contato com o reino vegetal, para ajudar as plantas na evolução delas. Reserve um momento para irradiar amor para todas as árvores, ervas, flores e plantas de sua região. Preste atenção às plantas ao seu redor e observe toda a beleza que elas acrescentam à sua vida e ao mundo. Estenda cada vez mais a sua percepção, sentindo as plantas de todo o mundo. Expanda-a ainda mais, até você entrar em contato com a alma do reino vegetal. Junte o seu amor ao dos Seres de Luz para enviar amor para a alma do reino vegetal. Ao irradiar o amor da alma para o reino vegetal, envolva-o em amor e vitalidade. Imagine-o como sendo forte e saudável.

Envolva a alma da Terra com o seu amor.

Reserve um momento para sentir seu amor e sua ligação com a Terra. Pense nas montanhas e desertos, nas praias e pradarias. Imagine as rochas e minerais da Terra, os oceanos, lagos e rios e a atmosfera. Que belo ser vivo é o planeta Terra! Sinta a alma da Terra. Ela é uma luz enorme e radiante, muito maior do que a alma das pessoas. Faça uma saudação à alma da Terra e irradie amor até ela. Sinta o amor da Terra chegando até você. Pergunte se há alguma coisa que você poderia fazer no nível da alma para ajudar a Terra. Depois que você tiver irradiado amor para a alma da Terra, deixe sua mente ser invadida por idéias relativas às mudanças que você poderia fazer para viver uma vida que esteja em maior harmonia com a Terra.

Irradie amor para os Grandes.

Reserve algum tempo para agradecer aos Seres de Luz, Mestres, Iluminados e aos Grandes pelo amor constante, comprometido e inabalável por você e por toda a humanidade. Todas as vezes em que você pensar neles, envie-lhes um pensamento de gratidão e reconhecimento por tudo o que eles têm feito. Feche os olhos, ligue-se com a sua alma e faça circular energia entre os chakras do coração. Sinta o amor que o envolve completamente quando você se junta à Presença Universal do Amor. Deixe o seu amor irradiar-se nesse campo de amor para todos aqueles Seres que estão constantemente irradiando amor para a humanidade. Sinta a solicitude, a compaixão e a dedicação deles. Agradeça-lhes todos os dias ou sempre que você se lembrar de fazer isso. Observe o que acontece aos seus chakras do coração, ao modo como você sente a sua alma e à sua capacidade de amar enquanto você faz esse agradecimento.

Receba todas as dádivas que voltam para você quando você irradia amor.

Você agora tem todos os instrumentos de que precisa para ter um relacionamento bom com todas as pessoas da sua vida. Você sabe como entrar num estado de amor da alma e se ligar com a Presença Universal do Amor. A partir desse estado, você pode ficar em harmonia com os outros por meio de seus atos e palavras. Você pode servir e ajudar os outros a se tornarem mais fortes, mais sábios e mais completos. Você está se tornando uma força do bem e uma fonte de luz. Quando você expressa o amor da alma de forma constante e confiável, todas as outras dádivas da sua alma podem chegar até você. Ao expressar o amor da alma, você abre as portas para que ela lhe dê suas dádivas de visão, intuição, revelações e conhecimento. Você pode ter acesso aos poderes superiores da sua alma, pois agora ela sabe que você vai usá-los para o bem de todos, sem prejudicar a si mesmo ou aos outros.

Ter um relacionamento bom com as pessoas e ter amor no coração não significa que tudo ao seu redor seja perfeito e que todo mundo irá amá-lo o tempo todo. O que isso significa é que *você* irá amá-los o tempo todo. Você ficará imperturbável diante das provocações das outras pessoas. Você não se deixará afetar pelas áreas em que o coração das outras pessoas ainda não está aberto, pois você estará em paz com o seu coração. Você será capaz de sentir amor independentemente do que esteja acontecendo ao seu redor.

O amor da alma é mais do que uma maneira de agir. Você se torna o sol que aquece e nutre, a luz que ilumina o caminho. Você se torna o silêncio que abre portas, o amor que cura e a brandura que acalma. Você sabe que faz parte da Presença Universal do Amor. O seu amor o liberta dos grilhões do medo, da limitação e do passado. O seu amor abre portas para o futuro, libera o potencial oculto e derrama a luz que permite o surgimento, o florescimento e a existência de tudo o que existe de bom. Tome a decisão de viver em paz com o mundo e com todas as pessoas que nele vivem. Sinta a sua unicidade com todos os tipos de vida. Diga para o universo: "Eu o amo, estou unido a você, estou em harmonia com toda as formas de vida". Considere a si mesmo como um ser de amor, como uma alma, como um Espírito e como a pessoa que você realmente é.

Irradiação de Amor

Contato com a Alma

Selecione um dos grupos abaixo ou algum outro grupo que lhe vier à mente e irradie-lhe amor. Para isso, una-se à sua alma e faça circular luz entre os chakras do coração. Ligue-se à Presença Universal do Amor. Junte-se aos Seres de Luz e a todos os obreiros da luz que estão trabalhando com esse grupo. Imagine o amor se expandindo em espiral a partir do seu chakra primário do coração e somando-se ao amor que é transmitido para aqueles que necessitam dele. Ao unir-se aos outros para irradiar amor, você está fazendo uma das contribuições mais importantes que pode fazer para provocar o despertar da humanidade. Escolha abaixo um grupo para o qual irradiar amor:

- Pessoas afetadas por uma crise regional ou mundial.
- Aqueles que dele necessitam, tais como pessoas internadas em hospitais; que estão morrendo, sofrendo ou não têm onde morar ou, ainda, para qualquer grupo que lhe vier à mente.
- Em vez de fazer a escolha sozinho, pergunte aos Seres de Luz quais grupos eles gostariam que fossem ajudados. Irradie amor para qualquer grupo que lhe venha à mente depois disso.
- Pessoas em posição de influenciar as outras, tais como os líderes mundiais, os líderes espirituais e outros.
- A humanidade, incluindo todas as crianças.
- O reino animal.
- O reino vegetal.
- O planeta Terra.
- Os Mestres, os Iluminados e os Grandes.

- Agradeça a si mesmo pelo amor que você irradia, por sua disposição para crescer e pela contribuição que você dá à humanidade ao despertar os seus próprios chakras do coração.

Ensinando sobre o Livro
O Amor da Alma

Você é bem-vindo para ministrar cursos, formar grupos de estudos e compartilhar com outras pessoas os processos apresentados neste livro. Ao longo da leitura deste livro você já conheceu, no nível da alma, outras pessoas que, assim como você, estão fazendo contatos no nível da alma e despertando os chakras do coração. Em virtude desses vínculos interiores, talvez agora você tenha vontade de fazer com que essas ligações interiores também tomem a forma externa. Encontrar-se com outras pessoas para meditar, para compartilhar experiências e para evocar o auxílio dos Iluminados pode ser uma parte importante do seu despertar e uma maneira maravilhosa de fazer uma importante contribuição para a humanidade. (Qualquer reunião de três ou mais pessoas é considerada um grupo.)

Você está vivendo numa época de enormes mudanças e transformações. A humanidade está despertando rapidamente. O trabalho de grupo será a tônica do próximo milênio. Grupos proporcionam aos Iluminados oportunidades maiores para ajudar as pessoas e a humanidade como um todo. Nenhum indivíduo é capaz de receber plenamente essa enorme energia. Somente quando você se junta a outras pessoas para invocar-lhes a ajuda é que esses Seres podem enviar-lhe uma irradiação mais completa de amor, luz e energia. Muitos dos Iluminados só podem ser alcançados por uma evocação coletiva. É por isso que, no plano da alma, você se juntou a outras pessoas na celebração do amor e em outras ocasiões.

Você não precisa dominar completamente os princípios contidos neste livro para dar aulas ou coordenar reuniões de grupo. Você não precisa estar usando ou implementando esses intrumentos de amor em sua vida cotidiana. Reserve um momento para ficar em silêncio e deixe sua alma falar com você acerca da conveniência de fazer com que as pessoas se reúnam para, juntas, descobrir mais acerca do amor da alma. Deixe os lampejos intuitivos fluírem nos próximos dias ou semanas.

Descubra o papel que você quer ter dentro de um grupo. Você quer liderar, ser um facilitador ou juntar-se a um grupo já existente?

Quando você sentir que chegou o momento de reunir ou de encontrar um grupo, viaje até o plano da alma e se encontre com as almas dos possíveis membros do grupo. Distribua luz entre os chakras do coração e torne-se a qualidade magnética do amor da alma. Faça um círculo de amor com essas almas, irradiando as qualidades do amor que você quer levar à humanidade. Convide para fazer parte de sua vida pessoas que sejam receptivas à sua luz e que queiram fazer parte do grupo que você está formando. Trabalhe com a Luz Solar para trazer sua luz de propósito superior para sua ligação com todas as pessoas que irão juntar-se a você. Se você quiser juntar-se a um grupo já existente, peça para ser levado até essas pessoas no nível da alma e faça com elas um círculo de amor.

Depois que você tiver feito essas ligações interiores, crie uma visão do propósito superior de seu grupo. Além de estudarem o livro *O Amor da Alma*, vocês talvez queiram ser mais específicos quanto aos propósitos superiores da formação do grupo. O propósito superior de vocês poderia ser o de estabelecer contato no nível da alma, despertar os chakras do coração, criar relacionamentos no nível da alma, atrair almas gêmeas e receber e irradiar amor para a humanidade e para diversos grupos. Coloque a sua visão no papel. Olhe para essa visão e energize-a enquanto você cria um círculo de amor com as almas das pessoas que você está magnetizando, com o propósito de fazer com que elas venham a participar dos encontros do seu grupo.

Trabalhe com a sua alma para definir a estrutura do curso ou do grupo de estudo. Determine o número de semanas durante o qual serão feitos os encontros, sua duração e o horário em que serão realizados. Você talvez queira repassar os capítulos deste livro e determinar os pontos fundamentais a serem estudados, tais como contato com a alma, a ligação espiritual, o despertar de cada chakra do coração, a distribuição de energia entre todos os três chakras do coração, a criação de relacionamentos entre almas, o processo de atração de uma alma gêmea ou o trabalho com os Grandes. Seja paciente e deixe a forma de seu curso evoluir à medida que você cria círculos de amor com as almas daqueles que estiverem se inscrevendo.

Depois que você tiver decidido qual é o propósito superior dos seus cursos e conhecer a estrutura e aquilo que será estudado, siga a sua orientação interior acerca das providências que deverão ser tomadas para atrair esse grupo. Você poderá ser levado a afixar cartazes em uma livraria da região ou convidar amigos para se encontrar e estudar este livro. Continue a unir-se à sua alma, a criar círculos de amor, a magnetizar alunos e tenha confiança de que, no momento apropriado, você irá reunir uma classe.

Eu gostaria que você se sentisse livre para desenvolver você mesmo o esquema de suas aulas, de modo que não estou estabelecendo diretrizes para a estrutura de um curso. Todavia, tenho algumas sugestões que podem aumentar enormemente as suas ligações com o grupo. Fica a seu critério seguir ou não essas sugestões.

Sugiro que você comece as suas aulas solicitando que os membros do grupo façam uma ligação interior comigo e evoquem a minha energia. A união com a alma e o estabelecimento de ligações com os Seres de Luz e com a Luz Solar é uma parte importante de cada aula. Em geral, é melhor começar com uma meditação – conduzida por você ou por alguma outra pessoa do grupo – ou tocando uma de minhas fitas de meditação orientada. Os meus álbuns de fita cassete, *Soul Love: Awakening Your Heart Centers* e *Creating a Soul Relationship*, contêm meditações orientadas produzidas para complementar este livro e podem ser ouvidas durante os encontros do grupo. Algumas pessoas programam uma fita para cada aula, ouvem a fita e, depois disso, discutem as suas experiências. Muitas vezes é melhor deixar a conversa e a troca de experiências para depois da meditação porque, então, as interações entre as personalidades dos membros do grupo irão refletir com mais nitidez a ligação espiritual que acaba de ser feita.

Para desenvolver ainda mais a capacidade de sentir e de expressar o amor da alma, vocês podem seguir as sugestões apresentadas na seção *Contato com a Alma*. Você talvez queira pedir que as pessoas leiam determinados trechos do livro antes de virem para a aula ou que leiam o livro em voz alta durante as reuniões. Reserve algum tempo no final de cada aula para irradiar amor para a humanidade e para os diversos grupos que você escolheu; esta é uma maneira importante de distribuir toda a energia que você reuniu. Ao enviar amor aos outros você se torna capaz de receber ainda mais energia e amor provenientes dos Iluminados.

Na condição de líder do grupo e facilitador, você deve usar e praticar em suas aulas as qualidades do amor da alma descritas neste livro. Seja tão imparcial, tolerante e afetuoso quanto possível e evite ao máximo qualquer tipo de crítica. Faça ligações espirituais com todas as pessoas do grupo e deixe a ligação da sua personalidade evoluir a partir desse vínculo interior. Se houver atrito entre as personalidades dos membros do grupo, use isso como uma oportunidade para pôr à prova a eficácia dos novos instrumentos de amor que você aprendeu a usar. Faça a ligação espiritual e eleve a energia do plexo solar até o chakra do coração para transformar qualquer conflito ou desafio.

Seja o melhor líder que você puder. Honre os seus compromissos com aqueles que freqüentam os seus cursos, tais como preparar o material que será dado, iniciar e encerrar as sessões no horário certo e não faltar às aulas sem avisar antes. Peça aos participantes do curso que façam o mesmo. Se você estiver freqüentando um curso, siga também essas sugestões. Dê o seu amor e apoio ao líder do grupo.

No papel de líder do grupo, você talvez depare com pessoas que lhe fazem perguntas e esperam que você tenha respostas. Em vez de fornecer respostas e soluções, estimule os membros do grupo a receber as respostas por si mesmos unindo-se às suas almas e pedindo que elas lhes dêem orientações. Ajudem-se uns aos outros a encontrar as respostas pelo contato entre almas. Em vez de oferecer conselhos, você pode dar mais autonomia aos outros, fazendo-lhes a seguinte pergunta: "O que você acha que a sua alma faria na situação em que você se encontra?"

Tenho de fato algumas poucas solicitações que gostaria que você respeitasse quando estivesse ministrando cursos ou formando grupos de estudo baseados neste livro. Procure por favor usar as informações deste livro da forma mais fiel possível; não modifique as imagens ou as qualidades dos chakras do coração. Peço que você não faça fitas cassete de qualquer um dos processos deste livro com o propósito de distribuí-las aos outros ou de colocá-las à disposição do público. (Não há problema em gravar fitas cassete de *Soul Play* somente para seu uso pessoal.)

Eu e os Seres de Luz enviamos a você o nosso amor. Nós iremos nos juntar a você e às demais pessoas que fizerem uma ligação no nível da alma, para fazer com que vocês se tornem pontos de luz e de amor por meio dos quais possamos derramar o nosso amor. No momento em que você tomar a decisão de reunir um grupo nós lhe enviaremos energia para ajudá-lo. Tudo que você precisa fazer é pedir e se abrir para receber. Nós estaremos com você ao longo de todos os passos de sua jornada como professor, facilitador ou membro de um grupo. Lembre-se de que os seus alunos também são professores. Nós lhe damos as boas-vindas como nosso companheiro de viagem no caminho do amor e estamos ansiosos por dar continuidade à ligação que temos com você no nível da alma.

– Orin

A Jornada Continua

Ao acabar a leitura deste livro, fazer contato entre almas e despertar os chakras do coração, você empreendeu uma maravilhosa jornada de crescimento, de descoberta e de transformação. Assim como em qualquer viagem, ao retornar você poderá descobrir que a sua maneira de encarar a vida está mais ampla, rica e completa. Você passa a dar mais valor àquilo que você já tem em sua vida e à pessoa que você de fato é.

Você voltou de sua jornada com muitas dádivas. Algumas são dádivas de amor que você recebeu dos Seres que encontrou, as quais, agora, você carrega no coração. Algumas são imagens interiores que enriqueceram a sua mente ou instrumentos e dons de cura que você pode acrescentar àqueles que já conhece e utiliza. Algumas são dádivas na forma de canções, que você pode ouvir, apreciando novas melodias de alegria e paz dentro do coração.

Você agora está diferente do que era quando começou a sua jornada. O seu mundo ficou maior. Você tem uma nova visão a respeito de quem você é e tem mais amor e compaixão por si mesmo e pelos outros. Você trouxe consigo muitas dádivas de amor que poderão ser compartilhadas com as outras pessoas. Você pode reviver a sua jornada, revendo e recordado todas os momentos maravilhosos que viveu e os lugares extraordinários que visitou. Você pode descobrir e integrar todo o amor e as riquezas que trouxe consigo em seu retorno. A cada dia você ganha uma nova introvisão acerca daquilo que aprendeu e compreende que a sua jornada vai continuar a enriquecer e a expandir a sua vida para sempre.